Nem cidadãos, nem brasileiros

Programa de Pós-Graduação em História Social
Universidade de São Paulo
Faculdade de Filosofia, Letras e Ciências Humanas
Série Teses

Universidade de São Paulo
Reitor: Prof. Dr. João Grandino Rodas
Vice-Reitor: Prof. Dr. Franco Lajolo
Faculdade de Filosofia, Letras e Ciências Humanas
Diretora: Profa. Dra. Sandra Margarida Nitrini
Vice-Diretor: Prof. Dr. Modesto Florenzano
Departamento de História
Chefe: Profa. Dra. Marina de Mello e Souza
Vice-Chefe: Profa. Dra. Ana Paula Torres Megiani
Programa de Pós-Graduação em História Social
Coordenadora: Profa. Dra. Sara Albieri
Vice-Coordenador: Prof. Dr. Marcelo Cândido da Silva

Fernanda Sposito

Nem cidadãos, nem brasileiros

Indígenas na formação do Estado nacional brasileiro e conflitos na província de São Paulo (1822-1845)

Copyright © 2012 Fernanda Sposito

Grafia atualizada segundo o Acordo Ortográfico da Língua Portuguesa de 1990, que entrou em vigor no Brasil em 2009.

Publishers: Joana Monteleone/Haroldo Ceravolo Sereza/Roberto Cosso
Edição: Joana Monteleone
Editor Assistente: Vitor Rodrigo Donofrio Arruda
Assistente de produção: Patrícia Jatobá U. de Oliveira
Revisão: Paula Carolina de Andrade Carvalho
Projeto gráfico e diagramação: Marília Reis
Capa: Patrícia Jatobá U. de Oliveira
Imagem da capa: *Aldea de cabocles a Canta-Gallo*. Jean Baptiste Debret. Gravura, 1834

CIP-BRASIL. CATALOGAÇÃO-NA-FONTE
SINDICATO NACIONAL DOS EDITORES DE LIVROS, RJ

S751n

Sposito, Fernanda
NEM CIDADÃOS, NEM BRASILEIROS – INDÍGENAS NA FORMAÇÃO DO
ESTADO NACIONAL BRASILEIRO E CONFLITOS NA PROVÍNCIA DE SÃO PAULO (1822-1845)
Fernanda Sposito.
São Paulo: Alameda, 2012.
292p. : il. (Teses)

Inclui bibliografia
ISBN 978-85-7939-037-1

1. Índios da América do Sul - São Paulo - História. 2. São Paulo - História. 3. Brasil - História - Império, 1822-1845. I. Título. II. Série.

10-2256.   CDD: 981.61
           CDU: 94(815.61)

019271

ALAMEDA CASA EDITORIAL
Rua Conselheiro Ramalho, 694, Bela Vista
CEP 01325-000 São Paulo SP
Tel. (11) 3012-2400
www.alamedaeditorial.com.br

A André Roberto de Arruda Machado,
pela história presente, passada e futura.

Índice

Introdução 11

PARTE I 21
Os índios no Império: política e imaginário

1. Etnias e nação: acomodações e conflitos 23
2. Os caminhos da política indigenista: a construção do Estado 51
3. Indigenismo e indianismo: a construção da nação 109

PARTE II 145
No palco nas disputas entre paulistas e indígenas

4. Cenários e personagens da província de São Paulo 147
5. Vestígios de uma sociedade colonial 191
6. Guerras e alianças entre indígenas e paulistas 215

Conclusão 257

Fontes e bibliografia 265

Agradecimentos 287

QUADROS, FIGURAS E MAPAS 289

Referências e normas

Com relação à citação de documentos produzidos na época pesquisada, optei por seguir a grafia e a pontuação originais, a título de que não se perdessem as características sob as quais foram elaboradas, ainda que isso possa eventualmente dificultar a leitura inicial dos mesmos.

Sobre a nomenclatura dos grupos indígenas, não segui o padrão adotado usualmente pelos antropólogos (conforme determinado pela Associação Brasileira de Antropologia em 14/11/1953). Assim, não grafei os etnônimos com as letras iniciais em maiúscula, nem deixei de fazer a concordância nominal. Como neste trabalho lidei com documentação exclusivamente de origem portuguesa, considerei, portanto, todos os nomes indígenas como "amorficamente aportuguesados". Por exemplo, em vez de dizer "os Kaingang", denomino-os como "os kaingangs".

Em referência às instituições e fontes pesquisadas, foram utilizadas as seguintes siglas:

AH-ALESP: Acervo Histórico da Assembleia Legislativa do Estado de São Paulo
APB: Annaes do Parlamento Brazileiro
ASIB: Annaes do Senado do Imperio do Brazil
CEDI: Centro de Documentação e Informação da Câmara dos Deputados, Brasília
IHGB-RJ: Instituto Histórico e Geográfico Brasileiro, Rio de Janeiro
LI: CUNHA, Manuela Carneiro da (org.). *Legislação indigenista no século XIX. Uma compilação (1808-1889)*. São Paulo: Comissão Pró-Índio/Edusp, 1992
RIHGB: Revista do Instituto Histórico e Geográfico Brasileiro
ROD-AESP: Manuscritos do Registro de Ofícios Diversos do Arquivo do Estado de São Paulo

Introdução

No decorrer do ano de 1823, em duas instâncias completamente distantes entre si dentro do Império do Brasil em formação, homens que viriam a compor a sociedade nacional se depararam com o problema das populações indígenas. O primeiro grupo deles, representante da camada social mais influente da sociedade, estava reunido na Assembleia Constituinte desde maio daquele ano na corte carioca. O segundo grupo de homens, cujos nomes em sua maioria não foram registrados pela história, estava localizado nos sertões de São Paulo, em territórios de contornos imprecisos e de controle instável.

Os deputados constituintes no mês de setembro de 1823 entraram numa discussão controversa ao definirem aqueles que seriam ou não os cidadãos do Império.[1] Numa sociedade cindida pela escravidão e pelas diferenciações étnicas, essa não era das tarefas mais simples. Assim, alguns impasses apareceram para se definir se os indígenas poderiam integrar ou não o corpo social da nação, já que parecia irreal aos políticos do período que eles pudessem participar do pacto político travado naquele momento.

Ao mesmo tempo, os moradores de Itapeva da Faxina, uma vila localizada no extremo da 4ª comarca da província de São Paulo, viam-se numa luta incessante contra os grupos indígenas da região.[2] Em constantes ataques pela posse de terras e pelo livre trânsito em áreas que consideram suas, índios e paulistas enfrentavam-se em ataques mortais. Os indígenas, habitantes mais antigos do interior de São Paulo, recusavam-se a aceitar de bom grado a presença de invasores e por isso

---

As sessões da Assembleia Constituinte que discutiram quem seriam os membros da nação ocorreram entre 23 e 30 de setembro de 1823. *Annaes do Parlamento Brazileiro*. Assembleia Constituinte, 1823. T. 5º. Rio de Janeiro: Typographia de H. J. Pinto, 1880, p. 211/259. [Doravante *APB*]

Registro de Ofícios Diversos. Arquivo do Estado de São Paulo. Faxina: C01012, anos 1823-1830 (C-217, P-1, D-2, D-10A, D-12, 20/03/1823, 24/01/1824). [Doravante ROD-AESP]

rechaçavam os não índios, matando o gado e ferindo a população que adentrava em seu território. Os paulistas, por sua vez, para enfrentarem essa resistência recorriam ao Estado, procurando convencer os dirigentes da província de que, se não fossem assistidos na ofensiva contra os indígenas, suas vidas, suas terras e a própria legitimidade territorial do Império ver-se-iam ameaçadas naquela região. Esse conjunto de aspectos indica o quanto a questão indígena era um ponto presente durante a formação do Estado e da nação brasileiros. Apesar disso, esse não foi um tema muito analisado pela historiografia. Muitos fatores podem explicar esse fato. Dentre eles, a própria dimensão que os índios tiveram dentro da história e da representação que foi feita a respeito deles ao longo do tempo. Além do processo de dizimação que sofreram no mundo real ao longo dos séculos, também foram eliminados ou minimizados nos eventos históricos, fruto dos preconceitos etnológicos de muitas gerações de historiadores. Referências importantes como Francisco de Adolfo Varnhagen, passando por Capistrano de Abreu, Caio Prado Júnior e Sérgio Buarque de Holanda, ressaltaram a importância dos diversos povos indígenas no processo da colonização da América portuguesa. Mas dentro de suas correntes historiográficas, os ameríndios não estavam no centro da arena, seja porque este não fosse o foco das análises desses autores, seja porque viam a presença dos índios como um fator de "atraso". [3]

Para os estudos das ciências humanas, a "história dos índios" passou realmente a aparecer a partir da década de 1970, influenciada por novos métodos de análise, que buscavam representar atores sociais que haviam sido escondidos por uma vertente da história dita oficial. Esse campo de investigação pode ser buscado através da consulta a outros tipos de fontes – como representações culturais e arqueologia – além do diálogo profícuo com a antropologia e a etnologia, estas sim

---

3 "Desde o século XIX, com raríssimas exceções, os índios têm tido participação inexpressiva em nossa história, em geral aparecendo como atores coadjuvantes, agindo sempre em função dos interesses alheios. Aliás, não agiam, apenas reagiam a estímulos externos sempre colocados pelos europeus. Tem-se quase a impressão de que estavam no Brasil à disposição desses últimos, que se serviam deles à vontade, descartando-os quando não mais necessários: teriam sido úteis para determinadas atividades e inúteis para outras, aliados ou inimigos, bons ou maus, sempre de acordo com os interesses e objetivos dos colonizadores." Maria Regina Celestino de Almeida. *Metamorfoses indígenas*. Identidade e cultura nas aldeias coloniais do Rio de Janeiro. Rio de Janeiro: Arquivo Nacional, 2003, p. 27.

consideradas durante muito tempo a seara exclusiva dos "estudiosos dos índios".
Nesse sentido, os estudos sobre os povos indígenas ainda estão galgando seu espaço na construção do conhecimento histórico, preenchendo muitas lacunas dentro desta temática e, para além dela, em sua relação com o processo de formação do Brasil, para não dizer de todo o continente americano.[4]

Ao mesmo tempo, os próprios estudos sobre o início da formação do Estado e da nação brasileiros estão avançando nos últimos anos, esmiuçando temas ainda pouco esclarecidos e revistos sobre o século XIX. Assim, as perspectivas de permanências e rupturas que tornam inquietante o entendimento da independência do Brasil têm saído de uma interpretação esquemática e procurado mostrar que o mosaico de identidades que atuaram na formação desse Estado e de sua nação exigem um estudo apurado, distante de modelos apriorísticos.[5]

---

[4] "Mesmo assim, parecem prevalecer entre os historiadores brasileiros ainda hoje duas noções fundamentais que foram estabelecidas pelos pioneiros da historiografia nacional. [referindo-se a Francisco Adolfo de Varnhagen e Karl Friedrich von Martius] A primeira diz respeito à exclusão dos índios enquanto legítimos atores históricos: são, antes, do domínio da antropologia, mesmo porque a maioria dos historiadores considera que não possui as ferramentas analíticas para chegar a esses povos ágrafos que, portanto, se mostram pouco visíveis enquanto sujeitos históricos. A segunda noção é mais problemática ainda, por tratar os povos indígenas como populações em vias de desaparecimento. Aliás, é uma abordagem minimamente compreensível, diante do triste registro de guerras, epidemias, massacres e assassinatos atingindo populações nativas ao longo dos últimos 500 anos." John Manuel Monteiro. *Tupis, tapuias e historiadores*. Estudos de história indígena e do indigenismo. Tese de Livre Docência. Campinas: IFCH/Unicamp, 2001, p. 4.

[5] Os estudos de István Jancsó capitanearam reflexões realizadas em diversas partes do mundo sobre o fenômeno da formação nacional, com vistas a entender o caso brasileiro. "Nessa perspectiva, convém insistir sobre os conquistadores-colonizadores da América saberem-se portugueses, integrantes da nação estruturada em torno da Monarquia e dos valores e normas societárias que, peculiares, diferenciavam-na de todas as outras. Como conquistadores, afirmaram seu domínio sobre terras e gentes que formavam outras tantas nações, impondo-lhes seu padrão. Como conquistadores, estenderam o espaço de poder de seu Rei. Como colonizadores, ampliaram a geografia da *sua* nação e, ao fazê-lo, criaram variantes nunca vistas de ser-se português. Na América este se fez preador de índios, dono de multidão de homens escravizados, devassador de matas extensíssimas, comedor de farinha de mandioca, mameluco, mulato, mas sempre português. Quanto ao plano identitário, a continuada expansão territorial e humana da nação portuguesa, até entrado o século XIX, observou rigorosa regularidade: a identidade nacional portuguesa, qual moldura, acomodava, tensa ou

Nesse sentido, ao se abordar a história dos indígenas no século XIX, procurou-se fugir de visões a-históricas, que fazem a "cronologia da extinção" dos povos ameríndios. Esse método de análise costuma descrever a sequência dos eventos ocorridos com os índios da América ao longo dos últimos 500 anos, sem problematizar em profundidade os diferentes contextos. Certamente que houve continuidades entre um período e outro. No caso deste estudo, a noção de catequese e civilização, bem como as estratégias missionárias e de bandeiras, por exemplo, persistiram ao longo do Império do Brasil. Assim, as práticas e mentalidades dos antigos agentes coloniais não foram eliminadas do outrora império português como num passe de mágica. Longe disso, a "herança colonial", como a própria monarquia e o escravismo, teve que ser refundada em novas bases, no contexto do liberalismo e do modelo constitucional moderno. Da mesma forma, a convivência das populações indígenas dentro da sociedade nacional teve que ser reenquadrada à vista de temas como cidadania, soberania nacional, mão-de-obra etc.

* * *

Para poder discutir esses aspectos, optou-se por analisar duas dimensões da realidade, pensando-a através da representação do poder e da vivência cotidiana. Assim, de um lado se procurou analisar o centro do Império, suas políticas e a construção de seu imaginário em relação às populações indígenas. De outro lado, privilegiou-se o estudo da província de São Paulo, como, onde se situavam os índios em seu território e os tipos de conflitos daí advindos.

Conforme colocado propositalmente nas linhas iniciais dessa Introdução, o desafio deste livro está em pensar a articulação entre esses dois níveis, que por sua vez são compostos por inúmeras subdivisões e hierarquias. Como os aspectos que seriam estudados estavam pulverizados em vários espaços, também as fontes analisadas procuraram abarcar esse amplo espectro. Para sustentar os propósitos desta pesquisa, ainda na fase de sua elaboração, procuraram-se nas fontes primárias produzidas no âmbito

---

confortavelmente a depender da situação concreta que se considere, as identidades de recorte local (paulista, baiense, paraense) correspondentes às muitas *pátrias* criadas pela colonização." István Jancsó. "Independência, independências." In: _____ (org.). *Independência*: História e historiografia. São Paulo: Hucitec/Fapesp, 2005, p. 21.

da província paulista elementos que evidenciassem a presença indígena e os possíveis desdobramentos dessa presença. Dessa forma, após percorrer os relatórios e discursos dos presidentes da província a partir de 1835, bem como as correspondências enviadas por autoridades locais das inúmeras vilas paulistas às autoridades máximas de São Paulo, chegou-se à delimitação espacial de onde viviam esses índios.

Percebeu-se, portanto, que a questão indígena que importava aos homens daquele período referia-se aos índios refratários à sociedade nacional, que se portavam de maneira arredia e hostil àqueles que representavam essa sociedade. Eram os chamados "índios selvagens", "bugres", "índios bravos" e demais expressões pejorativas, que depositam exclusivamente nos diversos grupos índios características agressivas e sanguinárias, que apareciam em oposição aos "bons modos ocidentais". No caso de São Paulo, a região onde estavam os indígenas hostis no período era o sertão sudoeste, em direção ao que seria futuramente (a partir de 1853) a província do Paraná. As vilas cujos moradores relatavam a convivência com os índios eram Itapetininga, Itapeva, Iguape e a freguesia de Guarapuava, localizadas nas 4ª, 5ª e 6ª comarcas paulistas. Os documentos produzidos pelas autoridades locais permitiram a reconstrução da relação conflituosa entre interesses distintos, do mundo dos brasileiros e dos mundos dos indígenas.

Nesse primeiro processo de reconstrução, buscou-se também mapear as medidas administrativas e as discussões travadas entre as autoridades centrais paulistas, reunidas inicialmente no Conselho da Província de São Paulo, a partir de 1823 e, depois de 1835, na Assembleia Legislativa Provincial de São Paulo. Aqui se analisaram as atas dessas instituições. Foram também utilizados documentos manuscritos e impressos recolhidos no Arquivo do Estado de São Paulo e no Acervo Histórico da Assembleia Legislativa de São Paulo para o estudo da "dimensão paulista" da questão indígena.

Para abarcar a outra dimensão proposta como estudo, a do centro do Império, estudou-se inicialmente o conjunto de leis e decisões administrativas tomadas no nível central, especialmente entre os anos de 1822 a 1845. Utilizou-se como fonte a *Legislação indigenista no século XIX. Uma compilação (1808-1889)* (*LI*), organizada por Manuela

Carneiro da Cunha,[6] além da *Colecção das leis do Império do Brazil*.[7] Centrou-se o foco em alguns espaços que foram importantes na definição da política indigenista imperial, mas nem todos foram abarcados, pois seriam infindáveis os objetos de análise. Assim, foram lidos os Anais do Senado e da Câmara Federais entre os anos de 1826 a 1845, compostos por dezenas de volumes e tomos ao longo dessas duas décadas. Consultou-se ainda, numa viagem rápida a Brasília, o arquivo da Câmara dos Deputados Federais, onde constam alguns manuscritos do século XIX. Além disso, a importância do Instituto Histórico e Geográfico Brasileiro (IHGB) como espaço de articulação de ideias dos intelectuais do Império, acabou levando ao estudo dessa entidade, fundada em 1838 na corte carioca. Os periódicos publicados pelo Instituto, compostos por coletânea de documentos do período colonial, textos contemporâneos debatendo questões da sociedade imperial, além das atas das sessões da entidade, trouxeram elementos que permitiram perceber que a temática indígena era um tópico extremamente presente nos primeiros tempos do IHGB. Portanto, as "Revistas do Instituto Histórico e Geográfico Brasileiro", bem como outros documentos publicados e manuscritos que compõem o acervo dessa instituição até hoje aberta na cidade de Rio de Janeiro, foram também objeto de análise desta pesquisa.

* * *

Este livro mantém a estrutura e a maior parte do conteúdo da dissertação de mestrado defendida dentro do Programa de Pós-Graduação em História Social da Faculdade de Filosofia, Letras e Ciências Humanas da Universidade de São Paulo em 2006. Algumas atualizações bibliográficas, bem como acréscimo de outras fontes e novas interpretações, foram incluídas na versão agora publicada, como resultado natural do trabalho que venho desenvolvendo desde a feitura do texto original.

O trabalho divide-se em duas partes, compostas de três capítulos cada uma. A primeira delas abarca o Império como um todo e a outra se detém sobre a província de São Paulo. A junção e as possíveis determinações de uma sobre a outra são

---

6 Manuela Carneiro da Cunha (org.). *Legislação indigenista no século XIX. Uma compilação* (1808 1889). São Paulo: Comissão Pró-Índio/Edusp, 1992, p. 191/9. [Doravante *LI*]

7 *Collecção das leis do Império do Brazil*. 1822/1845. Rio de Janeiro: Typographia Nacional/Imprensa Nacional, 1885/1907.

feitas no decorrer do texto. Especialmente na Conclusão do trabalho procurou-se sintetizar os dois conjuntos de aspectos levantados, procurando pensá-los como partes de um mesmo processo.

A primeira parte foi denominada "Os índios no Império: política e imaginário".

No primeiro capítulo ("Etnias e nação: acomodações e conflitos") procurou-se trabalhar sob o espectro das permanências e rupturas da formação do Estado nacional brasileiro, abordando as possibilidades de inserção das populações indígenas nesse novo modelo de sociedade. No segundo capítulo ("Os caminhos da política indigenista: a construção do Estado") esmiuçou-se o processo de construção da política de Estado para com os descendentes dos povos nativos. Primeiramente, é preciso entender como se deu a situação de catequese e conquista dos indígenas ao longo dos 300 anos de colonização portuguesa na América. Nesse sentido, a superação da situação colonial e as contradições da colonização indígena foram vistas antes mesmo do início da formação nacional brasileira. Ainda no período pombalino, com o Diretório dos Índios de 1757, num primeiro momento, e posteriormente com a Revolução Vintista em Portugal, que culminou com a convocação das Cortes de Lisboa em 1821. Nesse espaço, partindo do Brasil, alguns homens se propuseram a pensar a questão indígena no contexto constitucional.

Já na formação do Império do Brasil a partir de 1822, essas mesmas demandas iriam ser retomadas. Não por acaso o texto de José Bonifácio de Andrada de Silva, "Apontamentos para a civilização dos índios bravos do Império do Brasil",[8] teve presença tanto nas Cortes de Lisboa, quanto na Assembleia Constituinte do Brasil em 1823. Ainda que tenha havido a percepção de que as populações indígenas tinham um caráter especial dentro do novo pacto político que se estabelecia, não podendo ser vistas nem como cidadãs, nem como brasileiras, isso não culminou com a resolução dessa situação já na Constituição do Império. A partir de 1826, quando se iniciaram as primeiras legislaturas de deputados e senadores depois da Constituinte, o espaço que os indígenas deveriam ocupar, a melhor forma de tratá-los, o interesse por trás de sua mão-de-obra e suas terras passaram a ser discutidos de maneira descontínua até 1845. Nesse ano, com o Regulamento das Missões de Catequese e Civilização dos

---

[8] José Bonifácio de Andrada e Silva. "Apontamentos para a civilisação dos indios bravos do Império do Brazil". In: *LI*, p. 347/360.

Índios (Decreto n.º 426, de 24/07/1845),⁹ o Império do Brasil apresentava a primeira lei efetiva sobre os indígenas que viviam em seu território. Essa lei referendou a prática levada a cabo três anos antes de trazer missionários estrangeiros, os capuchinhos italianos, para ministrarem ensinamentos religiosos aos indígenas do sertão, que passariam a ser confinados em missões, ou aldeamentos. Esses aldeamentos eram administrados por um diretor, mostrando um sistema que procurava mesclar os propósitos do Diretório pombalino com as táticas jesuítas, já que trazia concomitantemente os diretores e os padres para atuarem junto aos indígenas. Mas como se chegou a essa lei? É isso que procurou responder o capítulo 3 ("Indigenismo e indianismo: a construção da nação"), mostrando o papel que tiveram os intelectuais do IHGB na definição de uma política indigenista. Esta política, por sua vez, fazia frente a um processo levado a cabo a partir do Segundo Reinado, de modernização do Império, procurando responder às demandas por mão-de-obra nacional e da expansão do Estado por novas terras. Com isso, fecha-se o estudo sobre o centro do Império em matéria da questão indígena.

A segunda parte do livro ("No palco das disputas entre paulistas e indígenas") propôs o estudo da província de São Paulo em sua interface com a política imperial. Foi possível perceber pelos elementos levantados por essa pesquisa que as demandas da província repercutiam entre os políticos e intelectuais do Império, fosse porque influentes homens paulistas transitavam pela corte, fosse porque a questão indígena em São Paulo tinha uma dimensão bastante relevante. Basta analisar que as políticas de guerra justa, tanto a sua decretação em 1808, quanto sua revogação em 1831, relacionavam-se com os índios do território paulistas, como os kaingangs, xoklengs, guaranis e kaiowás.¹⁰

Nesse sentido, o quarto capítulo ("Cenários e personagens na província de São Paulo") apresentou que dentro da história paulista é preciso buscar o papel das po-

---

9 "24/07/1845. Decreto n.º 426. Contém o Regulamento ácerca das Missões de catechese, e civilisação dos Indios". In: *LI*, p. 191/9.

10 Entre 1808 e 1809 o então príncipe regente D. João promulgou várias cartas régias que autorizavam guerras justas aos indígenas da região de Minas Gerais e São Paulo. Só foram revogadas com uma lei no início da Regência, em 27/10/1831, a partir da mobilização do Senado federal. *LI*, p. 134/137.

pulações indígenas, como já foi feito em outros estudos sobre o período colonial.[11] No século XIX, a proeminência das lavouras açucareira e cafeeira para exportação, com mão-de-obra africana, e a partir de 1850, com a vinda de imigrantes europeus, ofuscou a questão indígena no período, que só apareceu como um processo de "limpeza de área" no desbravamento do oeste pelos cafezais, pelas ferrovias e pelo capital inglês.[12] Nesse capítulo, fez-se uma reconstrução em termos espaciais e estratégicos das áreas de desenvolvimento paulista, o avanço sobre as populações indígenas, quais grupos existiam no período, seus modos de organização social, especialmente referindo às regiões de Itu, Sorocaba, Porto Feliz, Itapetininga e Itapeva na 4ª comarca, Guarapuava, na 5ª comarca, e Iguape, na 6ª comarca.

No quinto capítulo ("Vestígios de uma sociedade colonial") notou-se, através da descrição de inúmeros encontros e conflitos entre os índios e os paulistas nas regiões acima indicadas, que as práticas coloniais persistiam por parte dos nacionais. Na verdade, principalmente as táticas mais hostis, como montagem de bandeiras para atacar os indígenas nas matas, sua escravização e inclusive a venda deles como cativos, algo que, ainda que fosse autorizado pela Carta Régia de 05/11/1808, sofria abusos pelos agentes nacionais no sertão. Conforme se viu na primeira parte do trabalho, em 1831, as cartas régias que mandavam fazer guerras aos índios, datadas do período colonial, foram revogadas atendendo pedido de São Paulo. Esse movimento que teve repercussões na política imperial também pôde ser percebido na realidade local. A partir de década de 1830, novas táticas de aproximação entre os grupos indígenas e os paulistas começaram a aparecer.

Esse é o assunto do capítulo sexto ("Guerras e alianças entre indígenas e paulistas"), que procurou evidenciar que as relações entre esses mundos distintos não pode mais ser analisada ressaltando-se o protagonismo dos "brancos". Ao contrário disso, acredita-se que a postura mais amistosa dos paulistas com relação aos índios deveu-se à própria atitude de alguns destes grupos, como os kaiowás, que procuraram estabelecer alianças com os brasileiros. Na mesma medida, os kaingangs,

---

11 John Manuel Monteiro. *Negros da terra*. Índios e bandeirantes nas origens de São Paulo. São Paulo: Companhia das Letras, 2000. Ilana Blaj. *A trama das tensões*. O processo de mercantilização de São Paulo colonial (1611-1721). São Paulo: Humanitas/Fapesp, 2002.

12 João Francisco Tidei Lima. *A ocupação da terra e a destruição dos índios da região de Bauru*. Dissertação de Mestrado em História. São Paulo: FFLCH/Universidade de São Paulo, 1978.

na maior parte do tempo retratados como os ferozes guaianás, se tiveram uma catequização difícil na visão dos paulistas na região de Guarapuava, isso se deveu à forma como eles se utilizavam das instalações existentes em suas terras. Assim, a perspectiva dos distintos grupos indígenas poderia ser de uma aproximação com vistas a obter vantagens táticas na posse e exploração de determinado território e também como uma forma de se fortalecer frente aos outros grupos indígenas inimigos, ou até mesmo para evitar que fossem escravizados pelos brasileiros.

Este livro procurou, portanto, articular dois âmbitos do espaço dos indígenas na sociedade nacional no período: tanto daqueles indivíduos e grupos que vivenciavam lutas cotidianas pela sobrevivência, liberdade e posse de suas terras, como do índio imaginário, fruto de um discurso retórico, que poderia ser utilizado para nomear políticos e de suas facções, como o deputado Francisco Gê Acaiaba de Montezuma.

Parte I

Os índios no Império: política e imaginário

1. Etnias e nação: acomodações e conflitos

Quando se olha para a problemática indígena, circunscrevendo-a ao Império brasileiro, algumas indagações vêm à tona. A primeira delas refere-se ao modo como as populações indígenas foram acomodadas no interior da sociedade nacional, com seu Estado e suas instituições, que expressavam uma identidade em construção diversa da dos índios. Partindo-se desse quadro, advém outra questão: será uma contradição a existência de comunidades étnicas autônomas no interior da nação?

Nos limites deste capítulo não se propõem respostas definitivas, mas algumas reflexões sobre a existência dos grupos étnicos no processo de formação e consolidação do Estado nacional, especialmente olhando para o caso brasileiro, em suas primeiras décadas. Essas reflexões são baseadas na documentação consultada sobre o período relativa às populações indígenas, problematizadas através de uma bibliografia mais teórica.[1] Isso indica que este texto está longe de uma perspectiva generalizante que dê conta de todos os casos de formação nacional e dos conflitos étnicos daí advindos.

O aspecto central que se defende aqui é que há uma especificidade na questão indígena em face do fenômeno nacional, que a torna peculiar em relação à situação de colonização e conquista presentes nas sociedades do Antigo Regime.

---

1 Os principais autores nos quais tenho me apoiado para poder discutir essa questão têm, certamente, posições teóricas e argumentações por vezes bastante diversas. A síntese dessas ideias aparecerá no decorrer deste capítulo, em que procuro apontar os aspectos que convergem ou divergem para sustentar minha argumentação. São eles: Eric Hobsbawn. *Nações e nacionalismo desde 1870*. Trad. port. Rio de Janeiro: Paz e Terra, 1990; Benedict Anderson. *Nação e consciência nacional*. Trad. port. São Paulo: Ática, 1989; Anthony Smith. *La identidad nacional*. Trad. espanhol. Madrid: Trama Editorial, 1997; Fredrik Barth. "Grupos étnicos e suas fronteiras". In: Phillipe Poutignat (org.). *Teorias da etnicidade*. Trad. port. São Paulo: Editora da UNESP, 1997; artigos de Ernest Gellner, Misrolav Hroch e Katherine Verdery, dentre outros, publicados no livro organizado por Gopal Balakrishnan. *Um mapa da questão nacional*. Trad. port. Rio de Janeiro: Contraponto, 2000; também José Carlos Chiaramonte, François-Xavier Guerra, António Manuel Hespanha, Tamar Herzog, dentre outros, em artigos publicados no livro organizado por István Jancsó. *Brasil: formação do Estado e da nação*. São Paulo: Hucitec/Unijuí/Fapesp, 2003.

No entanto, no diâmetro oposto, não está se propondo enxergar o processo de formação nacional no viés exclusivo da ruptura, em que os mecanismos da colonização sobre os povos indígenas deixaram de existir de uma hora para outra, mas compreendê-lo num complexo processo de permanências e rompimentos. A sustentação dessa hipótese é o conteúdo das linhas que se seguem.

* * *

Durante a elaboração da primeira Constituição do Brasil, deu-se na Assembleia Constituinte a discussão sobre um aspecto crucial para a consolidação do Estado e da nação brasileiros: a cidadania. Assim, no decorrer do mês de setembro de 1823, ao se definir a epígrafe do Capítulo 1: "Dos membros da sociedade do Brasil", um aspecto aparentemente insignificante do ponto de vista formal tomou vulto devido à dimensão política que os termos implicavam. Certo deputado constituinte, o paulista Nicolau Pereira de Campos Vergueiro, objetivando simplificar o processo de composição da sociedade que se constituiria a partir de então como nacional, propôs que em lugar de "membros da sociedade do Brasil" se dissesse logo "cidadãos do Brasil."

A partir dessa proposta a controvérsia estava instalada, pois se tornava evidente para aqueles políticos que a composição da sociedade nacional não abarcaria em seu interior todos os brasileiros ou habitantes do Brasil. Escancarava-se, portanto, a cisão existente entre "cidadãos" e "brasileiros" na efetivação da sociedade nacional. Foi exatamente isso que argumentou o deputado fluminense Manoel José de Souza França, opondo-se à emenda que Vergueiro havia feito:

> Nós não podemos deixar de fazer esta diferença ou divisão de brazileiros e cidadãos brazileiros. Segundo a qualidade de nossa população, os filhos dos negros, crioulos e captivos, são nascidos no territorio do Brazil, mas todavia não são cidadãos brazileiros. Devemos fazer essa diferença: brazileiro é o que nasce no Brazil, e cidadão brazileiro é aquelle que tem direitos civicos. Os indios que vivem nos bosques não são brazileiros, enquanto não abraçam a nossa civilisação. Convém por consequencia fazer esta diferença por ser heterogenea a nossa população.[2]

---

[2] Fala do deputado França em sessão de 23 de setembro de 1823. *APB*. Assembléa Constituinte, 1823. T. 5º. Rio de Janeiro: Typographia de H. J. Pinto, 1880, p. 211. Essa discussão inicia-se em 23 de setembro a

Esse trecho do debate parlamentar é paradigmático por problematizar a questão nacional no contexto na elaboração da Constituição. Como se pode perceber, havia um fosso entre a sociedade real, existente em território que se pretendia nacional, e aquela sociedade que passaria a compor, a partir de então, a nação brasileira. Estas sociedades, a "real" e a "nacional", não coincidiam e essa característica não deve ser entendida como contraditória com o ideal de igualdade pretendido pelo Estado nacional, apesar de evidentemente conflituosa.³

Tratemos de compreender essa cisão. Dentre os membros que comporiam a sociedade brasileira havia os cidadãos, aqueles que tinham direitos cívicos, conforme os dizeres do deputado França. Ainda segundo ele, existiam os escravos nascidos em território do Brasil que, por questão de nascimento, também eram brasileiros, mas estavam longe de figurarem como cidadãos, devido ao estatuto da escravidão. Já os indígenas, nem cidadãos, nem brasileiros, seriam segundo essa acepção, pois, além de não pertencerem à sociedade civil, não compartilhavam nem mesmo os valores da cultura ocidental, estando, portanto, fora dos planos político e social que se delineavam.

Colocadas essas premissas, fica aparentemente difícil entender esse período sem imaginar tal modelo de organização social como contraditório. Como seria possível no modelo de sociedade nacional que defendia a igualdade como um paradigma norteador, trazer no seu interior uma clivagem tão evidente? No entanto, a imagem da contradição deve ser relativizada, uma vez que, segundo o modelo liberal em voga, essa divisão entre sociedade civil e sociedade política era perfeitamente compatível.⁴ Isso ocorre devido ao fato de que o liberalismo do XIX que-

---

partir da emenda do deputado Vergueiro e estende-se até a sessão de 30 de setembro, p. 211/59.

3 István Jancsó sintetizou de maneira precisa esse impasse: "Diante da complexa realidade social do escravismo, base de suas condições de existência, para as elites brasileiras a hipótese de que a comunidade humana que lhes coube integrar pudesse ser dotada de coesão interna com base em critérios universais (fundamento da ideia nacional), pareceu-lhes absurda. Para elas, o corpo social, no seu todo, não formava a nação, nem deveria formá-lo. Ao Estado (que não tem, convém lembrá-lo, existência autônoma por sobre as classes), caberia garantir que a temida hipótese não vingasse." "Esse livro". In: Jancsó. *Brasil, op. cit.*, p. 28.

4 Ilmar Rohloff de Mattos discute essa diferenciação entre sociedade civil e sociedade política presente durante o Império brasileiro. *O tempo Saquarema*. São Paulo: Hucitec/Minc, 1987, p. 109.

brava com os fundamentos da sociedade estamental do Antigo Regime, trazendo a igualdade jurídica, que não implicava, por sua vez, numa igualdade irrestrita a todos os membros da sociedade, já que os homens apresentam-se como naturalmente desiguais, segundo a visão corrente no período.[5] Procurando uma resposta às indagações nas linhas iniciais deste capítulo, pensando na contradição ou não da existência de comunidades étnicas autônomas no interior da sociedade nacional, a primeira opção é pela negativa dessa contradição. Assim, nas formações nacionais levadas a cabo a partir da segunda metade do século XVIII, a diversidade étnica dentro dos Estados nacionais era possível, num primeiro momento.[6] Isso não significa que esse aspecto não fosse um ponto de conflito, numa luta travada contra o "inimigo interno". É justamente essa questão aberta, essa ambiguidade da existência do cidadão e do não-cidadão, do brasileiro e do não-brasileiro que fez com que não houvesse, a princípio, nenhuma lei nacional sobre os indígenas.

---

5 Conforme pontuou Andréa Slemian: "Apesar da circunscrição da cidadania a esse universo parecer contraditória aos olhos de hoje, nossos primeiros constituintes estiveram muito mais preocupados com a delimitação dos cidadãos no âmbito dos direitos civis e políticos do que com os cativos e indígenas. O que estava longe de beirar a contradição em inícios do século XIX quando mesmo com a revolução operada no tocante à inviolabilidade dos direitos individuais garantida pelas novas Constituições modernas, a noção de igualdade político-social entre os homens não se colocava como ponto de partida ideológico para formação das sociedades, e só viria a ser construída posteriormente, a duras penas." *Seriam todos cidadãos?*: os impasses na construção da cidadania nos primórdios do constitucionalismo no Brasil (1823-1824)". In: István Jancsó (org.). *Independência: História e historiografia*. São Paulo, Fapesp/Hucitec, 2005, p. 830. Agradeço à gentileza da autora em disponibilizar seu texto antes da publicação e em ajudar-me nos impasses de minha pesquisa.

6 O sempre provocador José Carlos Chiaramonte propôs-se analisar o conceito de nação não como algo fechado, num modelo esquemático, mas situando em diversos períodos históricos, inserido nas lutas políticas. Assim, para ele, num primeiro momento, quando das formações nacionais a partir da Revolução Francesa, o critério étnico não é fator excludente, visto que a composição da nação faz-se em sociedades heterogêneas do ponto de vista cultural, em que a construção da cidadania dá-se através do contratualismo do jusnaturalismo. No entanto, posteriormente, com o advento do romantismo, buscando os mitos da "fundação da nação", no período chamado de princípio das nacionalidades, os critérios étnicos e raciais passam a se impor como fator de diferenciação de grupos que devem ser excluídos ou eliminados. "Metamorfoses do conceito de nação durante os séculos XVII e XVIII". In: Jancsó. *Brasil, op. cit.*, p. 61-91.

Posteriormente, já num segundo momento da consolidação dos Estados nacionais, durante o processo chamado de "princípio das nacionalidades", vigente no decorrer do século XIX, as diferenciações étnicas serão fatores efetivamente excludentes.[7] No caso do Brasil, esse aspecto é extremamente interessante de se analisar, pois o discurso indianista do romantismo emergiu ao mesmo tempo em que o Império brasileiro implementou a primeira lei para as populações indígenas, entre os anos de 1840 e 1850.[8] Essa coincidência não é ocasional, antes é o indicativo de que, a partir desse momento, a convivência das etnias dentro do Estado nacional havia saído do ponto conflituoso e ambíguo, para se tornar uma contradição que pedia resoluções inadiáveis, conforme se discutirá mais à frente.

Agora, na análise desse primeiro momento da formação nacional, quando as diversidades étnicas ainda não eram vistas como ameaça, é de fundamental interesse questionar até que ponto essa alteração jurídica, com o estabelecimento de um novo tipo de sociedade e Estado em terras antes coloniais representou, ou não, uma modificação no trato dos então colonizadores para com as populações originárias desse território. Isso porque as sociedades pluriétnicas eram também características dos Impérios coloniais no Antigo Regime.

* * *

Na discussão sobre novidades e continuidades no bojo da questão nacional é necessário primeiro entender o significado desse fenômeno político e social, ocorrido entre a segunda metade do século XVIII e o limiar no século XIX. Assim, as formações nacionais modernas[9] devem ser situadas na crise do Antigo Regime, com

---

7 *Ibidem*, p. 88-91.

8 "24/07/1845. Decreto n.º 426. Contém o Regulamento ácerca das Missões de catechese, e civilisação dos Indios". In: *LI*, p. 191-199.

9 Os autores que ressaltam a "modernidade" do fenômeno nacional, situando-a no contexto da Revolução Francesa, são: Hobsbawm. *Op. cit.*; Anderson. *Op. cit.*; Ernest Gellner. "O advento do nacionalismo e sua interpretação: os mitos da nação e da classe". In: Balakrishnam, *op. cit.* Em contraposição a estes autores, trazendo a ideia de nação como uma categoria de longa duração, tem-se Miroslav Hroch. "Do movimento nacional à nação plenamente formada: o processo de construção nacional na Europa". In: Balakrishnan, *op. cit.* e Adrian Hastings. *The construction of nationhood,*

a dilapidação do modelo de sociedades existentes tanto no continente europeu como nas regiões controladas pelos reinos da Europa, como o caso da América. Aqui, a manifestação dessa crise estrutural e das instituições foi sentida especialmente com a gradativa perda da operacionalidade do Antigo Sistema Colonial, num processo de superação desse mecanismo econômico no nível mundial, face ao desenvolvimento do capitalismo industrial.[10]

A formação dos Estados americanos lidou com variáveis próprias à colonização, especialmente no caso do Brasil, em que o Estado nacional construído assentou-se sob o controle de um poder imperial dominado por D. Pedro I, membro da dinastia de Bragança, herdeiro legítimo do trono português. Nesse sentido, a formação nacional brasileira poderia ser interpretada, de maneira esquemática, como tendo sido operada antes pelos antigos colonizadores (portugueses) do que pelos colonizados (indígenas e africanos). Pensando por essa perspectiva, seria possível explicar que a clivagem entre sociedade civil e sociedade política na esfera nacional seria também, grosso modo, a separação entre o mundo dos antigos colonizadores e colonizados, percebendo-se a sociedade imperial brasileira como depositária de uma herança colonial.[11]

No entanto, essa categorização de "colonizadores" e "colonizados" não é algo prudente de se fazer, já que a formação das elites coloniais é fruto de um processo dialético, no qual o sucesso da empresa colonial foi capaz de gerar, ao longo dos séculos, a solidificação de interesses locais na colônia. Esses interesses

---

ethnicity, religion and nationalism. Cambridge: Cambridge University Press, 1997. Conforme será visto no decorrer deste capítulo, filio-me aos autores do primeiro grupo, que entendem o fenômeno nacional no contexto das revoluções burguesas.

10 Fernando A. Novais. *Portugal e Brasil na crise do Antigo Sistema Colonial (1777-1808).* 7ª ed. São Paulo: Hucitec, 2002, p. 7-15.

11 Sérgio Buarque de Holanda advoga a causa de que a formação nacional só se completaria durante o Império no momento em que superasse todos os elementos coloniais ainda vigentes. "A herança colonial, sua desagregação". In: _____ (dir.). *História geral da civilização brasileira.* Rio de Janeiro: Bertrand Brasil, 1997. Já a ressalva da existência tanto de continuidades quanto de rupturas é feita por Ilmar Rohloff deMattos. "Construtores e herdeiros. A trama dos interesses na construção da unidade política". In: *Almanack braziliense.* São Paulo: IEB/ USP, n.º 1, 1º semestre de 2005 (http://www.almanack.usp.br/PDFS/1/01_forum_1.pdf).

começaram a se sobrepor aos interesses do reino e foram expressos tanto na busca de autonomia política, como no desejo do controle de certos monopólios econômicos por grupos coloniais.[12]

Ao mesmo tempo, é necessário lembrar que as formações dos Estados nacionais nas Américas espanhola e portuguesa foram desencadeadas por movimentos constitucionalistas nas metrópoles. As Cortes de Cádis, reunidas entre 1810 e 1812 na Europa, enquanto formulavam a Constituição do reino espanhol, iam assistindo à desagregação desse mesmo Império, através de movimentos independentistas em diversos pontos da América. Já no caso português, quando o movimento vintista pretendia impor limitações ao poder absolutista do rei D. João VI, diversos deputados foram mandados também das províncias do Brasil para comporem as Cortes de Lisboa entre 1821 e 1822. O Brasil foi, portanto, aderindo inicialmente à causa portuguesa na elaboração da Constituição lusitana. No entanto, aos poucos, políticos e grupos econômicos da América, embora ainda não alinhados entre si, começaram a apresentar posturas divergentes dos portugueses, o que culminaria, mais à frente, na ruptura com Portugal.[13]

---

[12] O trabalho de Fernando Novais sobre a crise do Antigo Sistema Colonial defende que a superação da dominação colonial está na raiz dos projetos de separação da Coroa e que, futuramente, adquirirão um teor nacionalista. *Op. cit.* Advindo dessa posição, o texto de István Jancsó e João Paulo Pimenta mostra como as diversas identidades e projetos políticos luso-brasileiros começam a se articular em torno de um projeto nacional brasileiro. "Peças de um mosaico ou apontamentos para o estudo da emergência da identidade nacional brasileira". In: Carlos Guilherme Mota (org.). *Viagem incompleta*: a experiência brasileira (1500-2000). Formação: Histórias. 2ª ed. São Paulo: SENAC, 2000, p. 129-175. Já Gladys Sabina Ribeiro, embora discorde da ideia de crise do Antigo Sistema Colonial, apresentada por Novais, propugna a defesa de interesses econômicos coloniais como causa do movimento independentista. *A liberdade em construção*. Identidade nacional e conflitos antilusitanos no Primeiro Reinado. Rio de Janeiro: Faperj/Relume Dumará, 2002, p. 35.

[13] Márcia Regina Berbel evidencia a impossibilidade de se vislumbrar um projeto definido de nacionalismo brasileiro que esteja por trás da ruptura ocorrida com as Cortes em Portugal: "É difícil, portanto, atribuir sentido nacionalista às propostas apresentadas pelos deputados do Brasil. Baianos e pernambucanos defenderam suas 'pátrias', mas não propuseram que elas se transformassem em 'corpos políticos' autônomos, pois acreditavam que deveriam fazer parte da nação portuguesa. Os paulistas apresentaram um programa de defesa do Reino Unido em que o principal aspecto a ser ressaltado é a autoridade conferida ao príncipe regente, e não a soberania de qualquer 'corpo

Em vista do exposto, não é possível encaixar o caso brasileiro em muitos dos modelos pretendidos pelos especialistas sobre a questão nacional. Anthony Smith, por exemplo, ao defender as etnias como uma espécie de embriões que se desenvolvem como nações, percebe que essa proposta analítica se afasta dos casos de formações nacionais em ex-colônias.[14] No caso da América ibérica, não houve etnias que assumiram movimentos nacionais, em busca de um Estado que lhes desse legitimidade política, mas um outro processo de lutas e articulações entre os grupos que compunham as diversas sociedades coloniais americanas.[15]

Desse modo, a formação do Brasil como um Estado independente a partir de 1822 não foi coincidente com a formação da nação, que se deu na disputa política entre interesses regionais divergentes. Aos grupos dirigentes imperiais coube a tarefa de definir os membros da nação, estabelecendo quem possuiria direitos sociais, quem teria direitos políticos e, ainda, aqueles que não cabiam nesse modelo social, como escravos e indígenas. Conforme se apresentou acima, durante a elaboração da Constituição

---

nacional". E os deputados do Rio de Janeiro, Pará e Maranhão, entre outros, alinharam-se com os de Portugal na defesa da nação integrada portuguesa." *A nação como artefato*. Deputados do Brasil nas Cortes portuguesas (1821-1822). São Paulo: Hucitec/Fapesp, 1999, p. 200.

14 "Tenemos que referirnos a la outra cara de la moneda, que es la possibilidad de que se formen naciones que no tengan una *ethnie* directamente antecedente. En varios Estados las naciones se formaran intentando unir las culturas de las sucesivas oleadas de inmigrantes (principalmente europeos) como sucedió en Estados Unidos, Argentina y Australia. En otros Estados se formaran a partir de provincias de imperios que habían impuesto una lengua y una religión comunes, sobre todo en América Latina, donde las elites criollas iniciaron um processo de formación de naciones sin una *ethnie* distintiva." Smith. *Op. cit.*, p. 36

15 "A 'nação' não podia apoiar-se na América espanhola em uma identidade 'étnica', em um 'povo', em uma *gens*, com origens e história supostamente comuns, fossem os 'índios', fossem os 'criollos'. A divisão entre a república dos índios e a república dos espanhóis era constituinte das Índias de Castela e a 'nação' não podia fundar-se sobre nenhuma delas, que ademais estavam imbricadas no mesmo território. Por um lado, os múltiplos povos indígenas não constituíam identidades 'étnicas' particulares e interiorizadas mas remetiam, na base, a pequenos povos e, num grau mais alto, à 'nação indígena' que era apenas uma unidade corporativa. Por outro lado, os 'espanhóis americanos', por sua homogeneidade de origem, de cultura e por sua situação privilegiada, tampouco podiam pretender ser um 'povo'. ". François-Xavier Guerra. "A nação moderna: nova legitimidade e velhas identidades". Jancsó *Brasil, op. cit.*, p. 58-59.

brasileira, o alijamento desses grupos na composição nacional era evidente. Foi isso que propôs o deputado constituinte Vergueiro quando emendou a epígrafe do Capítulo 1, "Dos membros da sociedade do Brasil" para a forma "Dos cidadãos do Brasil".

A epigraphe está muito clara: a emenda que eu fiz foi só para abreviar: o que é indio, que não está ligado comnosco; os filhos de estrangeiros, estes, não tratamos delles. A constituição não é feita para elles, é para os membros da sociedade brazileira: dos outros não tratamos: não entram na nossa sociedade: a constituição não é para elles, e portanto não têm lugar os argumentos que se têm feito, porque elles não entram na nossa sociedade.[16]

O deputado pretendia que as diferenciações se tornassem menos tortuosas, afirmando que todos os brasileiros fossem cidadãos e que os demais grupos da sociedade não deveriam ser tratados como brasileiros para se evitar confusões. Nessa categoria de não-brasileiros se encaixavam grupos tão diversos quanto os índios, os escravos e os estrangeiros. Os demais membros, enquanto não obtivessem renda suficiente para votarem e serem eleitos, teriam a cidadania em potencial, uma vez que adquirissem tal renda, saindo da condição de "cidadãos passivos" para a de "cidadãos ativos", conforme os termos usados no período. Vergueiro também fez essa segunda distinção, entre os que teriam a cidadania plena e aqueles que a teriam em potencial:

> Pouco importa, que nem todos gozem dos mesmos direitos, e que alguns não exercitem os direitos políticos, por não terem os requisitos que a lei exige: todos elles são habeis para o exercicio de todos os direitos uma vez que consigão as qualificações da lei. Servindo-me de um exemplo do presente projecto vê-se que o que não possue certo rendimento não póde votar para os deputados; mas se elle trabalhar e conseguir esse rendimento, passa logo a exercitar esse direito. E poderá dizer-se que não era cidadão antes de ter esse rendimento e que se fez cidadão logo que adquirio? Não me parece politica nem justa, esta differença.[17]

---

16 Fala do deputado Vergueiro em sessão de 23 de setembro de 1823. APB. Assembléa Constituinte, 1823. Tomo 5º. Op. cit., p 212.

17 Idem, p. 214.

Isso tudo indica que na configuração do pacto político que estava sendo travado, havia aqueles que não estavam na esfera social e aqueles que estando, ainda não tinham as condições adequadas para serem cidadão plenos, os chamados cidadãos ativos. Hipoteticamente, todos poderiam ser incluídos ao longo do tempo: os escravos poderiam tornar-se libertos, os indígenas "civilizarem-se" e os estrangeiros naturalizarem-se. No entanto, nenhum dos três processos era simples e sequer incentivados, principalmente nos primeiros tempos da afirmação da independência nacional.

A própria categorização do que era brasileiro e o que era português, por exemplo, não se assentava em bases precisas, uma vez que o que estava em jogo era a adesão à causa da independência e não necessariamente o local de nascimento.[18]

Os escravos, juridicamente, estavam contemplados na nova ordem, uma vez que representavam o patrimônio dos nacionais, que caberia à Constituição garantir. Enquanto grupo social, o regime liberal não os reconhecia como agentes de qualquer tipo de direitos, já que ainda figuravam como mercadoria. Nesse sentido, embora a Carta constitucional tenha ignorado a escravidão no interior do Império, sua continuidade foi referendada na medida em que se garantiam as propriedades dos cidadãos, grande parte das quais eram constituídas por escravos africanos.[19]

---

18 "Desta forma, além de fabricarem novos significados para as palavras 'brasileiro' e 'português', tornando-as uma visível construção política, buscavam, nas características da terra de nascimento ou adesão, sinais que expressassem o amor ao Brasil. Por isso entende-se a preocupação com os símbolos nacionais, concretos, tão cedo se começou a sonhar com uma nova utopia: a do Império Brasileiro. Foi assim que no dia 18 de setembro providenciou-se o escudo de armas do Reino do Brasil; a 12 de outubro aclamou-se o Príncipe Imperador Constitucional, ato presidido pelo Senado da Câmara; a 10 de novembro abençoou-se as bandeiras, que haveriam de 'conduzir os brasileiros ao campo da glória'; e, finalmente, a 1º de dezembro aconteceu a Coroação e a Sagração do Imperador, com pompa e circunstância, criando-se por decreto a Imperial Ordem do Cruzeiro e Guarda de Honra." Ribeiro, *op. cit.*, p. 63.

19 Ainda durante a discussão do Capítulo 1 na Assembleia Constituinte, a fala do deputado baiano Montezuma evidencia a forma como os escravos estavam excluídos do pacto político devido à sua própria condição jurídica: "Enquanto aos crioulos captivos, Deus queira que quanto antes purifiquemos de uma tão negra mancha as nossas instituições políticas: Deus queira que em menos de um anno extirpemos do coração do estado, cancro tão virulento, e mortifero: mas enquanto o não fazemos de força havemos confessar que não entram na classe de cidadãos, que não são membros de nossa politica communhão, e portanto que não são brasileiros no sentido proprio, technico

Os indígenas também se enquadravam no papel de escravos, ainda que, segundo a lei,[20] sua escravidão estava restrita às atividades produtivas e não a um mercado de mão-de-obra, como no caso negreiro.[21] Além do que, seu trabalho compulsório era temporário e não abarcava a totalidade dos índios no território luso-brasileiro, pois eles só seriam escravizados se fossem hostis aos colonizadores ou nacionais, prestando serviços por até quinze anos. De qualquer forma, os indígenas, cativos ou não, só estariam dentro da sociedade nacional uma vez que estivessem imbuídos da cultura ocidental, abandonando seus hábitos de origem, como idioma, vestuário, religião. Isso implica que eles poderiam compor a nação à medida que deixassem de ser justamente o que eram: índios. No entanto, como não havia nas primeiras décadas do Império uma política definida de incorporação destes povos à sociedade nacional, essa questão permaneceu em aberto, pois ainda que muitos políticos considerassem um dever trazê-los para o seio do Império, não se propôs e nem se instruiu, em contrapartida, como fazê-lo.

Prosseguindo no contexto na discussão sobre a epígrafe do Capítulo 1 na Assembleia Constituinte, o deputado baiano Francisco Gê de Acaiaba Montezuma (cujo nome é o melhor exemplo do "nativismo" da época da independência, como se verá a seguir) discorreu sobre a fala do deputado França, que havia se referido à

---

das disposições politicas. São homens para não serem tyranizados; mas (permita-se-me o uso da expressão dos jurisconsultos, bem que barbara, mas que politica) emquanto ao exercicio de direitos na sociedade são considerados cousa, ou propriedade de alguem; como taes as leis os tratão, e reconhecem. Logo, como chamal-os brasileiros no sentido proprio? Como mencional-nos no codigo, que temos á nosso cargo?". Fala de Montezuma na sessão de 23 de setembro de 1823. *APB*. Assembléa Constituinte. 1823. T. 5º. *Op. cit.*, p. 221-222. Esse aspecto é abordado por Rafael de Bivar Marquese. "Governo dos escravos e ordem nacional: Brasil e Estados Unidos, 1820-1860". In: Jancsó. *Brasil, op. cit.*, p. 251-265

20 As Cartas Régias de D. João em 1808 e 1809 referendaram a guerra justa e o Império brasileiro manteve-as durante quase uma década. Só foram revogadas com uma lei no início da Regência, em 27/10/1831, a partir da mobilização do Senado federal. *LI*, p. 134/137.

21 Digo segundo a lei, porque realmente as Cartas Régias citadas acima não autorizavam a venda de cativos indígenas. No entanto, quando analisarmos a relação entre os índios e os paulistas das vilas de Faxina e Itapetininga (capítulos 5 e 6), veremos que a venda de "peças" indígenas era relativamente comum, embora oficialmente proibida.

separação entre os brasileiros e os cidadãos, citando o problema dos escravos negros e dos indígenas. Para Montezuma, não havia confusão entre as duas categorias, já que os cidadãos seriam aqueles que compartilhavam as benesses da sociedade, por serem súditos do Império do Brasil, estando, portanto, dentro do mesmo pacto social.

> Levanto-me para responder ao illustre preopinante, que trouxe por aresto os indios e os crioulos captivos. Eu cuido que não tratamos aqui senão dos que fazem a sociedade brazileira, fallamos aqui dos subditos do imperio do Brazil, unicos que gozão dos commodos de nossa sociedade, e soffrem seus incommodos, que têm direitos e obrigações no pacto social, na constituição do estado.
>
> Os indios porém estão fóra do gremio da nossa sociedade, não são subditos do imperio, não o reconhecem, nem por consequencia suas autoridades desde a primeira até a ultima, vivem em guerra aberta comnosco: não podem de fórma alguma ter direitos, porque não têm, nem reconhecem deveres ainda os mais simplices (fallo dos não domesticados), logo: como consideral-os cidadãos brazileiros? (...) Não é minha opinião que sejão desprezados, que não ponhamos os necessarios meios de os chamar á civilisação: o facto de nascerem comnosco no mesmo territorio; a moral universal, tudo nos indica este dever. Legislemos para elles; porém neste sentido: ponhamos um capitulo proprio e especial para isso em a nossa constituição; sigamos o exemplo dos venesuelenses.[22] Mas consideral-os já

---

[22] Embora haja outras cartas constitucionais na Venezuela antes de 1823, pela pesquisa superficial que fiz, acredito que a referência seja a Constituição de 1811, especialmente o seguinte trecho: "Capitulo nono. Disposiciones generales. 200. Como la parte de ciudadanos que hasta hoy se ha denominado indios, no ha conseguido fruto apreciable de algunas Leyes que la monarquía española dictó à su favor, porque los encargados del gobierno en estos paises tenian olvidada su execucion; y como la basas del sistema de gobierno que en esta Constitucion ha adoptado Venezuela, no son otras que de la justicia y la igualdad, encarga muy particularmente à los Gobiernos provinciales, que así como de han de aplicar sus fatigas y cuidados para conseguir la ilustracion de todos los habitantes de Estado, proporcionarles escuelas, academias, y colegios en donde aprendan todos los que quieran los principios de Religion, de la sana moral, de la politica, de las ciencias, y artes útiles y necesaria para el sostenimiento y prosperidad de los pueblos, procuren por todos los medios posibles atrahe á los referidos ciudadanos naturales à estas casas de ilustracion y enseñanza, hacerles comprehende

neste capítulo? Isto é novo. [23]

A transcrição desse longo trecho do discurso do deputado faz-se necessária para pontuar certos aspectos dessa nova formação política e social denominada por Montezuma como "Império do Brasil". O primeiro aspecto a se destacar é sobre a ideia de "súditos do Império", demonstrando um tipo de formação política que remete, numa primeira impressão, à submissão típica da vassalagem do Antigo Regime. Ao mesmo tempo, ao notar-se um segundo aspecto, o da noção de "direitos e obrigações no pacto social" tem-se, por outro lado, referência direta ao tipo de pactuação política do modelo constitucional moderno.

Observando esses dois aspectos, retoma-se, assim, uma importante questão, bastante cara para os objetivos propostos por esse trabalho: a da diferença entre o papel de súditos que os indígenas poderiam ter representado no Antigo Regime e o papel de cidadãos que poderiam vir a ocupar agora no Estado nacional. Essa diferenciação é crucial pois ela mostra que não se pode olhar para a política colonial e para a política imperial apenas analisando a segunda como continuidade da primeira, já que as variáveis políticas de Estado e de formação social são completamente diversas num período e noutro.

---

la íntima unión que tienen con todos los demás ciudadanos, las consideraciones que com aquellos merecen Gobierno, y los derechos de que gozan por solo el hecho de ser hombres iguales à todos los de su espécie, à fin de conseguir por este medio sacarlos del abatimiento y rusticidad en que los há mantenido, el antiguo estado de las cosas, y que no permanezcan por mas tiempo aislados, y aun temerosos de tratar á los demás hombres, prohibiendo desde ahora que puedena aplicarse involuntariamente á prestar sus servicios á los Tenientes, ó Curas de sus parroquias, ni a otra persona alguna, y permitiendoles el reparto en propriedad de las tierras que les estaban concedidas y de que están en posesion, para que á proporcion entre los padres de familia de cada pueblo, las dividan y dispongan de ellas con verdaderos señores, segun los términos y reglamentos que formen los Gobiernos provinciales." "Constitución federal, para los Estados de Venezuela, 1811. Hecha por los Representantes de Margarita, de Mérida, de Cumaná, de Barínas, de Barcelana, de Truxillo, y de Carácas, reunidos em Congreso General. En el nombre de Dios todo poderoso." In: *Textos constitucionales*. 1811-1999. Caracas, Servicio Autónomo de Información Legislativa (SAIL), 2003, p. 30-31. (Agradeço a André Machado pela ajuda na pesquisa e disponibilização deste conteúdo).

23 Fala do deputado Montezuma na sessão de 23 de setembro de 1823. *APB*. Assembléa Constituinte, 1823. T. 5°. *Op. cit.*, p. 211-212.

A noção de súditos remonta ao Antigo Regime, dentro da sociedade estamental, em que todos estavam ao mesmo tempo submissos e protegidos pelo poder real. No entanto, como é evidenciado pela fala de Montezuma, esse aspecto aparente de continuidade trouxe novidades: "direitos e obrigações no pacto social e na constituição do Estado". Estes elementos justapostos demonstram que, embora dentro de uma sociedade monárquica, herdeira dos outrora colonizadores, estava sendo construído um modelo de sociedade liberal, baseada na aceitação do pacto político, momento em que se definiriam direitos e deveres, o que valoriza sobremaneira o papel representado pela Carta constitucional. No caso brasileiro, conforme já foi colocado acima, aqueles que estavam agora aceitando o novo pacto político e social eram os que haviam sido também súditos do Império português que fora, até os primeiros anos do século XIX, um império colonial.

Ao se focalizar esse império colonial, pensando-se naqueles que seriam os súditos de sua majestade, não há como não se referir ao marquês de Pombal e sua política de transformação dos índios em vassalos do rei luso. Isso indica que, já no contexto do reformismo ilustrado do século XVIII, a perspectiva de incorporação dessa população ao seio do Império português havia se tornado uma política clara e explícita. Aqui a referência direta é a política do Diretório dos Índios, também chamado de Diretório Pombalino, elaborado em 1755, porém implementado no Pará e Maranhão em 1757 e no restante da colônia somente em 1758.[24]

O Diretório (que será melhor analisado no capítulo 2) trouxe o fim da política ofensiva de extermínio e escravização e a proposta de incorporação dos indígenas

---

[24] "Directorio que se deve observar nas Povoaçoens de Índios do Pará e Maranhão, enquanto Sua Magestade não mandar o contrário". In: Carlos de Araújo Moreira Neto. *Índios da Amazônia*: de maioria à minoria (1750-1850). Petrópolis: Vozes, 1988, p. 166-205. Ângela Domingues. *Quando os índios eram vassalos*. Colonização e relações de poder no Norte do Brasil na segunda metade do século XVIII. Lisboa: Comissão Nacional para as Comemorações dos Descobrimentos Portugueses, 2000. Iris Kantor. *Esquecidos e renascidos*. Historiografia Acadêmica Luso-Americana (1724-1759). São Paulo/Salvador: Hucitec/Centro de Estudos Baianos/UFBA, 2004. Kantor estuda a Academia Brasílica dos Renascidos, fundada em Salvador em 1759, no bojo da política pombalina. Nessa instituição, aspectos referentes aos indígenas estiveram bastante presentes, fosse através de um certo nativismo literário que se referia a características indígenass fosse no interesse que os luso-brasileiros demonstravam para com os desdobramentos da política pombalina para os nativos (p. 103-122).

como vassalos do rei português. Sem se deter muito longamente sobre a política pombalina, é relevante apontar dois desdobramentos daí advindos.

O primeiro é que os indígenas, embora devessem ser igualados aos demais súditos, não eram considerados ainda aptos para a vida civilizada, devendo por isso ser tutelados pelos diretores, que administrariam seus bens e interesses. Isso obviamente abriu espaço mais para os anseios dos diretores luso-brasileiros do que para os propósitos dos índios. Assim, ainda que os indígenas tivessem direitos dentro do Império português, não tinham condições de vivê-los plenamente, uma vez que estavam sob controle de um agente colonial.[25]

Em segundo lugar, essa política de incentivo à incorporação dos indígenas à sociedade ocidental não atravessou o século XVIII. Com a anulação do Diretório dos Índios em 1798, um outro quadro se configurou. A partir da Carta Régia de 12 de maio de 1798 a rainha de Portugal Maria I definiu:

> Hei por bem abolir e extinguir de todo o directorio dos índios estabelecido provisionalmente para o governo economico das suas povoações para que os mesmos indios fiquem sem differença dos outros meus vassalos, sendo dirigidos e governados pelas mesmas leis que regem todos aquelles dos differentes estados que compoem a monarchia, restituindo os indios aos direitos que lhes pertencem igualmente com os meus vassalos livres.[26]

Ainda que a princípio se possam encarar essas palavras como mais agradáveis em relação às populações indígenas, ao se analisar o conjunto da lei, percebe-se que muitas exceções eram permitidas com relação à utilização dos índios como mão-de-obra, sendo que o efeito mais danoso foi não prever nenhuma proteção a eles, tal como o Diretório propunha. O fato é que uma política hostil passou a predominar no limiar do século XIX, sendo que efetivamente entre 1808 e 1809 o príncipe regente D. João autorizou que se voltasse a escravizar indígenas.[27] Assim,

---

25 Domingues, op. cit., p. 42-43.

26 "Carta Régia de 12 de Maio de 1798 sobre a civilização dos índios". In: Revista do Instituto Histórico e Geográfico Brasileiro. T. 19, 1856. Rio de Janeiro: Laemmert, 1856, p. 314-315. [Doravante RIHGB]

27 LI, p. 134-137.

a tentativa de incorporação deles à sociedade ocidental, através de sua equiparação aos demais súditos, não sobreviveu à época do processo de formação nacional. Muito pelo contrário. Nesse período, a política incorporadora estava sendo negada e o que imperava de maneira mais enfática na política indigenista colonial eram as guerras justas contra os indígenas.[28]

Portanto, a perspectiva de incorporação dos grupos étnicos ameríndios não foi uma novidade colocada pelo Império brasileiro, já que durante a época pombalina os indígenas foram igualados aos demais súbitos. Conforme dito, essa igualdade não se deu efetivamente, já que os indígenas eram considerados incapazes, dentro de uma dita inferioridade intelectual, sempre tutelados. Por sua vez, no período imperial, no início da formação nacional, a política colonial de trato dos índios que o Estado nacional herdara era oposta a essa incorporação. Na sequência, durante a efetivação do pacto político, expresso no processo de elaboração da Constituição, não houve sérios problemas em deixar os indígenas de fora. Aqui, somente os homens livres, com certa faixa de renda e que partilhassem da cultura ocidental é que seriam incluídos. A possibilidade de incluir os demais parecia absurda para os legisladores do período, já que escravos e índios, conforme visto, estavam completamente fora do plano político e social que os dirigentes nacionais estavam delimitando.

Ainda utilizando as palavras de Montezuma, a "moral universal ensinava" aos legisladores brasileiros, que por uma questão humanitária, deveriam buscar trazer os indígenas para a "civilização". No entanto, para o deputado baiano isso não era assunto para se discutir na definição daqueles que seriam membros da sociedade do Brasil ou cidadãos. Os índios deveriam ficar alheios a esse processo e o pacto político não deveria ser estabelecido com suas comunidades. Para resolver a questão indígena, na visão desse deputado, bastava que se colocasse um item específico, em outro ponto da Carta constitucional, que previsse a incorporação deste

---

28 A despeito do conjunto da Carta Régia de 12/05/1798 tender mais para uma política agressiva, o fato é que, na letra lei, garantiu-se a liberdade do indígena, tornando-o vassalo do rei. Esse foi um argumento usado pelos próprios índios para se defender daqueles que desejavam explorá-los, como pode ser visto na região norte do Império nas primeiras décadas do século XIX. André Roberto d A. Machado. *A quebra da mola real das sociedades. A crise política do Antigo Regime português n* província do Grão-Pará (1821-1825). São Paulo: Hucitec, 2010.

povos. Isso tudo indica que, nesse contexto, a problemática dos índios era um fato secundário, a ser resolvido posteriormente.

Finalmente, a Constituição brasileira promulgada em 25 de março de 1824[29] não foi exatamente a mesma elaborada pelos constituintes no ano anterior. Ainda que D. Pedro I tenha dissolvido a Assembleia em novembro e elaborado outro texto constitucional, o projeto dos constituintes, apresentado em 30 de setembro de 1823,[30] foi amplamente incorporado à Carta Magna no que tange à questão da cidadania. De tal forma que, efetivamente, o exercício da cidadania ficou circunscrito aos homens livres, cuja renda fosse no mínimo de 100 mil réis por ano, incluindo ainda os estrangeiros naturalizados e libertos que também se encaixassem nessa condição.

No entanto, as eleições eram realizadas de modo indireto, havendo um escrutínio nas paróquias para escolher os eleitores e estes, por sua vez, votariam nos membros dos Conselhos das Províncias, deputados e senadores imperiais. Havia nesse processo novas barreiras para impedir que aqueles incluídos inicialmente se tornassem eleitores e aptos para comporem os cargos legislativos. Para ser eleitores, a renda exigida era de 200 mil réis, além de se excluírem também os libertos. Para ocupar os cargos legislativos, por sua vez, a renda mínima exigida era 400 mil réis e os estrangeiros naturalizados não poderiam, a partir deste ponto, participar da vida política. Apesar desse caráter seletivo – que excluía também as mulheres, os escravos, os indígenas, além de outras categorias citadas na Constituição – esse texto constitucional é considerado um dos mais liberais do período, pois incluía os libertos e a faixa inicial de renda para a participação política englobava também parte dos homens pobres livres.[31]

Em síntese, para os aspectos propostos por este capítulo, interessa perceber que a questão indígena foi deixada em aberto durante a formação nacional. Como dito

---

29 "Doc. 318.2. Constituição Política do Império do Brasil (25 de Março de 1824)". Título 2°: Dos Cidadãos Brasileiros; Título 4°: Do poder Legislativo: Capítulo 6: Das eleições. In: Paulo Bonavides e Roberto Amaral (orgs.). *Textos políticos da história do Brasil*. 3ª ed. Brasília: Senado Federal, 2002, vol. 8, p. 200/210.

30 "Doc. 316.2. Projeto de Constituição para o Império do Brasil (Projeto Antônio Carlos), elaborado pela Comissão da Assembleia Geral e Constituinte e Legislativa (30 de Setembro de 1823)". In: *Ibidem*, p. 140/165.

31 Slemian, *op. cit.*

acima, para os políticos da época da independência, resolver o problema relativo aos índios não era de fundamental importância no estabelecimento do pacto político e social da nova ordem institucional. Ainda que tenha havido projetos que problematizaram o assunto, como os textos de José Bonifácio de Andrada e Silva e de João Severiano Maciel da Costa[32] (que serão discutidos no capítulo seguinte), a questão da cidadania imediata para os indígenas jamais foi discutida ou cogitada, pois não fazia parte da concepção política daqueles homens. Antes, buscar soluções para a persistência destes grupos em território nacional passava por manter uma política ofensiva a eles (o que foi evidenciado pela manutenção das guerras justas decretadas por D. João VI), ao mesmo tempo em que se projetava, num futuro próximo, buscar meios de se resolver a incorporação de grupos indígenas autônomos à sociedade nacional. A forma como essa política indigenista foi se desdobrando até chegar num projeto efetivo para a resolução do problema indígena – com o Regulamento das Missões de 1845[33] – será trabalhada ao longo da primeira parte do livro. Para fechar essa discussão, é necessário olhar para um segundo aspecto da construção nacional, que se refere à elaboração de seu imaginário. Nesse universo, a temática indígena foi largamente explorada.

* * *

Houve, no nível do discurso, movimentos expressivos durante o início da formação nacional brasileira que se utilizaram de elementos da cultura indígena, ainda que de maneira distorcida, na caracterização de grupos políticos do Império ou na própria ideia construída de nacionalidade brasileira. Esses dois aspectos estão representados, respectivamente, numa espécie de movimento "nativista" presente

---

32 José Bonifácio de Andrada e Silva. "Apontamentos para a civilisação dos Indios Bravos do Imperio do Brazil". In: *LI*, p. 347/60; João Severiano Maciel da Costa. "Memória sobre a necessidade de abolir a introdução dos escravos africanos no Brasil, sobre o modo e condições com que esta abolição se deve fazer e sobre os meios de remediar a falta de braços que ela pode ocasionar". In: João Severiano Maciel da Costa et. al. *Memórias sobre a escravidão*. Rio de Janeiro/Brasília: Arquivo Nacional/Fundação Petrônio Portella/Ministério da Justiça, 1988 [1821], p. 11-59.

33 "24/07/1845. Decreto n.º 426. Contém o Regulamento ácerca das Missões de catechese, e civilisação dos Indios". In: *LI*, p. 191/199.

nas disputas políticas das primeiras décadas do Império, e no indianismo, já com a consolidação deste Estado nacional a partir da década de 1840.

Primeiramente, o movimento "nativista"[34] expressou-se na luta entre os atores políticos da época da independência, em que um dos grupos em disputa foi por vezes tachado de "português", em oposição aos que se diziam oprimidos, em luta pela liberdade, chamando a si próprios, em contraste, de "brasileiros". Conforme se viu anteriormente, essa categorização esteve ligada muito mais a projetos políticos do que a locais de nascimento, durante as décadas iniciais do Império.[35]

Como seria então possível distinguir um "brasileiro" de um "português"? Se o critério de definição era principalmente pautado pela luta política, não seria difícil que D. Pedro I, herdeiro do trono português, natural daquele reino, se afirmasse como brasileiro. Foi durante esse processo que se assistiu a um uso retórico de nomes indígenas para colar à imagem dos "brasileiros", uma diferenciação a seus opositores políticos. Assim D. Pedro I, durante a luta da independência contra o "partido português", adotou um sugestivo codinome na loja maçônica à qual pertencia: Guatimozín, o último imperador asteca.[36]

Outros atores políticos também se utilizaram desse expediente. Tal foi o caso de José Bonifácio de Andrada e Silva que, saído do Ministério de D. Pedro I em julho de 1823, fundou, junto com outros Andrada, um jornal para servir de propaganda às suas ideias políticas. Nesse jornal atacava o Ministério que o substituíra, tachando seus membros de "chumbados", portugueses absolutistas. O nome do periódico

---

34 Usar a expressão "nativismo" é entrar num campo minado, conforme defendeu André Forastieri da Silva. No entanto, tomo a liberdade de usar essa expressão no sentido de evidenciar um tipo de discurso assumido durante a luta política. Assim, tento mostrar que esse "nativismo" no início do Estado nacional brasileiro é muito mais um discurso construído pelos atores políticos do que realmente símbolo da "nacionalidade brasileira". André Forastieri da Silva. *Colônia e nativismo*. A história como "biografia da nação". São Paulo: Hucitec, 1997.

35 Ribeiro, *op. cit.*

36 Robert Rowland. "Patriotismo, povo e ódio aos portugueses. Notas sobre a construção da identidade nacional no Brasil independente". In: Jancsó. *Brasil, op. cit.* p. 368-88.

dos Andrada, "O Tamoio", indica a busca de reforçar a imagem de oposição àqueles que representavam, segundo eles, os agentes do colonialismo.[37] Esses exemplos ilustram o movimento difundido nesse período, procurando buscar na cultura dos ameríndios algo que diferenciasse alguns homens em relação a outras facções políticas ou a outros grupos econômicos. Esses conflitos de interesses poderiam realmente expressar a ligação de um dos grupos aos poderes da antiga metrópole, ou serviam apenas para perseguir aqueles que poderiam ser acusados de sê-lo. Certamente a disputa também se dava no plano econômico, em que comerciantes da ex-colônia procuravam afastar seus concorrentes europeus.[38]

No entanto, a retórica "nativista" era artificial por dois motivos. Primeiro, porque essa conexão dos políticos brasileiros com a cultura e os interesses indígenas era inexistente, pois não houve nenhum político efetivamente índio que integrou o corpo da nação naquele período. Em segundo lugar, o "nativismo" desses políticos era extremamente volátil, já que a nomenclatura que os designavam como "brasileiros" ou "portugueses" poderia inverter-se a qualquer momento da luta política. Foi o que ocorreu com o próprio D. Pedro I na época da independência, ao arvorar-se como defensor da causa "nativa", denominando a si com um codinome ameríndio. Mas a partir de 1823, seus opositores atribuíam a ele e seus apoiadores a pecha de "portugueses", "pés de chumbo" etc. Assim, quando deposto em 1831, D. Pedro foi acusado de ser um agente português, sendo então os seus opositores aqueles que defendiam a causa "nativista".[39]

---

37 "Desde o primeiro número justificavam a escolha do nome do jornal pelos seus objetivos de defesa da 'Causa Nacional', 'da liberdade como condição da Independência': a designação 'Tamoio' seria uma homenagem aos habitantes da terra, reduzidos à escravidão e assassinados pelos portugueses, tal qual estes queriam fazer novamente no Brasil.". Ribeiro, op. cit., p. 77-78.

38 Luiz Felipe de Alencastro. "Vida privada e ordem privada no Império". In: _____ (org.). História da vida privada no Brasil. São Paulo: Companhia das Letras, 1997, vol.2, p. 53-59.

39 Alguns dos fatores que levaram à abdicação de D. Pedro I: "Os acontecimentos de 1830, na França, determinam uma conjuntura internacional antiabsolutista que faz recrudescer a agitação no Brasil. Dada a identificação (imputável) de D. Pedro com o absolutismo – operada no curso das lutas com a Câmara – bem como seus vínculos com a política portuguesa, o desfecho do conflito encaminhava-se no sentido da renúncia, que permitia ao mesmo tempo implantar o parlamentarismo e solucionar o problema dinástico." Paula Beiguelman. Formação política do Brasil. 2ª ed. São Paulo: Pioneira, 1976, p. 49.

Não se pode negar a seriedade das disputas políticas, apesar da retórica, em se tratando de elementos indígenas, pois houve verdadeiros desdobramentos políticos e conflitos armados. O antilusitanismo atravessou o 1º Reinado e a Regência, em que grupos ligados a Lisboa, como alguns mercadores da Corte e proprietários a eles relacionados, sofreram agressões.[40] Mas essa dimensão real dos conflitos não está em discussão aqui e sim como o discurso "nativista" se utilizou de caracteres da cultura indígena.

O exemplo mais ilustrativo desse discurso é do já conhecido deputado Montezuma, posteriormente senador, que foi nobilitado como Visconde de Jequitinhonha. Na verdade, seu nome de origem era Francisco Gomes Brandão. Este político baiano recorreu a uma intensa roupagem indígena na recomposição de seu nome, adotando palavras referentes aos tupis (Acaiaba), aos tapuias (Jê) e aos astecas (Montezuma), chegando ao formato de "Francisco Gê de Acaiaba Montezuma".[41] Conforme se viu nas páginas anteriores, Montezuma esteve longe de representar os interesses dos índios, embora sua posição com relação a essas populações não fosse das mais agressiva, em comparação com outros políticos imperiais.[42]

Também o título de nobreza, nomeando-o como Visconde de Jequitinhonha evidencia uma postura que teve outros seguidores no Império: a utilização das designações indígenas para a nomenclatura de pessoas, lugares e acidentes geográficos. Principalmente a partir do romantismo indianista, assistiu-se a uma forte busca em nomear e renomear lugares e pessoas com a toponímia dos povos originários.[43]

---

40 Rowland, op. cit., p. 372.

41 Alencastro. Vida privada, op. cit, p. 53-54.

42 Isso pode ser evidenciado pela fala de Montezuma negando a inclusão dos nativos na epígrafe do Capítulo 1 "Dos membros da sociedade do Brasil", mas aceitando-a num item à parte da Constituição. Sessão em 23 de Setembro de 1823. APB. Assembléa Constituinte, 1823. T. 5º. Op. cit., p. 211/212.

43 Exemplo disso é nomenclatura escolhida pela elite imperial: "Por um lado, o senhoriato e os proprietários urbanos laicizados escolhiam, tanto para seus filhos, como para seus escravos, nomes tirados da Antiguidade clássica ou dos romances, e em particular dos romances e poemas indianistas. Note-se ainda que nove dentre dez títulos de nobreza distribuídos durante o Império referiam-se a lugares do território nacional – geralmente topônimos indígenas – contribuindo assim para nobilitar nomes nativistas. Durante a Regência, cidades e vilas substituíram seus nomes portugueses por nomes

Chegando a este ponto, convém indagar o que efetivamente significou o movimento romântico indianista. Para responder essa questão é preciso apoiar-se em algumas definições teóricas e também em evidências produzidas por esse movimento. Esse processo ocorreu já num outro momento, em que a utilização da temática indígena se deu em duas mãos: com o movimento indianista, no nível do discurso intelectual, e com a política indigenista, no nível político institucional. David Treece traz um estudo revelador a respeito da conexão entre estes dois pólos, a política e a literatura indianista no oitocentos. Para este autor, as diferenciações estéticas entre textos e autores eram também manifestação de distintas propostas a respeito dos índios no Império do Brasil.[44]

Situando essa problemática no final da Regência, com o predomínio de gabinetes conservadores na primeira década do 2º Reinado, a questão indígena tomaria outro vulto e a pluralidade étnica e social do Império começaria a ser encarada de outra maneira, com vistas à sua resolução. A questão indígena, o fim do tráfico, a mão-de-obra imigrante, temas que ainda não tinham sido equacionados em definitivo durante as primeiras duas décadas do Império passariam a compor de maneira mais marcante a pauta política, resultando em algumas leis nacionais entre os anos 1840 e 1850.[45] Nesse momento, no que tange à questão indígena, estaria sendo assumida a impossibilidade de continuarem existindo pontos de resistências étnicas e à dominação territorial no Império. Esse processo de completo controle está inserido em algo chamado por José Carlos Chiaramonte de "princípio das nacionalidades".[46]

A explicação desse princípio parte das diferentes categorizações que existiram para o termo "nação". A partir do século XVIII, difundiu-se um conceito moderno do termo, atrelando-o à ideia de Estado, numa superação do sentido apenas étni-

---

indígenas. Niterói, até então denominada Praia Grande, ganhou seu novo nome tupinambá quando se tornou, em 1835, a capital da província do Rio de Janeiro. Provavelmente, foi também nessa época de exaltação indianista que o designativo *carioca* deixou de ter, para os habitantes do Rio, o significado pejorativo que ainda carregava no início do século XIX." Alencastro. Vida privada, *op. cit*, p. 58.

44 David Treece. *Exilados, aliados, rebeldes*. O movimento indianista, a política indigenista e o Estado-nação imperial. São Paulo: Nankin/Edusp, 2008.

45 Mattos. *O tempo Saquarema, op. cit.*

46 Chiaramonte, *op. cit*

co da palavra, sentido este que era atribuído inicialmente à concepção de etnia. Isso explica porque os grupos étnicos, como africanos e ameríndios, por exemplo, eram chamados de nação ("nação da Guiné", "nação dos janduís" etc.).[47] Uma vez que a concepção de nação no modelo de Estado nacional não tem um sentido étnico mas político, essa nação poderia ser formada através de sociedades pluriétnicas.

Tal modelo ocorre porque o critério de formação das sociedades nesse período não era de compartilhamento de características étnicas por determinado grupo cultural, mas era fundado na pactuação política contratualista entre os membros da nação. O Brasil, como se viu nas páginas anteriores, durante o processo de independência, remeteu-se diretamente a este segundo caso.

Num terceiro momento, no decorrer do século XIX, com o advento do romantismo, influenciado pelo pensamento de Herder, estes dois sentidos de nação iriam se sobrepor para formar um terceiro, surgindo, então, o conceito de "nacionalidade". Com ele, vai-se buscar reconstruir o que foram os movimentos nacionais, atribuindo-lhes um sentido unitário, como expressão de determinado grupo, que aspirava ter seu Estado para poder garantir sua "nacionalidade". Essa ideia, conforme se viu anteriormente para o caso brasileiro, é uma distorção do processo, já que a nacionalidade brasileira foi sendo construída ao longo do Império e não foi a base do seu Estado nacional. O "princípio das nacionalidades" é, portanto, um processo de reinvenção da formação nacional, possuindo agora um caráter nitidamente teleológico e excludente. No caso do Brasil, os que não eram cidadãos, os não-brasileiros, que representavam um modelo de organização social divergente do seu Estado estariam agora com os dias contados. Isso se deu porque se buscava eliminar, no interior da nação, os elementos estranhos a ela.[48]

---

47 *Ibidem*, p. 75.

48 "A identidade nacional passava a residir, não em qualquer essência atemporal, ou numa simples oposição à antiga metrópole, mas num processo – ou melhor, num projeto – cujo sujeito e impulsionador era o Estado, representado pelo imperador. Promotor da modernidade, portador restrito de cidadãos cultos, tinha como tarefa organizar e disciplinar uma natureza inculta, na qual se incluíam aqueles setores da população que até então tinham estado excluídos dos processo civilizatório – os escravos, os libertos e as camadas mais pobres da população livre". Cabe incluir aqui nesse rol obviamente também os indígenas. Rowland, *op. cit.*, p. 382.

A resolução das diferenças étnicas vai se colocar num discurso racial e de homogeneização populacional. No caso dos indígenas do Brasil, eles seriam encarados de maneira contraditória: no nível do imaginário foram idealizados e valorizados; no plano real, houve uma política prevendo o controle e a gradual extinção de sua identidade autônoma. A ideia de "poética do genocídio", aplicada ao movimento indianista é realmente precisa.[49]

O romantismo, que inicialmente teve uma vertente indianista, foi um movimento intelectual em que historiografia e literatura estiveram justapostas, na busca da invenção do nacional, relacionando dados empíricos com a fantasia ficcional. Essa atividade intelectual, na verdade, foi tributária do Instituto Histórico e Geográfico Brasileiro (IHGB), fundando em 1838. O IHGB foi a primeira instituição imperial cuja proposta residia em cuidar dos interesses históricos da nação, respaldando também o domínio espacial por parte do Estado. Conforme será visto no capítulo 3, uma das principais bandeiras do Instituto foi a causa indigenista/indianista. Os membros dessa instituição não atuavam apenas buscando documentos e elementos que pudessem reconstruir o que havia sido a história da colonização portuguesa da América, chamada, a partir de então, de "história do Brasil", relacionada diretamente com a colonização vivida por portugueses e indígenas. Havia também um movimento político claro entre alguns intelectuais do IHGB no sentido de pressionar o Império para a definição de uma política indigenista. A hipótese que se defende aqui é que foi exatamente essa pressão dos intelectuais da entidade que culminou com o Regulamento das Missões de 1845.

Uma vez vencida a batalha política, havia ainda um papel a ser desempenhado pelos escritores nacionais, no sentido de se escrever sobre as origens do Brasil. Para os homens do XIX, a invenção do nacional passava pela exaltação das características indígenas, uma vez que eram elas que diferenciavam o português do brasileiro. Foi essa mescla do sangue ameríndio com o sangue luso que tornou o brasileiro um tipo ideal, segundo pregava a literatura romântica, idealizando um passado mítico. Se os autores nacionais tentavam buscar as raízes da nacionalidade na colônia, pensando-a como uma linha contínua até o presente, não podiam se apoiar no colonizador, que era português. Assim, inspirar-se nos indígenas – que

---

[49] Antônio Paulo Graça é quem faz essa discussão, dando um sentido político para o movimento romântico. *Uma poética do genocídio*. Rio de Janeiro: Topbooks, 1998.

foram muito mais antagônicos ao projeto colonial do que seus agentes – era mais coerente com a visão construída sobre as origens da nação na colônia.[50]

No entanto, *Iracema* de José de Alencar, *A confederação dos Tamoios* de Gonçalves de Magalhães, por exemplo, estiveram longe de representar qualquer elogio aos índios reais, vivos no presente, que ainda incomodavam os nacionais em seu território.[51] Desse modo, o poema épico *A confederação dos Tamoios*, representava que a extinção dos índios fora muito mais algo benéfico do que maléfico aos fins civilizacionais. Assim, os indígenas, nas pretendidas origens do Brasil, tiveram de um jeito ou de outro que se sujeitar, via assimilação ou morte, para que a chamada civilização brasileira pudesse florescer.[52] Portanto, se num primeiro momento, a temática indianista pudesse parecer interessada na causa indígena, ao se analisar mais profundamente seus enunciados, percebe-se exatamente o contrário. A exaltação de algumas características da cultura dos povos originários era feita de maneira completamente distorcida, não levando em conta a diversidade das etnias, cada qual com aspectos culturais próprios. Conforme dito, isso se dava devido ao caráter idealizado dessa construção, distante dos indígenas reais.[53]

Nesse sentido, a postura do historiador oitocentista Francisco Adolfo de Varnhagen, embora mais atroz com relação aos indígenas, foi menos dissimulada, sem cair nas contradições da corrente romântica. Por isso mesmo, a posição anti-

---

50 Rowland, *op. cit.*, p. 380-381.

51 "O indianismo, com o brilho (exótico) que lhe dava a exaltação de nossas peculiaridades, funcionava, em parte, como um mecanismo de compensação para A autoimagem da elite que se tinha por europeia. O indígena (assim abstrato e genérico) era preenchido com caracteres, traços, que mais os aproximavam dos ideais nobilitantes de nossa elite do que da crua descrição etnográfica dos povos indígenas (diversos, heterogêneos) que, concretamente, ainda habitavam no espaço (considerado) como nacional". Pedro Puntoni. "O sr. Varnhagen e o patriotismo caboclo: o indígena e o indianismo perante a historiografia brasileira". In: Jancsó. *Brasil*, *op. cit.*, p. 637.

52 *Idem*, p. 636.

53 Em artigo recente, Marco Morel mostra como os índios hostis aos nacionais foram transformados nos "maus selvagens", numa idealização em sentido inverso. "O mau selvagem: índios invisíveis no Romantismo brasileiro". In: Mônica Leite Lessa e Silvia Carla Pereira de Brito Fonseca. (orgs.). *Entre a monarquia e a república. Imprensa, pensamento político e historiografia (1822-1889)*. Rio de Janeiro: Eduerj, 2008, p. 123-150.

indianista e anti-indígena de Varnhagen custou-lhe um preço alto em vida, já que sua obra, *História geral do Brasil*, cujo primeiro volume foi publicado em 1854, foi praticamente ignorada pelo imperador D. Pedro II e seus apaniguados indianistas. Varnhagen, ao defender suas posições, não usava meias palavras, fazia críticas veementes, ironizado seus opositores:

> Mas alegam os filotapuias. Eles são os verdadeiros donos da terra, e por isso são os donos da terra? Pois então arranjemos nossas trouxas e toca a marchar; que somos uns criminosos que estamos de posse do que é de outrem; vós augustos e digníssimos representantes da Nação, para fora de vossos bancos, que aí devem estar a arengar os tapuias: cidades, vilas, freguesias, arsenais, alfândegas, academias, colégios, misericórdias, conventos, bispos, cônegos, párocos, frades, militares, juizes, empregados, toca tudo a embarcar; porque a terra é dos tapuias!... Miséria![54]

Para os propósitos dessa pesquisa, não convém analisar mais detidamente os desdobramentos e objetivos do romantismo indianista, que se dá a partir da segunda metade do século XIX. Interessou apenas mapear qual o espaço ocupado pelos indígenas na construção nacional durante as primeiras três décadas do Império. Assim, pôde-se ver que no início, na pactuação política do Estado nacional, embora se considerasse a permanência dos índios, eles não eram pensados como partes da nação brasileira. Durante os anos 1820 e 1830, a existência de etnias indígenas no território nacional não se assentava sob uma contradição, embora fosse ponto bastante conflituoso. Ao mesmo tempo, no nível do discurso, durante esse mesmo período, elementos da cultura indígena foram usados de maneira alegórica na luta política entre facções opostas. Por fim, com a ascensão de um discurso nacionalista, a partir da fundação do IHGB, durante o período denominado de "princípio das nacionalidades", emergiram dois movimentos. Um deles, pressionando e propondo a resolução da questão indígena por via de uma política nacional, previa a assimilação e, consequentemente, a extinção indígena. No outro plano, o

---

54 Francisco Adolfo de Varnhagen. *Memorial orgânico em que insiste sobre a adoção de medidas de maior transcendência para o Brasil.* Madri: Imprensa da Viúva de D. R. J. Domínguez, 1850, p. 33-34 (citado por Puntoni, op. cit., p. 651).

desenvolvimento de um movimento intelectual romântico, procurava enaltecer as raízes ameríndias do Império do Brasil. A idealização feita pelos autores românticos deformava elementos da cultura indígena, imputando-lhe características que estavam mais relacionadas à forma como os descendentes dos colonizadores viam a si próprios, do que com a efetiva realidade dos ameríndios.

Fecho este capítulo com um texto que ilustra de forma eficiente essa distância entre realidade e idealização. A aproximação entre os indígenas e os nacionais, durante o Império do Brasil, só pôde ser feita de maneira fantansiosa, conforme fez Gonçalves de Magalhães, num autêntico exercício de anacronismo:

> Posso enganar-me, como me presuado ás vezes que outros se enganam; mas ouso declarar que não sympathiso com as idéas moraes e politicas de Historia Geral do Brasil, e a não acho imparcial e veridica na parte relativa aos Indios, e ao modo porque os trataram. (...) Bons ou máos, constituem o passado do Brasil; e nenhuma nação conhecida teve mais illustres fundadores. De certo; nem os Indigenas deste continente eram tão ferozes, tão incultos, tão selvagens como os barbaros do norte da Europa, nem os Portugueses tão degenerados como os Romanos da decadencia. (...) Si o Brasil é hoje uma nação independente; si uma só lingua se falla em seu vasto territorio, em grande parte o devemos ao valor dos nosso indigenas, que aos Portuguezes se ligaram.[55]

É notável a confusão de papéis colocada aqui: possuir um único idioma e ser responsável pela independência do Brasil são atributos que podem ser lançados aos luso-portugueses, jamais a povos etnicamente tão diversos quanto aos índios que habitavam este território. Ainda que tenha havido certa unidade linguística entre os povos falantes das línguas tupi-guarani, quando se fala em Brasil, novamente vem a referência aos portugueses, que nos legaram o idioma oficial e predominante. Portanto, chamar os índios de fundadores do país é realmente uma total inversão de lugares.

---

55 Gonçalves de Magalhães. *Opusculos historicos e litterarios*. 2ª ed. Rio de Janeiro: Livraria de B. L. Garnier, 1865, p. 214-215. Esse texto fez parte dos debates intelectuais do período, nos quais Magalhães se contrapunha a Francisco Adolfo de Varnhagen, referindo-se à visão que esse autor tinha sobre os indígenas, presente em sua obra *História Geral do Brasil*, publicada entre 1854 e 57. O texto de Magalhães, por sua vez, foi originalmente apresentado como memória para o IHGB em 1859.

2. Os caminhos da política indigenista: a construção do Estado

Em 1826, quando a primeira legislatura de senadores e deputados gerais brasileiros assumiu seu posto, reiniciando a atividade do Poder Legislativo nacional, a percepção de que o Império deveria tratar da questão indígena se colocou já nas sessões preparatórias. Durante uma etapa preliminar dos trabalhos, na montagem das comissões, os assuntos indígenas foram tratados sob o manto de sua "catequese e civilização". Em discussão feita no Senado Federal em 9 de maio desse mesmo ano, votou-se por bem que a catequese dos índios ficasse atrelada aos assuntos estatísticos e da colonização estrangeira, circunscrevendo esses temas, portanto, à questão da povoação do país.[1] Certamente que esse instrumento legislativo não era uma novidade, pois ainda durante a Assembleia Constituinte em 1823, houve também uma Comissão de Catequese, que acompanhou os trabalhos constituintes durante todo o tempo em que duraram.

Com isso, a partir de 1826, formou-se, nesses primeiros passos dos parlamentares brasileiros, a Comissão de Estatística, Colonização e Catequese, evidenciando que, embora a questão indígena não tivesse sido encaminhada pela Constituição imperial, o Legislativo trataria de cuidar disso, juntamente com outras questões que julgava pertinentes à causa. Como espelho do Senado, a Câmara dos Deputados Gerais também tinha Comissão idêntica para tratar dos mesmos assuntos. Não foi possível analisar os trabalhos dessas duas Comissões em sua íntegra, o que poderia permitir chegar às atas de reuniões ou aos documentos e às propostas que elas tenham recebido, ou seja, ao seu trabalho de bastidor. Procurados nos arquivos de Brasília (Centro de Documentação e Informação da Câmara dos Deputados), onde se encontram muitos documentos deste gênero, não foram localizados os papéis da Comissão de Catequese. Ao consultar apenas o que foi registrado do

---

[1] Sessão de 9 de Maio de 1826. *Annaes do Senado do Imperio do Brazil*. 1826, T. 1º. Rio de Janeiro: Typographia Nacional, 1877, p. 45-46. [Doravante *ASIB*]

debate parlamentar e das consequentes leis implementadas, muitos dos elementos que subsidiaram essas discussões não constam do *corpus* documental trabalhado. De toda forma, dentro desses limites, pôde-se perceber que essas Comissões de Catequese, atuantes desde 1826, não foram o único fator determinante da política indigenista do Império. Na verdade as pautas da questão indígena brotavam mais diretamente da própria sociedade, através dos conflitos locais ocorridos em diversos pontos do território e também através de projetos políticos e ideológicos dos parlamentares, que transcendiam, portanto, o espaço e a prática dos membros das Comissões. Como se procurará mostrar a seguir, o longo caminho da política indigenista nas três primeiras décadas do Império rompia os espaços parlamentares, sendo reflexo da própria relação conflituosa e ambígua entre indígenas e nacionais no interior do Brasil. Mais do que isso, acredita-se que o estudo do papel do parlamento na definição da política indigenista é apenas a apreensão de uma parte do processo. Neste capítulo, será dada ênfase a esse espaço de articulação política; nos capítulos seguintes serão focalizados outros ambientes de definição ideológica e de poder.

Para a reconstrução de todo esse movimento é necessário compreender que as práticas coloniais com relação aos indígenas não deixaram de existir quando o Reino do Brasil, unido a Portugal, iniciou o processo de separação e construção nacional. Assim, tanto a "herança colonial" sobre os índios não havia desaparecido, que a ideia de "catequese e colonização" esteve colocada durante o período imperial, como a própria denominação das comissões indica. No entanto, a simples ideia de continuidade não explica esse processo, que culminou com a formação do Império brasileiro, ainda que seja inegável que alguns princípios e práticas anteriores tenham sido herdadas, mesmo que com um novo sentido. Foi isso que cobrou, por exemplo, um membro do Instituto Histórico e Geográfico Brasileiro, algumas décadas mais tarde, em meio à campanha pró-indigenista (que será vista no capítulo 3):

> Assim como o Governo Imperial herdou do Governo Portuguez os Direitos Politicos sobre o nosso Imperio, assim tãobem herdou a obrigação de prehencher os deveres moraes; hum d'estes he sem duvida a cathequese dos Indigenas.[2]

---

[2] José Silvestre Rebello. "Quais sejão as cauzas da espantoza extinção das familias indigenas". Manuscrito, IHGB-RJ. Lata 45. Doc. 16, 31/05/1839.

Ainda que a "herança" tenha sido assim colocada, convém ressaltar que mesmo os políticos brasileiros consideravam complicada a mera reprodução das práticas coloniais. Nesse sentido, retornando ao ano de 1826, quando se discutia na Câmara dos Deputados a possibilidade ou não de se estabelecer uma companhia particular de comércio e navegação no Maranhão, que também lidaria com as populações indígenas, o deputado baiano José Lino Coutinho agarrou-se aos novos tempos. Para isso, usou um exemplo da nação estadunidense no trato com os índios daquelas partes da América:

> Os tempos são outros e as circumstancias muito diferentes. Sigamos o exemplo de Thomaz Paine, que pagou a dinheiro terreno que occupou, porque obrou segundo princípios de justiça. Eu não concebo essa maneira de catechizar, e civilizar os indios, apossando-se do que é seu, expellindo-os da sua propriedade. Não comprehendo como se civilisão indios, fazendo-lhes guerra cruenta, ou reduzindo-os á escravidão. A catechisação dos indios há de ser feita por meio de brandura e nunca com as armas na mão. Estes forão os meios que empregarão os jesuítas para formarem grandiosas povoações de indios civilisados, e aptos para todos os empregos da cidade.[3]

Embora os "tempos fossem outros", conforme os dizeres do deputado, ainda assim as táticas coloniais eram parâmetro para as práticas nessa nova era, fosse para positivá-las, fosse para negá-las. Nesse sentido, é preciso, pois, traçar o caminho dessas atitudes e políticas coloniais em direção a uma política nacional. Esse é o trajeto que se trilhará a seguir.

Indígenas, conquistadores e missionários: relações coloniais

O controle e a conversão das populações indígenas foram alguns dos princípios que fundamentaram a prática colonial no mundo moderno. Assim, quando Portugal começou a estabelecer uma colonização efetiva na América, superando a feitorização inicial – o que foi evidenciado pela vinda do primeiro governador-geral Tomé de Souza, em 1549 – já os catequizadores estavam presentes nessa

---

3 Fala do deputado José Lino Coutinho em sessão de 15 de Julho de 1826. *APB*. 1826, T. 1º. Rio de Janeiro: Typographia do Imperial Instituto Artístico, 1874, p. 189-196.

estratégia, através dos membros da Companhia de Jesus que desembarcaram junto do governador. Nesse sentido, a missão de catequizar os povos fundamentava a conquista de novas terras, o que era respaldado pela Igreja católica e pelo Papa, demonstrando o duplo caráter da empresa de exploração colonial empreendida pelas metrópoles ibéricas: comercial e evangelizador.[4]

Nesse contexto, durante o século XVI, os jesuítas iriam consolidar uma das mais eficientes formas de acesso e controle às populações originárias da América: os aldeamentos, chamados então de aldeias, reduções ou missões.[5] Eram moradias construídas em locais estratégicos para atração dos índios, funcionando dentro dos parâmetros ocidentais, que envolviam desde a organização espacial até as atividades realizadas em seu interior. Objetivando funcionar como um meio de converter os indígenas à religião católica e ensinar-lhes os hábitos ditos civilizados, os aldeamentos, em sua maioria controlados pela Companhia de Jesus (havia também aldeamentos de outras ordens religiosas, bem como de particulares), resultaram num reservatório de mão-de-obra indígena para as atividades da empresa colonial.

O fato dos aldeamentos acabarem indiretamente se tornando fornecedores de trabalhadores indígenas gerou seu maior ponto de conflito. Os índios eram arduamente disputados entre colonizadores e jesuítas, o que resultou em inúmeros embates entre esses dois elementos, envolvendo, logicamente, os índios e a Coroa no

---

4 Charlote de Castelnau-L'Estoille mostra em seu denso estudo como as aldeias montadas pelos padres entre os índios marcam uma especificidade da província jesuítica no Brasil, numa prática instaurada pelos inacianos experimentalmente aqui. *Operários de uma vinha estéril. Os jesuítas e a conversão dos índios no Brasil. 1500-1620.* Bauru: Edusc, 2006.

5 Conforme Pasquale Petrone trabalhou, o termo "aldeamento" não é uma nomenclatura usada durante o período colonial, nem mesmo durante o Império, mas nos serve por diferenciar este tipo de habitação colonial das moradias originais dos índios, chamadas de aldeias. Na verdade, no contexto ibérico, aldeia, servia tanto para designar as pequenas povoações europeias, quanto os povoados encontrados entre os ameríndios. Para marcar essa diferença, opto por usar "aldeamento". "Aldeia" só será utilizada, quando se fizer referência direta a alguma fonte documental. *Os aldeamentos paulistas.* São Paulo: Edusp, 1995, p. 103-105.

interior da América portuguesa durante os três séculos em que durou a colonização.[6] Assim, a disputa pelo controle dos indígenas e a forma mais adequada de tratá-los foi um problema da colonização que passou por vários períodos e desdobramentos. A legislação da Coroa sobre o tema ora declarava a liberdade desses gentios, ora assumia guerras justas contra eles, guerras que implicavam em sua escravização e matança justificada. Essa oscilação da legislação, longe de indicar uma indefinição da metrópole, demarca que o tratamento dos indígenas por Portugal tinha várias dimensões.

Como a própria população ameríndia era extremamente heterogênea, havendo etnias que se apresentavam amigavelmente e outras de forma hostil, a Coroa dispensava tratamentos diversos a ela. Também dependendo dos interesses econômicos e estratégicos presentes em determinado período e local da colônia, a presença de indígenas e sua utilização econômica poderiam implicar em diferentes posturas.[7]

Para Beatriz Perrone-Moisés, havia basicamente duas formas de se tratar administrativamente os ameríndios: como aliados ou inimigos.[8] Foi essa cisão que determinou, em larga medida, as variações da política indigenista. Além disso, o reconhecimento dos índios inimigos abriu espaço para a reedição no período moderno de uma prática medieval: a guerra justa. Essa prática, no contexto americano, consistia no enquadramento dos índios como usurpadores do domínio de um soberano, no caso o rei de Portugal, e hostis aos catequizadores. Portanto, esses seres indômitos deveriam ser combatidos, agora não mais pela Igreja, mas pelo

---

6 John Manuel Monteiro. *Negros da terra*. Índios e bandeirantes nas origens de São Paulo. São Paulo: Companhia das Letras, 2000, p. 42-55.

7 Essa análise é feita por Pedro Puntoni: "Apenas à primeira vista contraditória e oscilante, a legislação indigenista portuguesa, que por vezes autorizava a escravização dos povos indígenas (em caso de 'guerra justa' ou 'resgate') e por vezes a coibia, era na verdade o resultado da percepção das possibilidades de utilização da diversidade sociocultural dos povos indígenas e das possibilidades históricas do contato para a consecução dos objetivos concretos da empresa colonial". *A guerra dos bárbaros*. Povos indígenas e a colonização do sertão nordeste do Brasil, 1650-1720. São Paulo: Hucitec/Fapesp, 2002, p. 60.

8 Beatriz Perrone-Moisés. "Índios livres e índios escravos. Os princípios da legislação indigenista do período colonial (séculos XVI e XVIII)". In: Manuela Carneiro da Cunha (org.). *História dos Índios no Brasil*. 2ª ed. São Paulo: Companhia das Letras/Secretaria Municipal de Cultura/Fapesp, 1998, p. 115-132.

próprio reino luso, resultando na morte ou escravização deles.[9] Nesse sentido a guerra justa casava-se perfeitamente com os objetivos da conquista, ao legitimar a exploração da mão-de-obra ameríndia de maneira compulsória e perpétua, ou ainda, funcionar como uma "limpeza de território".

Colocados esses parâmetros, de forma resumida, sobre a relação entre os índios e os colonizadores, pode-se começar a entender o impacto que a política pombalina teve sobre ela. O Diretório dos Índios foi implementado pelo Marquês de Pombal no Estado do Maranhão e Grão-Pará em 1755 e só entrou realmente em vigor no norte da América portuguesa em 1757, sendo em 1758 também estendido ao restante da colônia.[10] Essa lei estava inserida dentro da lógica reformista da Ilustração do século XVIII, que visava modernizar a administração lusa, buscando novas formas de controle de seu império. Entre suas medidas estavam a defesa da liberdade dos indígenas e a visão de que sua escravidão não poderia mais se manter. Neste momento, passou-se a defender a assimilação direta ao reino luso como um modelo mais eficiente para os objetivos da colonização. Na verdade, essas e outras deliberações, de caráter econômico e estratégico, foram tomadas por Pombal visando fazer frente à crise enfrentada pelo Antigo Sistema Colonial.[11]

Com isso as práticas missionárias, o discurso cristão, o imaginário da fé e da salvação foram substituídos pela ideia laica de "civilização", propondo a inserção dos índios não somente no reino dos céus, mas principalmente no reino da terra, ou seja, buscando torná-los verdadeiros súditos do rei de Portugal.[12] Apesar do impacto dessas medidas, que resultaram na desmontagem de um aparato de dominação colonial que se apoiava na ideia de expansão da fé (culminando com a

---

9 Georg Thomas. *Política indigenista dos portugueses no Brasil*. 1500-1640. São Paulo: Loyola, 1981, p. 49/54.

10 "Directorio que se deve observar nas Povoaçoens de Índios do Pará e Maranhão, enquanto Sua Magestade não mandar o contrário". In: Carlos de Araújo Moreira Neto, op.cit, p. 166-205.

11 Fernando A. Novais. *Portugal e Brasil na crise do Antigo Sistema Colonial (1777/1808)*. 7ª ed. São Paulo: Hucitec, 2002, p. 136-144. Paula Beiguelman. *Formação política do Brasil*. 2ª ed. São Paulo: Pioneira, 1976, p. 29-40.

12 Puntoni. *A guerra dos bárbaros*, op. cit., p. 287.

expulsão dos jesuítas em 1759), houve, no entanto, alguns limites.¹³ Primeiramente, pensada como um conjunto de medidas para o norte da colônia, no Estado do Maranhão e Grão-Pará, as leis pombalinas não tiveram o alcance pretendido de início pelo governo português. Isso porque, em 1755 (6 de junho), foi decretada a liberdade indígena que, sofrendo resistências dos poderes locais e da grande maioria dos colonizadores, envolvidos na exploração da mão-de-obra dos índios, acabou não sendo implementada de fato.¹⁴ Deve-se entender, portanto, o Diretório como uma tentativa de apaziguar esta medida mais radical.¹⁵

Vistas de maneira geral, as mudanças mais significativas do Diretório referiram-se à proibição das guerras justas e à desmontagem da estrutura dos aldeamentos. Estes deveriam ser paulatinamente extintos e efetivamente muitos deles foram transformados em freguesias ou vilas. Por fim, transferiu-se a administração dos índios a um diretor, que deveria engajá-los em trabalhos para os incorporar gra-

---

13 "O *Directorio* que, nas palavras de Carlos de Araújo Moreira Neto, é um 'instrumento de intervenção e de submissão das comunidades indígenas aos interesses do sistema colonial', é, nesta óptica, também um meio de educação e de aculturação. Ou seja, é uma forma de tornar o índio, a quem já se tinha formalmente concedido o estatuto de vassalo, num verdadeiro súbdito, num luso-brasileiro ao serviço dos interesses da coroa e útil à política colonial. (...) Estaturiamente, os indígenas passavam a ser considerados não como integralmente responsáveis pelos seus actos, mas como indivíduos em estado de menoridade: menoridade civilizacional, porque se considerava que a 'civilização índia' ocupava um estádio inferior na evolução da humanidade; menoridade individual, porque se concebiam os indígenas como súbditos não totalmente responsáveis pelos seus actos, mas como 'pessoas miseráveis', simples e rústicas, incapazes de avaliar, de forma total, as consequências do seu comportamento." Ângela Domingues. *Quando os: índios eram vassalos*. Colonização e relações de poder no Norte do Brasil na segunda metade do século XVIII. Lisboa: Comissão Nacional para as Comemorações dos Descobrimentos Portugueses, 2000, p. 43-44.

14 "06/06/1755. Ley porque V. Magestade ha por bem restituir aos Indios do Graõ Pará, e Maranhaõ a liberdade das suas pessoas, bens e commercio na fórma que nella se declara." In: Moreira Neto. *op.cit*, p. 152-162. Nádia Farage. *As muralhas do sertão*. Os povos indígenas no Rio Branco e colonização. Rio de Janeiro: Paz e Terra/Anpocs, 1991. p. 34-39.

15 Ver Mauro Cezar Coelho. *Do sertão para o mar*. Um estudo sobre a experiência portuguesa na América, a partir da colônia. O caso do Diretório dos Índios (1751-1798). Tese de Doutorado em História Social. São Paulo: FFLCH-USP, 2005; Farage, op.cit, Rita Heloísa de Almeida. *O Diretório dos Índios*. Um projeto de "civilização" no Brasil do século XVIII. Brasília: Ed. UnB, 1997.

dualmente ao reino português. Dentro dessa lógica, a catequese jesuítica foi vista como algo extremamente danoso aos interesses da Coroa. Com os jesuítas, os indígenas ficavam sob o controle do missionário, que antes respondia à própria Ordem e ao Papa do que ao rei, sendo, portanto, um poder com maior autonomia, em comparação às outras ordens clericais. Além disso, os índios, debaixo desse controle, permaneciam num estado que não mais interessava a Portugal: ainda falavam a língua geral, codificada pelos missionários através de uma aproximação entre as diversas línguas tupi e guarani, e só serviam às atividades produtivas sob os auspícios dos padres, o que vale dizer que estes ficavam com grande parte da rendas geradas pelos trabalhadores índios.

Pombal, portanto, ao eliminar a prática jesuítica e visar a incorporação do indígena de forma mais acelerada ao Reino através do trabalho, objetivava mercantilizar as relações entre os grupos indígenas e os colonizadores, laicizando o controle dessa mão-de-obra e retirando-se a possibilidade de escravizá-la.[16]

No entanto, os críticos dessa política apresentaram-na como desastrosa na medida em que previa a gradual liberdade indígena, eliminando seus aldeamentos e entregando-os a diretores inescrupulosos, que não cuidavam da sua incorporação ao reino português, mas ocupavam suas terras e os deixavam à própria sorte. Os índios, segundo essa visão, por serem incapazes de viverem dignamente sem o auxílio de um superior, fosse um diretor ou um missionário, iam morrendo de fome e doença, graças ao desamparo em que eram deixados em inúmeras partes da América portuguesa, conforme acusavam os homens do século XIX.[17]

---

16 Ana Paula Medicci. *Entre a "decadência e o "florescimento" : a* Capitania de São Paulo na interpretação de memorialistas e autoridades públicas (1782-1822). Dissertação de Mestrado em História Social. São Paulo: FFLCH/Universidade de São Paulo, 2005, especialmente o capítulo 4. Agradeço à autora por ter disponibilizado em primeiríssima mão este trabalho, que tão útil foi à minha pesquisa.

17 Inúmeros autores do século XIX frisaram esse aspecto, de que a política do Diretório abriu margem para o abandono e o empobrecimento das populações indígenas, como o próprio José Bonifácio de Andrada e Silva. "Apontamentos para a civilização dos índios bravos do Brasil". In: LI, p. 347-360. O paulista José Arouche de Toledo Rendon apresentou um projeto para os indígenas de sua região no começo do século XIX, em "Memoria sobre as aldeas de indios da Provincia de S. Paulo, segundo as observações feitas no anno de 1798". In: *RIHGB*. Tomo 4, 1842. 2ª ed. Rio de Janeiro: Typographia João Ignacio da Silva, 1863, p. 295/317. Também se coaduna com essa postura o primeiro Diretor Geral dos Índios de São Paulo, após 1845, Joaquim José Machado de Oliveira. "Notícia raciocinada

Esse desamparo criado com o fim da catequese indígena e a pouca atenção que a Coroa dava ao destino dos mesmos foi acentuado ainda mais com a Carta Régia de 12 de maio de 1798, que anulou os efeitos do Diretório.[18] Esta Carta visava eliminar o "degrau" que os índios tinham que enfrentar para chegar à "civilização", tornando-os desde então iguais em direitos aos outros súditos da Coroa, não necessitando, portanto serem civilizados *a priori* para serem súditos da rainha de Portugal. Ou seja, em desigualdade de condições, os indígenas, igualados em direitos, eram "livremente" retirados de suas terras sem nenhuma contrapartida. Não tinham mais a possibilidade de permanecerem em terras a eles destinadas, como os aldeamentos, além do que, os índios eram engajados em grupos de trabalhos obrigatórios. Em algumas ocasiões, poderiam ser forçados a trabalhar para particulares por alguns anos e em outros casos, se fossem considerados desocupados e errantes, poderiam ser obrigados a executar tanto serviços públicos como privados. Também a ideia de guerra defensiva era permitida, o que implicava em agressões e mortes aos indígenas toda vez que os colonizadores se sentissem ameaçados por eles.[19]

Nesse sentido, ao se analisar a política pombalina, pode-se incorrer na simplificação de apontá-la como inócua aos fins aos quais se propôs, ou ainda, como danosa aos indígenas.[20] Esses dois pressupostos assentam-se como contraditórios pois, se o Diretório dos Índios de 1757 não significou profundas alterações em ter-

---

sobre as aldeias dos índios da província de São Paulo até o ano de 1822". In: *RIHGB*. T. 8, 1846. Rio de Janeiro, p. 204-254.

18 "Carta régia de 12 de Maio de 1798 sobre a civilisação dos indios". In: *RIHGB*. T. 19, 1856. Rio de Janeiro: Typographia Universal Laemmert, 1856, p. 313-325.

19 Carlos de Araújo Moreira Neto. *A política indigenista durante o século XIX*. Tese de Doutorado em Antropologia. Rio Claro: Faculdade de Filosofia, Ciências e Letras de Rio Claro, 1971, p. 229-235.

20 "Subordinada como era a objetivos exteriores mais vastos e importantes que visavam à própria consolidação do domínio português sobre o Brasil, a política indigenista pombalina teve sucesso mais aparente que real, introduzindo modificações pretensamente radicais num sistema de dominação social e econômica que continuava indene, preso a suas velhas raízes coloniais, a despeito de todas as transformações formais. Consolidadas e definidas as fronteiras durante o período pombalino, serão os últimos vinte anos do século XVIII que se seguiram, marcados por tendência inversa. A legislação indigenista, nos anos que se estendem da queda de Pombal (1777) até a independência do Brasil, é de cunho progressivamente anti-indigenista [sic], restabelecendo as permissões formais e, mesmo, os

mos práticos, como pôde sua revogação ser tão danosa aos indígenas? Ao invés de enxergar esses dois aspectos como uma contradição da política indigenista pombalina, deve-se analisá-los como duas tendências diversas, presentes na segunda metade do século XVIII. Uma delas, simbolizada pelo Diretório, com um caráter mais conciliatório e a outra, como revide à primeira, de caráter mais agressivo na relação do Estado português com os índios.

Esse movimento pode ser explicado através da política ofensiva portuguesa do final do século XVIII e que, dez anos depois, foi evidenciada pelas Cartas Régias de D. João em 1808 e 1809. Nesse sentido, o avanço do Império luso sobre os índios deveu-se à sua política agressiva, de controle e ocupação efetiva do território português na América, como uma resposta às crises econômicas vivenciadas pela metrópole, conforme analisou Fernando Novais. Assim, não se deve, à maneira dos críticos do século XIX, atribuir o agravamento dos conflitos entre indígenas e luso-brasileiros à política pombalina, que extinguiu os aldeamentos e a catequese jesuítica, mas sim atribuí-la à política ofensiva que a sucedeu.

A crítica de que o Diretório trouxe a decadência dos aldeamentos e, portanto, a falta de cuidado e controle das populações indígenas, deveu-se aos interesses dos homens que acompanharam as consequências dessa política depois de sua revogação. Para muitos proprietários, políticos e militares da virada do século XVIII para o XIX, os índios dos aldeamentos e seus descendentes eram vistos como indolentes e inúteis. Assim, pessoas como o tenente paulista José Arouche de Toledo Rendon clamavam pela aniquilação dessas derradeiras povoações, visando desenvolver tais regiões segundo os parâmetros da economia agroexportadora escravista, dita como moderna.[21]

Em síntese, a política ofensiva contra os índios, atribuída ao Diretório, deu-se muito mais devido à falta de uma estratégia bem definida por parte da Coroa portuguesa após a revogação deste projeto em 1798, do que pelo

---

incentivos para a escravização dos índios e a organização de ações armadas contra os mesmos, com o fito de permitir o alargamento da colonização das áreas por estes ocupadas." *Ibidem*, p. 334.

21 John Manuel Monteiro. "A memória das aldeias de São Paulo. Índios, paulistas e portugueses em Arouche Rendon e Machado de Oliveira". In: *Dimensões*. Revista de História da UFES, 14 (2002): 17/35; Medicci, *op. cit.*, capítulo 2.

Diretório em si, como se verá a seguir.²² É importante pontuar essas questões para se poder situar o contexto em que as guerras justas voltaram a ser uma realidade corrente no início do século XIX.

Num primeiro momento, o príncipe regente português, a partir de sua chegada a terras americanas em 1808, entendeu por bem eliminar o obstáculo que os indígenas – que ainda se mantinham afastados do contato com os ocidentais e que, para garantir esse isolamento, tornavam-se hostis – representavam para os objetivos de ocupação territorial.

Olhando então para pontos específicos do território americano, em que os índios eram um empecilho para os intentos da Coroa, o príncipe regente implementou, primeiramente, a perseguição aos indígenas localizados nas divisas das capitanias da Minas Gerais, Bahia e Espírito Santo. D. João afirmava que, segundo repetidas queixas feitas pelos luso-brasileiros, os chamados índios botocudos vinham "assassinando portugueses" e, como antropófagos, "sorviam o sangue dos índios mansos, fazendo-lhe feridas, ou então, comendo-lhes seus restos". Em meio a essa selvageria para com os "bons", D. João não viu alternativa:

> (...) Tendo-se verificado na Minha Real Presença a inutilidade de todos os meios humanos, pelos quaes Tenho Mandado que se tente a civilisação, e os reduzillos a Aldear-se, e a gozarem dos bens permanentes de huma Sociedade pacifica, e doce debaixo das justas, e humanas Leis, que regem os Meus Povos; e até havendo-se demonstrado, quão pouco útil era o sistema de Guerra defensivo, que contra elles Tenho Mandado seguir, visto que os Pontos de defeza em huma tão grande, e extensa linha não podiam bastar a cobrir o Paiz: Sou servido por estes, e outros justos motivos, que ora fazem suspender os effeitos de Humanidade, que com elles Tinha Mandado praticar, Ordenar-vos em primeiro lugar: Que desde o momento, em que receberdes esta Minha Carta Régia, deveis considerar como principiada contra estes Indios Antropophagos huma Guerra Offensiva (...)²³

---

22 Manuela Carneiro da Cunha. "Prólogo". In: ____ (org.) *LI*. p. 9.

23 "13/05/1808. Carta Régia ao Governador e Capitão General da capitania de Minas Gerais sobre a guerra aos Indios Botocudos". In: *LI*, p. 58-59.

Essa ordem inaugurou uma política ofensiva, sem meias palavras, em que somente o "justo terror das Armas Reais" seria capaz de dobrar a "ferocidade" desses indígenas, fazendo-os pedir a paz. Assim, eles iriam sujeitar-se às leis do reino, onde, vivendo em sociedade, seriam vassalos da Coroa, como muitos índios que se achavam aldeados naquele momento, segundo palavras de D. João.[24] Enfim, as justificativas estavam dadas: esse era um reino representado por um príncipe generoso; como os "selvagens" não conseguiam entender por bem essa generosidade, seriam forçados a compreendê-la à força das armas; no momento em que aceitassem ser subjugados pela magnificência lusa, teriam o pleno direito à vassalagem, como os demais súditos.

Por trás dos pressupostos ideológicos, no entanto, vinham os interesses estratégicos e econômicos. Esses botocudos estavam localizados entre as capitanias da Bahia, Ilhéus, Porto Seguro, Espírito Santo e parte importante do norte de Minas. Durante o século XVIII, no auge da mineração, a Coroa usou tal região como uma espécie de "zona tampão", como define Paraiso.[25] Funcionando com um reduto de diversos grupos índios que fugiram ao contato com o colonizador, esse sertão do leste era desestimulado pela Coroa como um caminho para as minas. Temendo perder o controle sobre a circulação dos metais preciosos, a metrópole proibira o trânsito através dos rios Doce, Mucuri e Jequitinhonha, alimentando a imagem de uma região inóspita, devido à selva, aos rios caudalosos e encachoeirados e à presença de indígenas canibais. Na verdade, essa imagem foi muito mais uma construção, pois ao que tudo indica, os índios presentes nessa região nem antropófagos seriam.[26] Conforme dito

---

24 Idem, p. 58-59.

25 Maria Hilda Baqueiro Paraiso. *Tempo da dor e do trabalho*: conquista dos territórios indígenas nos sertões do leste. Tese de Doutorado em História Social. São Paulo: FFLCH/Universidade de São Paulo, 1998, vol. 1,.p. 84-97.

26 Algumas das etnias presentes na região entre Minas, Espírito Santo e Bahia nesse período eram os kamakã-mongóis e maxacalis, que por sua vez englobavam os monoxós, kopoxós, kutaxós, panhames. Já os botocudos eram também chamados de grens ou aimorés. *Ibidem*, p. 150; vol. 2, p. 278-293. A noção de que os botocudos fossem canibais é mais figura de retórica do que um dado antropológico, como define Paraiso. Para a autora, a descrição da antropofagia dessas etnias do tronco Macro Jê aproxima-se muito dos relatos dos cronistas coloniais sobre os rituais antropofágicos dos tupinambás, o que invalida seu argumento, uma vez que não há vestígios reais de tal rito entre

esse mecanismo tinha um claro sentido de frustrar a presença de colonizadores na região, que era estratégica para se chegar às minas, apesar de ser entrecortada por percalços naturais, como os rios e as corredeiras. No limiar do século XIX, no entanto, essa estratégia tornara-se obsoleta. Com o definhamento das minas, a Coroa precisava expandir as atividades comerciais na região, principalmente das empobrecidas capitanias do Espírito Santo, Ilhéus e Porto Seguro, que ficaram completamente à margem do fluxo minerador. Necessitando abrir rotas de acesso, fosse através de rios, fosse através de estradas, a Coroa queria fixar povoadores na região e, para tanto, precisava da submissão dos indígenas que aí viviam.[27] Estes, que se encontravam no último refúgio possível ao contato na região, naturalmente mantinham a defesa de seus interesses. Para fazer frente a tal resistência, as guerras justas foram novamente decretadas.

Dentro da mesma lógica, outra região apareceu para o império português na América como estratégica para o seu desenvolvimento, carecendo dessas medidas para retirar os indígenas inimigos do caminho. Era a capitania de São Paulo, especialmente o sudoeste paulista e a região do que se tornou posteriormente a província do Paraná em 1853. Desde o período pombalino, com o governo do Morgado de Mateus em São Paulo (1765-1775) houve a tentativa de controlar a fronteira oeste do Império português, tanto a defendendo dos espanhóis, como definindo seus contornos internos, controlando as populações indígenas que viviam na região.[28] Portanto, durante o governo do Morgado, realizaram-se expedições para o sudoeste paulista com o fito de contatar e submeter os grupos presentes nessa área. Tais expedições foram malogradas, pois estes índios (de grupos diversos como os kaingangs, xoklengs,

---

aqueles grupos indígenas. O príncipe Maximiliano von Wied-Newied foi um dos porta-vozes desse discurso no século XIX. *Ibidem*, vol. 2, p. 268-278.

27 "Propondo-Me igualmente por motivo destas Saudaveis Providencias contra os Indios Botecudos, preparar os meios convenientes para se estabelecer para o futuro a Navegação do Rio Doce, que faça a felicidade dessa Capitania, e Desejando igualmente Procurar com a maior Economia da Minha Real Fazenda meios para tão saudavel empreza; assim como Favorecer os que quizerem ir povoar aquelles preciosos Terrenos auriferos abandonados hoje pelo susto, que cauzão os Indios Botecudos.". "13/05/1808. Carta Régia ao Governador e Capitão General...". In: *LI.*, p. 59.

28 Heloísa Liberalli Bellotto. *Autoridade e conflito no Brasil colonial*: o governo do Morgado de Mateus em São Paulo, 1765-1775. 2ª ed. São Paulo: Alameda, 2007.

kaiowás e guaranis) rechaçaram o avanço dos luso-brasileiros por diversas vezes.[29] Nesse sentido, também em São Paulo em 1808 a Coroa portuguesa entendeu por bem permitir a política ofensiva a estes indígenas irredutíveis, que prejudicavam seu avanço nessa região de fronteira agrícola do Império luso:

> (...) Deveis considerar como principiada a guerra contra estes barbaros Indios que deveis organisar em corpos aquelles Milicianos de Coritiba e do resto da Capitania de S. Paulo que voluntariamente quizerem armar-se contra elles, e com a menor despeza possivel da minha Real Fazenda, perseguir os mesmos Indios infestadores do meu territorio; procedendo a declarar que todo o Miliciano, ou qualquer morador que segurar algum desses Indios, poderá consideral-os por quinze annos como prisioneiros de guerra, destinando-os ao serviço que mais lhe convier; tendo porém vós todo o cuidado em fazer declarar e conhecer entre os mesmos Indios, que aquelles que se quizerem aldeiar e viver debaixo do suave jugo das minhas Leis, cultivando as terras que se lhe approximarem, já não só não ficarão sujeitos a serem feitos prisioneiros de guerra, mas serão até considerados como cidadãos livres e vassalos especialmente protegidos por mim, e por minhas Leis.[30]

Uma velha prática colonial foi assim retomada, considerando-se a primazia portuguesa sobre um território onde viviam os índios, que deveriam ser eliminados e controlados, caso não quisessem se submeter brandamente à lógica europeia dos conquistadores. Embora o então príncipe D. João reconhecesse a possibilidade de tratar os indígenas como vassalos a serem protegidos, essa é a última alternativa

---

29 Ítala Irene Basile Becker. *O índio Kaingáng do Paraná*. Subsídios para uma Etno-História. São Leopoldo: Ed. Unisinos, 1999, p. 29-46; Lúcio Tadeu Mota. *As guerras dos índios Kaingang*. A história épica dos índios Kaingang no Paraná (1769-1924). Maringá: Eduem, 1994; Marta Amoroso *Catequese e evasão*. Etnografia do aldeamento indígena de São Pedro de Alcântara, Paraná (1855-1895). Tese de Doutorado em Antropologia Social. São Paulo: FFLCH/Universidade de São Paulo 1998.

30 "05/11/1808. Carta Régia sobre os indios Botocudos, cultura e povoação dos campos geraes de Coritiba e Guarapuava". In: *LI*, p. 63.

colocada, uma vez que a intenção verdadeira era favorecer os conquistadores que empreendessem o controle da região paulista, tendo como pagamento terras e escravos indígenas. De maneira geral, essa estratégia atendia diretamente aos interesses daqueles moradores que estavam em região de fronteira com os territórios dos índios, que podiam ter a intenção de eliminá-los, para tomar suas terras, ou escravizá-los, para desenvolverem uma atividade econômica rentável na região.

Tanto essa tática foi fundamental para o objetivo de consolidação econômica e avanço em regiões estratégicas, que alguns anos mais tarde ela foi estendida para outros pontos do Império luso, como as capitanias de Goiás e Pará. Em 1811, o príncipe regente, ao estabelecer uma Sociedade de Comércio entre ambas capitanias, autorizou, para os que se instalassem nos sertões, os mesmos "privilégios" concedidos aos de Minas Gerais pela Carta Régia citada acima, de 13 de Maio de 1808.[31] Isso significou, na prática, que a matança e guerra justa estavam autorizadas também em outro extremo no território luso-americano. Seu desdobramento natural foi a generalização das Cartas Régias de 1808 para todo Império, já que mais nada foi dito sobre a questão das guerras justas até a década de 20, quando o então Império brasileiro começou a mudar o tom das falas e encaminhamentos sobre os índios. Nesse período apareceu uma perspectiva já diferenciada em relação a que tinha outrora o Império colonial português, ainda que isso não tenha implicado, de imediato, na revogação da política ofensiva de D. João VI.

A questão indígena no processo constitucional português

A acomodação dos grupos étnicos autônomos dentro da sociedade nacional também se colocou dentro do Império português, em sua derrocada, expressa na convocação das Cortes de Lisboa. Esse evento ocorreu quando indivíduos e grupos políticos da ex-sede da Coroa portuguesa na Europa passaram a se organizar, influenciados pelos movimentos revolucionários do período, exigindo a feitura de uma Constituição que garantisse a cidadania, deveres e direitos iguais para todos os membros da sociedade civil que então se consolidaria e a limitação dos poderes absolutistas. A Corte lusa fora transferida para o Rio de Janeiro em 1808 e até

---

31 "05/09/1811. Carta Régia approva o plano de uma Sociedade de comercio entre as Capitanias de Goyas e Pará e concede isenções e privilegios em favor da mesma sociedade". In: *LI*, p. 79-80.

aquele ano de 1820 o rei D. João VI permanecia no território americano. Nesse processo, a relação colonial já havia sido rompida em 1815 com a elevação do Brasil à categoria de Reino Unido a Portugal e Algarves e inicialmente com a transferência da Corte em 1808. Portanto, o destino dos súditos de D. João VI, fossem eles habitantes da América ou da Europa, estavam interligados no que tange à definição dos novos parâmetros sob os quais iriam convergir a partir do processo de dissolução dessa velha ordem, estamental e absolutista.[32]

Nesse contexto, as províncias, outrora capitanias, do Reino do Brasil foram convocadas por Lisboa a enviarem deputados que fariam parte das Cortes ali estabelecidas no final de 1820 para elaborarem a Constituição da nação portuguesa. É assim que das diversas localidades do território americano partiram homens dispostos a discutirem o que lhes parecia serem interesses comuns. Embora já se saiba que foi durante esse processo que se manifestou uma dissidência dos luso-brasileiros, mais tarde articulada em forma de sua independência em relação ao Reino português a partir de 1822, não se deve desconsiderar a participação dos políticos americanos nas Cortes. Assim, antes da ruptura com Portugal, vários temas que interligavam a realidade dos membros desse Império, a se constituir numa nação, apareceram para serem discutidos em Lisboa.

Neste ínterim a questão indígena foi também contemplada, certamente guardadas suas dimensões frente a questões mais vitais para a continuidade do Império. Surgiram então entre 1821 e 1822 cinco projetos de luso-brasileiros oferecidos às Cortes que propunham soluções sobre a forma mais eficiente de lidar com as populações indígenas que ainda permaneciam irredutíveis no território americano. De diferentes partes da América, como São Paulo, Pernambuco, Pará e Bahia, vieram propostas tanto de deputados que representavam suas províncias, como de habitantes dessas regiões que tinham interesse direto no tema.[33]

Dos cinco projetos, dois foram da província do Grão-Pará, um de José Caetano Ribeiro da Cunha e outro de Francisco Ricardo Zany. A Bahia deu sua contribuição sobre o tema através do texto de Domingos Borges de Barros. Pernambuco

---

32 Márcia Berbel. *A nação como artefato.* Deputados do Brasil nas Cortes portuguesas (1821-1822). São Paulo: Hucitec/Fapesp, 1999.

33 *Idem, op.cit.*

enviou a proposta de Francisco Muniz de Tavares. Por fim, de São Paulo, veio a proposta de José Bonifácio de Andrada e Silva. Todos esses projetos, de maneiras diversas, ainda que com muitos pontos em comum, visavam resolver os conflitos com indígenas hostis, a partir da redefinição do Império português. O único que foi realmente contemplado e encaminhado para discussão nas Cortes foi oriundo do Pará, e não era de um deputado, mas do coronel Francisco Ricardo Zany. Com a escolha em Lisboa desse projeto do paraense foi, inclusive, deixado de lado o projeto de José Bonifácio, que se tornou famoso em se tratando do tema, posteriormente, dentro do Império brasileiro. Dentre os projetos apresentados, como os dois enviados pelo Pará, evidenciavam-se aspectos relacionados mais diretamente aos conflitos locais. Também as ideias defendidas por Muniz de Tavares, de Pernambuco, aludiram a problemas referentes à sua província. Todos eles, em menor ou maior grau, propunham um tipo de solução missionária para render os indígenas. Curioso é notar que dois deles, Borges de Barros, da Bahia, e Muniz de Tavares, já citado, apontaram a missionação de protestantes como meio mais seguro e eficaz de executar a catequese. Com isso fazia-se referência às formas como outras nações resolviam problemas semelhantes, em menção à solução protestante nos Estados Unidos e em sua relação com os índios daqueles territórios.[34] O projeto de José Bonifácio, por sua vez, tinha uma visão mais abrangente em relação aos demais e apresentou uma análise e um plano detalhado para conversão e sistema de tratamento dos indígenas, como será visto adiante.[35]

No entanto, a historiografia acabou, por conta da omissão dos demais projetos nas Cortes, concluindo que a preferência pelo texto de Zany – que não gastara muitas linhas com referência à catequese, antes propunha inclusive a escravização dos índios por sete anos – seria uma evidência de que essa posição se coadunava muito mais com as intenções dos principais políticos do período com relação aos

---

34 John Manuel Monteiro. "Entre o gabinete e o sertão. Projetos civilizatórios, Inclusão e exclusão dos índios no Brasil imperial". In: _____. *Tupis, tapuias e historiadores*. Estudos de história indígena e Indigenismo. Tese de Livre Docência. Campinas: IFCH/Universidade de Campinas, 2001, p. 149.

35 A descrição sintética desses projetos está em George C. A. Boeher, *op. cit.*

indígenas do que o projeto civilizador de Bonifácio, por exemplo, de cunho mais cordial em comparação com o de Zany.[36] Esse tipo de análise incorre justamente nas inúmeras simplificações possíveis de serem feitas sobre o tema, como tem sido discutido desde as linhas iniciais deste trabalho. Ao abordar a história indígena na Amazônia, por exemplo, Carlos de Araújo Moreira Neto traz um recorte que percorre o processo de independência e construção nacional brasileira de um período anterior ao Estado nacional (1750) até sua consolidação (1850). Desconsidera todo esse processo no que ele tem de peculiar, qual seja, a construção do Estado e da nação brasileiros. Por isso mesmo, não vê diferença entre o trato que as Cortes de Lisboa deram à questão indígena e à forma com que o Império brasileiro passará a lidar com o problema. Reduz tudo a uma simplificação: os indígenas foram dizimados, por isso o projeto mais cruel com relação a eles foi escolhido pelas Cortes. Isso é apenas uma inferência, não baseada numa análise detida sobre os debates então em curso. Inclusive George Boeher, que é de onde Moreira Neto retira essas informações, fornece outra explicação sobre a escolha do projeto de Zany para ser examinado pelas Cortes: a Comissão do Ultramar era o órgão encarregado de selecionar e encaminhar os projetos para Lisboa; justamente um dos membros desse órgão no período era o bispo e deputado paraense Dom Romualdo de Souza Coelho, o que indica, portanto, uma conexão entre os interesses desses dois conterrâneos.[37]

Essa última hipótese parece ser mais plausível, uma vez que o projeto de Bonifácio foi bastante considerado durante a Assembleia Constituinte do Brasil de 1823, portanto demonstrando que suas ideias, no que tange aos indígenas, tinham respaldo segundo os interesses da época. Também, diferentemente do

---

36 "Duplamente um *outsider*, na condição de estrangeiro e de mero particular, Zany estava, não obstante, mais próximo do espírito e dos interesses do parlamento colonial que José Bonifácio, a despeito de todo o prestígio político e intelectual do brasileiro. Por esta mesma razão – a continuidade dos interesses coloniais no Brasil após a independência – o plano de José Bonifácio referente aos indígenas foi igualmente ignorado na Assembleia Nacional Constituinte de 1823. Esses motivos contribuem para entender a completa omissão da Constituição do Brasil de 1824 no tocante aos índios". Carlos de Araújo Moreira Neto. *Índios da Amazônia: de maioria à minoria* (1750/1850). Petrópolis: Vozes, 1988, p. 40.

37 Boeher, *op. cit.*, p. 203.

que se pode dizer numa primeira impressão sobre a elaboração da Constituição brasileira, os índios não foram por ela ignorados.[38] Certamente que frente à centralidade de outras questões mais pontuais, vitais para a consolidação da independência, do novo pacto social que se dava e da instalação de um Estado que lhe desse suporte, a questão indígena era uma questão periférica. Mas a temática dos ameríndios não deixou de ser abordada pela Assembleia de 1823, como se verá no próximo item deste capítulo.

Outro texto de importante político brasileiro foi elaborado paralelamente ao funcionamento das Cortes de Lisboa, no processo de definição de novas balizas políticas e sociais que passariam ditar o funcionamento do Império português. Eram as "Memórias sobre a necessidade de abolir a introdução dos escravos africanos no Brasil" de João Severiano Maciel da Costa, que seria, futuramente, nobilitado como Marquês de Queluz, ministro do governo de D. Pedro I.[39] Embora, como é evidente, o foco deste trabalho escrito em 1821 fosse a questão escravista, Maciel da Costa pensou algumas das formas de superar o fim da importação dos africanos, propondo, dentre elas, a utilização dos indígenas. Interessante notar que a lógica desse político não era discutir o fim da escravidão, mas alternativas para o fim do tráfico, já que, em sua visão, a eliminação dos escravos no corpo social, ainda que fosse necessária, não seria algo para se fazer no nível imediato, mas num projeto que vingaria somente para as gerações futuras. Para os seus contemporâneos, caberia minimizar os efeitos do fim da reposição dos escravos no Brasil. Assim um novo projeto de civilização dos índios, superando os limites do Diretório pombalino, parecia como uma das melhores soluções.

O futuro Marquês de Queluz atribuía o fracasso do Diretório à frouxidão e mau caráter dos diretores, o que resultou, por sua vez, na condição dos índios como dispersos e explorados. A solução, portanto, era a retomada dessa política pombalina

---

8 Esse aspecto também é notado por Manuela Carneiro da Cunha. "Prólogo". In: ____. (org.). LI, p. 9-10.

9 João Severiano Maciel da Costa. "Memória sobre a necessidade de abolir a introdução dos escravos africanos no Brasil, sobre o modo e condições com que esta abolição se deve fazer e sobre os meios de remediar a falta de braços que ela pode ocasionar". In: ____ et al. Memórias sobre a escravidão. Rio de Janeiro/Brasília: Arquivo Nacional/Fundação Petrônio Portella, Ministério da Justiça, 1988 [1821], p. 13-59.

com um maior controle sobre as vilas indígenas, através de um trabalho mais policial e menos tutelar, já que a tutela tinha significado pouco controle no trato com estes povos. Queluz propôs, de maneira sintética, inúmeros mecanismos, como a formação de colônias indígenas com as crianças, educando-as e ensinando-as trabalhos agrícolas. Também recomendava que os particulares se engajassem nesta causa, já que estariam contribuindo para o melhoramento do Império:

> A ideia de prometer honoríficas recompensas aos ricos proprietários que fundarem à sua custa povoações de índios constantes de um certo número de famílias é excelente e decerto produziria o desejado efeito se esses ricaços, que muito provavelmente desejam enobrecer-se, não achassem, como têm achado, meios mais fáceis de chegar às honras e prerrogativas políticas do que esses não só dispendiosos, senão também espinhosos, de conquistar e amansar selvagens. Que inesgotável tesouro não é o de remunerações honoríficas em poder de uma política discreta![40]

Em síntese, nesse contexto de readequação do Império português, que culminou com a independência brasileira, os indígenas deveriam ser levados em conta, nem que fosse para a resolução de outro aspecto, o do fim do tráfico. De qualquer forma, embora encabeçando as principais políticas de D. Pedro I alguns anos depois, Queluz não emplacou seu projeto de civilização dos índios. Não se sabe dizer se o malogro dessas ideias foi propósito deliberado, ou se deveu à falta de espaço em resolver tais questões no momento complexo de afirmação e formação do Império brasileiro. Essa última parece ser a hipótese mais plausível, questionando, portanto, a visão que afirma que as guerras justas de D. João VI imperaram no Império devido à política mais agressiva de Queluz com relação aos indígenas.[41]

No processo de emancipação política do Brasil, a partir do Rio de Janeiro e São Paulo em 1822, foi então convocada uma Assembleia Geral Constituinte, que iniciaria seus trabalhos em maio de 1823. Embora nem todas as províncias que iriam compor futuramente o Império brasileiro tivessem aderido ao novo pacto políti

---

40 *Ibidem*, p. 44.

41 Moreira Neto. *A política indigenista*, op. cit., p. 345/54.

co, os trabalhos da Assembleia seguiram-se durante seis meses, até sua dissolução pelo imperador em novembro do mesmo ano. Afora esse tumultuado processo político, os deputados constituintes conseguiram até mesmo formular um projeto de Constituição para o Império, apresentado em 30 de setembro de 1823. Inclusive o projeto ainda estava sendo discutido quando as instabilidades do período o interromperam. Com o imperador sentindo-se ameaçado por manifestações políticas, ou usando esse argumento para dar o golpe, a Assembleia foi dissolvida e em março de 1824 foi apresentado por D. Pedro I novo texto constitucional. Concentrando em si o poder de legislar, o imperador impôs a Constituição do Império em 1824, que teria apenas que ser referendada pelas Câmaras municipais para ser considerada legítima.[42]

No entanto, enquanto os trabalhos da Assembleia Constituinte transcorreram normalmente, a questão indígena foi por algumas vezes mencionada nas sessões. Isso apareceu já na Sessão de 12 de maio, com a criação da Comissão de Colonização, Civilização e Catequização dos Indígenas Brasileiros,[43] cuja atuação teria alguns desdobramentos no âmbito interno da Assembleia e que não tiveram contornos maiores devido à própria dissolução desse órgão. Nas próximas páginas, a curta trajetória dessa Comissão será retomada, a fim de se conhecerem seus desdobramentos.

Descaminhos da política indigenista no Império do Brasil

Conforme já frisado anteriormente, a falta de uma política geral do Império brasileiro sobre a questão indígena não tornam ineficientes e sem efeito os encaminhamentos menores e as discussões das primeiras décadas do Império sobre o assunto. Assim, a ideia de "vazio legislativo", assinalada por Manuela Carneiro da Cunha, é um tanto quanto limitada no que se refere à apreensão do processo de definição de uma política indigenista por parte do Estado brasileiro, que não se deu de uma maneira imediata. A hipótese aqui apresentada é que justamente devido à complexidade, aos inúmeros conflitos e embates políticos próprios à construção do Estado e da nação brasileiras não teria sido possível uma resolução imediata do

---

42 José Honório Rodrigues. *A Assembleia Constituinte de 1823*. Petrópolis: Vozes, 1974.

43 Sessão em 12 de maio de 1823. *APB*. Assembléa Constituinte, 1823. T. 1º. Rio de Janeiro: Typographia de Hyppolito José Pinto, 1876, p. 79.

problema das populações indígenas. Um exemplo disso são as inúmeras guerras civis que pontilharam no Império brasileiro, sobretudo na primeira metade do século XIX, inclusive envolvendo segmentos destes povos,[44] impedindo que questões importantes, pertinentes à nova ordem política que se instaurava, fossem contempladas. Embora efetivamente na Constituição do Império não tenha constatado uma única linha que se referisse aos índios, projetos, ideias, intenções e estratégias com relações a eles faziam parte da realidade naquele território que se pleiteava agora como nacional. O objetivo desse livro é mostrar que este aparente vazio estava dotado de sentido.

Retomando os debates da Assembleia Constituinte de 1823, têm-se referências diretas a dois marcos fundamentais que permeavam a questão indígena nesse período: as Cartas Régias de 1808 e o projeto de Bonifácio sobre a civilização dos índios. A Comissão de Colonização, Civilização e Catequese dos Índios da Assembleia de 1823 propôs-se a repensar a estratégia de guerra justa então vigente, que fora implementada através das Cartas Régias de 13/05/1808 e 2/12/1808, referentes a Minas Gerais, Bahia e Espírito Santo. A Comissão pediu que fosse encaminhado um pedido aos órgãos competentes, como a Junta de Comércio, Agricultura, Fábricas e Navegação, para averiguação sobre o que estava ocorrendo em Minas com relação às intenções pretendidas por aquelas Cartas Régias. A Assembleia enviou o pedido, sendo remetido, inclusive, ao conhecimento do próprio imperador.[45]

Algumas semanas depois, o ministro dos Negócios do Império mandou à Assembleia os documentos recolhidos sobre o assunto: dois relatórios da Junta de Comércio, um de 1812 e outro de 1819. Por sua vez, a Comissão foi encarregada de analisá-los para "deliberar sobre aquelle objeto o que parecer conveniente."[46] Todos esses movimentos, portanto, indicam que até mesmo durante a consolidação da independência do Império brasileiro a questão das guerras justas foi levantada. Ou

---

44 Refiro-me especialmente às lutas travadas no Norte do Império, na província do Grão-Pará (que até 1850 abrangia também a região amazônica), conforme podem ser visualizadas através dos trabalhos de Moreira Neto. *Índios da Amazônia, op. cit.*

45 Sessão em 6 de agosto de 1823. APB. Assembléa Constituinte, 1823. T. 4°. Rio de Janeiro: Typographia H. J. Pinto, 1879, p. 31, 41/2.

46 Sessão em 30 de agosto de 1823. APB. Assembléa Constituinte, 1823. T. 4°. *Op. cit.*, p. 207.

seja, a política ofensiva de D. João VI também foi objeto de análise, ainda que não tenha resultado em nenhuma medida concreta, fosse em seu favor, fosse pela sua revogação. Obviamente que na medida em que o Império não se posicionou sobre o assunto, estava referendando as práticas em vigor. Há que ressaltar, no entanto, que essa postura se deveu muito mais a não resolução da questão do que a uma posição pensada e deliberada.

Embora a compreensão dessa política indigenista seja pautada principalmente nas leis que efetivamente vigoraram, seria anacronismo não considerar os outros projetos e ideias que não foram necessariamente adotados. Calar sobre eles seria assumir o discurso do consenso, não dando voz a outros atores e interesses presentes nesse processo. Assim, conforme discutido no capítulo 1, foi colocada a necessidade de se contemplar a questão indígena na Constituição, segundo defendeu o deputado constituinte Montezuma em sua fala, embora longe da questão da cidadania. Desse modo, o Projeto de Constituição de 30 de Setembro de 1823 reproduziu esse espírito, através de um indicativo sobre o tratamento dispensado aos índios, ainda que não tenha proposto como executá-lo:

> Art. 254. Terá igualmente cuidado de criar estabelecimentos para a catequese e civilização dos índios, emancipação lenta e dos negros e sua educação religiosa e industrial.[47]

O Projeto da Assembleia não trazia uma solução definitiva sobre o destino dos ameríndios no Brasil, assim como a própria Comissão de Colonização e Civilização, na verdade, havia deixado a questão em aberto. Isso se deveu a uma estratégia adotada por ela de primeiro verificar a situação em diversas regiões do Império, bem como de espalhar o projeto de Bonifácio pelas províncias que então constituiriam o novo Estado, a fim de contar com informações regionais em prol de um plano conjunto. Sobre o texto de Bonifácio, a Comissão forneceu o seguinte parecer, que foi aprovado pela Assembleia:

---

47 "Doc. 316-2. Projeto de Constituição para o Império do Brasil (Projeto Antônio Carlos), elaborado pela Comissão da Assembleia Geral Constituinte e Legislativa (30 de setembro de 1823)". In: Paulo Bonavides Amaral (orgs.), *op. cit*, p. 164.

1º Que seja quanto antes para ser presente a esta augusta assembléa; e para instrucção da nação se exponha á venda pubica [sic]. 2º que se expeção ordens ao governo para que remettendo alguns exemplares ás respectivas provincias, e exigindo dellas as necessarias noticias, informe sobre os meios mais eficazes de realizar em toda a sua extensão tão importante projecto.[48]

A Comissão atuou através de duas diretrizes: a primeira contemplava as especificidades locais da questão indígena (não havia "uma população indígena", mas várias, representando diversos grupos étnicos, com suas particularidades) a fim de chegar num projeto geral que abarcasse diferentes necessidades; a segunda referia-se ao tom mais conciliatório de se abordar a questão, que estava implícito tanto no projeto de Bonifácio, como no Projeto de Constituição, segundo o trecho citado acima. Ou seja, dentro de um Estado liberal, defendia-se a incorporação ao conjunto da nação brasileira como trabalhadores livres tanto de "selvagens" quanto de escravos, que deveriam constituir a mão-de-obra nacional:

> Tenho pois mostrado pela razão, e pela experiência, que apezar de serem os Indios bravos huma raça de homens inconsiderada, preguiçosa, e em grande parte desagradecida e desumana para comnosco, que reputão seus inimigos, são com tudo capazes de civilisação, logo que se adoptão meios proprios, e que há constancia e zelo verdadeiro na sua execução.
> Nas actuaes circumstancias do Brasil e da Politica Européa a civilisação dos Indios bravos he objecto de summo interesse e importancia para nós: Com as novas Aldêas que se forem formando, a Agricultura dos Generos comestiveis, e a criação dos gados devem augmentar, e pelo menos equilibrar nas Provincias a cultura e o fabrico do açucar.[49]

---

[48] Sessão em 18 de junho de 1823. *APB*. Assembléa Constituinte, 1823. T. 2º. Rio de Janeiro: Typographia Parlamentar, 1877, p. 97.

[49] José Bonifácio de Andrada e Silva. "Apontamentos para a civilisação dos Indios Bravos do Imperio do Brazil". p. 352. Uma análise dos projetos de Bonifácio para a formação da nação, incluindo o papel dos indígenas, está em Miriam Dolhnikoff. *O pacto imperial. Origens do federalismo no Brasil*. São Paulo: Globo, 2005, capítulo 1. Projetos liberais.

Nem cidadãos, nem brasileiros   75

A receita criada por Bonifácio consistia em mesclar a tática dos jesuítas, que tiveram dedicação, zelo e brandura para com os indígenas, segundo sua visão, com a lógica do Diretório. A herança pombalina aparecia na forma do administrador dos aldeamentos (diretor), proposto por ele para engajar os índios como trabalhadores nacionais, cuidando de seus interesses. Acresce-se também o fato de que os padres que atuariam como catequéticos seriam formados especialmente para tal função no Brasil, num Colégio de Missionários, e teriam verbas e privilégios para manterem suas atividades.[50]

A vertente liberal no trato dos índios foi expressa em sua incorporação como trabalhadores livres. Isso seria possível através de sua civilização, mesmo dos mais bravios, ainda que fosse necessária a incursão de bandeiras, realizadas com "bons modos" pare rendê-los.[51] Aqui aparece o próprio limite desse ideário liberal que, embora defendendo brandura para trazer os indígenas para viverem debaixo da civilização ocidental, não negava, para isso, a prática da truculência que caracterizara o período colonial, assumindo a necessidade de fazerem-se bandeiras. Dizer que elas seriam efetuadas de maneira afável e com boas intenções é certamente um engano, pois não seria possível retirar populações de suas organizações próprias, que resistiam ao contato, de maneira suave.[52]

Se essa perspectiva liberalizante podia significar um avanço em relação às práticas ofensivas dos agentes colonizadores com relação aos indígenas, isso não implica, necessariamente, que a agressão à autonomia dos índios não fizesse parte da estratégia de contato. Deve-se atentar para o fato de que a atração dos indígenas e sua incorporação à civilização, que figurava em inúmeras falas de políticos e intelectuais do período, referiam-se justamente aos indômitos, que não aceitavam de bom grado o contato e, consequentemente, a submissão. Portanto, para resolver tal situação de hostilidades e agressões de ambos os lados, com ataque e defesa entre nacionais e índios, a força não só da persuasão, mas também das armas, era necessária. Bonifácio acenava que as bandeiras para trazer os "índios bravos dos

---

50 José Bonifácio de Andrada e Silva. "Apontamentos para a civilisação dos Indios Bravos do Imperio do Brazil". *Ibidem*, p. 353.

51 *Idem*, p. 354.

52 Sobre as técnicas de bandeiras e apresamentos indígenas ver de John Manuel Monteiro. *Negros da terra*. São Paulo, Companhia das Letras, 2000, p. 57/76.

matos e campos" deveriam contar com aqueles já convertidos, com intérpretes e missionários, além dos próprios "bandeirantes".[53] Essas figuras citadas, ao lado dos sertanistas, tinham muito mais o sentido de apaziguar o caráter violento das bandeiras, já que negá-lo significaria desmontar a própria expedição.

Por isso mesmo, ao se examinar vários encaminhamentos do Império a partir de 1822, pode-se notar o caráter mais brando com relação aos índios do que havia sido, em geral, durante o período colonial. No entanto, essa "cordialidade" é mais aparente do que real por dois motivos. Primeiramente porque muitas vezes o discurso afável e humanitário não se assentava realmente em práticas conciliatórias, já que previa a incorporação e natural extinção dos índios. Não havia, portanto, possibilidade de conciliação entre dois interesses tão díspares: dos indígenas, de manterem sua autonomia, sua cultura e a posse de seus territórios; do Estado, seus agentes e aqueles a quem representavam, de avançarem sobre as terras dos índios, expulsando-os de lá, ao mesmo tempo em que os utilizavam como mão-de-obra, dependendo dos interesses em jogo. Em segundo lugar, justamente para resolver impasses locais, o poder central autorizava nas províncias e vilas do Império que se usasse da força armada. Portanto, a recomendação de bons tratos se dava num âmbito geral, mas na resolução de conflitos locais, os próprios dirigentes centrais admitiam a necessidade de se recorrer à pólvora e ao chumbo.[54]

Na lógica de uma política mais conciliatória e branda apareceram medidas de caráter amistoso por parte do Estado na década de 1820. Ainda em 1822, antes da consolidação do Império do Brasil, o então príncipe regente D. Pedro deu parecer favorável a alguns indígenas de Minas Gerais, que alegavam ser injusto seu cativeiro.[55] Já entre os anos de 1823 e 1825, tinham-se orientações sobre aldeamentos na região

---

53 José Bonifácio de Andrada e Silva. "Apontamentos para a civilisação dos Indios Bravos do Imperio do Brazil". *Op. cit.*, p. 354.

54 "Decisão N.º 210 de 26/09/1825. Guerra. Sobre a nomeação de Commandante e força das Bandeiras contra os Indios selvagens a respeito do transito pela provincia de corpos de Ordenanças armados". In: *LI*, p. 124-125. Esse processo fica evidente quando se estuda a composição das forças de terra do Império, que sempre mantiveram tropas especiais de combate aos indígenas, conforme será visto no final deste capítulo.

55 "Portaria de 18/04/1822. Sobre o injusto captiveiro dos Indios da comarca do rio das Mortes". In: *LI*, p. 114.

dos rios Doce, Mucuri e Jequitinhonha, envolvendo os territórios de Minas, Bahia e Espírito Santo, que havia sido matéria das guerras justas de 1808.[56] Essa forma de relaciomento com os índios da região foi dispensada por Guido Tomás Marlière, oficial que a partir de 1819 assumira o posto de Comandante das Divisões Militares do Rio Doce, cargo que ocuparia até 1829. Essas Divisões estavam coadunadas com os princípios defendidos por Bonifácio e pretendiam ser uma alternativa à política ofensiva praticada pelos outrora luso-brasileiros contra os botocudos.[57]

Aparecem aqui justapostas as guerras justas e os aldeamentos nos anos iniciais do Império brasileiro. Tem-se, portanto, a reminiscência de um binômio colonial, objeto que fora de difícil resolução no passado, conforme visto acima. Isso se deu porque esses

---

[56] No caso da região mineira, a questão indígena foi mais evidente no período devido à quantidade de índios presentes, além de envolver as estratégias e os interesses econômicos desta província e de outras limítrofes. Pode-se perceber essa importância através de medidas legislativas, compiladas em *LI*. "Provisão de 9/05/1823. Ordenou-se auxilio pecuniario a favor do Governo Provisorio de Minas Gerais para obter e manter a civilização dos Indios Botocudos"; "Decisão N.º 85 de 24/05/1823. Determina a maneira por que devem ser tratados os indios da Provincia do Espirito Santo"; "Portaria de 21/08/1823. Sobre empreendimentos nos sertões das Provincias de Minas Geraes e Goyas"; "Decreto N.º 31 de 24/011824. Dá regulamento interino para o aldeamento e civilisação dos Indios do Rio Doce, e ordena concessão de sesmarias aos individuos civilisados que as pedirem"; "Decreto de 28/01/1824. Manda suprir pelo Thesouro as despezas com o aldeamento e civilisação dos Indios Botocudos do rio Doce, na Provincia do Espirito Santo"; "Portaria de 5 de Maio de 1824. Aldeamento de Indios do Rio Doce. Para elle se nomeou cirurgião, e com que vencimento e obrigações"; "Decreto N.º 102 de 5/05/1824. Declara que as sesmarias que se mandam conceder a bem de facilitar a civilisação dos indios do rio Doce, só devem ser nas margens deste rio"; "Provisão de 13/08/1824. Sobre o aldeamento de Indios do rio Doce. Autoriza despezas com a sua civilisação"; "Portaria de 2/05/1825. Recommenda o progresso dos aldeamentos de diversas nações de Indios de Minas Geraes"; "Portaria de 13/07/1825. Autorisando o estabelecimento de individuo com negocio no aldeamento de São Pedro de Alcantara do rio Doce no Espirito Santo"; "Portaria 2ª de 17/08/1825. Botucudos: pensão diaria concedeu-se a um prejudicado pelos seus excessos em Minas"; "Portaria de 22/09/1825. Approvando o aldeamento dos Indios Naknenuks"; "Provisão de 8/11/1825. Ordena supprimento para compra de fornecimentos necessários ao Aldeamento dos Indios da Colonia de S. Miguel do Jequitinhonha na Bahia"; "Resolução 1ª de 13/04/1826. Indios: sobre a erecção de uma parochia em São Miguel de Jequitinhonha em Minas Gerais como meio efficaz para civilisação daquelles", p. 103-127.

[57] Paraiso. *Op. cit.*, vol. 3, p. 341-453.

dois tipos de projetos para os indígenas envolviam interesses de diversos setores da sociedade colonial na lida com populações plurais que, por sua vez, de maneira alguma mantinham uma estratégia unificada. Já os políticos brasileiros, durante pelo menos a primeira metade do século XIX, iriam se deparar com a ambiguidade dessa posição: manter tais mecanismos coloniais ou incorporar os indígenas à sociedade brasileira? Esse foi o grande mote que permeou o debate parlamentar no centro do Império, alimentou a discussão intelectual e até mesmo os embates entre as autoridades locais em sua vivência cotidiana com os índios de sua vizinhança. Desse modo, nos vários níveis de poder e de afirmação desse Estado nacional, o desafio de consolidar o Império brasileiro estava posto. Ainda que, conforme proposto no capítulo 1, na pactuação política liberal do novo regime, não havia problema legal em deixar os indígenas e os escravos de fora da sociedade civil e política, no dia a dia, no decorrer dos anos e décadas, essa questão foi trazendo contornos insustentáveis dentro da nova ordem.

Isso tudo estava atrelado ao fato de que a construção do Império passava por garantir sua sustentação econômica e legitimidade política, que punha em evidência uma característica crucial do Estado nacional brasileiro: a escravidão. A pressão inglesa contra o tráfico negreiro desde a década de 1810 e o discurso da filantropia humanitária compunham o coro antiescravista, ainda que sua derrocada demorasse "séculos" para ocorrer, conforme se esquivou proeminente político da época.[58] Na verdade, a escravidão oitocentista foi longeva e prosperou, em vista da quantidade de escravos e do capital movimentado como nunca ocorrera

---

58 "Sem dados estatísticos autênticos sobre o número de escravos que possuímos por essas mesmas informações particulares que temos e que nos parecem diminutas, podemos asseverar que ele é já assaz crescido para que nos ocupemos em procurar evitar uma indefinida introdução deles e para que principiemos com antecipação a tomar medidas preparatórias para extinguir, um dia, até o nome de escravidão entre nós. Esta reforma, com o número de escravos que já temos e os que devem ainda introduzir-se, talvez custe séculos de trabalho e providências, mas nem por isso devemos desanimar porque os indivíduos morrem, não as nações, e nossos vindouros têm direito a esperar de nós um patrimônio melhorado." Costa. *Op. cit*, p. 27.

no passado colonial, ainda mais que, a partir de 1850, o fornecimento daquela mão-de-obra nacionalizou-se, com o tráfico interno.[59] Não se propõe aqui adentrar a discussão sobre a escravidão africana no Império, mas deixar de enxergá-la ao se problematizar a questão indígena no período é um erro. Isso porque a consolidação deste Estado nacional passava por ocupá-lo em regiões de fronteiras imprecisas e desenvolvê-lo economicamente, para tornar essas áreas viáveis e produtivas segundo os interesses de seus dirigentes. O avanço das fronteiras internas invariavelmente esbarrava nos índios e o impasse em jogo estava na definição de que tipo de atividade desenvolver nesses locais e, consequentemente, que tipo de mão-de-obra utilizar: escravos, colonos imigrantes ou os próprios indígenas.

Não houve um projeto claro por parte do Império na primeira metade do século XIX que visasse resolver essa questão no nível nacional. Na verdade, devido às próprias características de cada região que o compunha, não era possível um projeto unificado. Se a escravidão negra fora a solução adotada em áreas inseridas no comércio mundial, essa realidade não havia sido possível em áreas periféricas, ainda no período colonial, como o exemplo do Grão-Pará e de São Paulo, que se utilizaram em larga escala da mão-de-obra indígena.[60] Mesmo posteriormente, na segunda metade do XIX, numa única província, diferentes soluções seriam adotadas: o Vale do Paraíba e o Oeste paulista velho, consoli-

---

[59] Florestan Fernandes. "A sociedade escravista no Brasil". In: _____. *Circuito fechado*. Quatro ensaios sobre o "poder institucional". São Paulo: Hucitec, 1977, p. 46/51. Ver também Ilmar Rohloff Mattos. *O tempo Saquarema*. São Paulo: Hucitec/Minc, 1987, p. 228-251.

[60] Luís Felipe Alencastro discute que a escravização dos indígenas se fazia em regiões que não conseguiam se inserir no mercado atlântico, tal o caso do Amazonas, por exemplo. *O trato dos viventes*. Formação do Brasil no Atlântico Sul. Séculos XVI e XVII. São Paulo: Companhia das Letras, 2000, p. 117-127; 138-144. O mote do trabalho de John Manuel Monteiro foi mostrar a inserção econômica de São Paulo na colônia, utilizando-se de escravos indígenas nesse processo. Ver do autor, *Negros da terra*. Ainda sobre São Paulo, Ilana Blaj corrobora essa utilização para até meados do século XVIII. *A trama das tensões*. O processo de mercantilização de São Paulo colonial (1611-1721). São Paulo: Humanitas/Fapesp, 2002.

dadas economias escravistas; o Oeste paulista novo, priorizando a mão-de-obra imigrante europeia.[61] De toda forma, o que se pretende evidenciar aqui é que todas as vezes que a questão indígena foi discutida no centro do Império (inclusive quando foi mesmo deliberada na forma de leis, decretos ou regulamentos) ela esteve relacionada ao tema da ocupação territorial e de seu desenvolvimento econômico. Nesse sentido, era inevitável que a questão de terras, da colonização e da escravidão estivessem entrelaçadas, direta ou indiretamente, com a temática indígena.

Essa problematização estava colocada já nos enunciados das Comissões que no parlamento cuidavam da questão desde 1823, quando trataram concomitantemente da colonização estrangeira e da catequese indígena, conforme foi apontado no início deste capítulo. Posteriormente, a partir de 1826, tais Comissões passaram a englobar também a estatística, abordando, enfim, um grande tema: o da ocupação territorial e da forma produtiva a ser empregada. Serão discutidos a seguir os principais eventos e episódios em que a questão indígena esteve no foco dos debates, ainda que tangenciando alguns dos problemas indicados acima, ou como assunto principal.

Já no primeiro ano de funcionamento das Câmaras do Senado e dos Deputados, propostas surgiram envolvendo o problema destas populações. O Senado tomou a dianteira na questão, visto que se entendia de necessidade elaborar um plano geral para civilização dos índios. No entanto, qual seria o primeiro passo? Como proceder? Seguindo a estratégia da Comissão de Catequese ainda da Assembleia Constituinte de 1823, a Comissão do Senado buscou primeiro obter informações regionais, para depois chegar a um plano mais amplo. Desse modo, em junho de 1826 propôs que o governo solicitasse às províncias, referentes aos indígenas que viviam em cada uma delas, "as circunstanciadas informações sobre a índole dos mesmos, sobre seus usos e costumes, bem como sobre suas particulares inclinações, que tenham feito sobre o método de os civilizar com maior facilidade, e, finalmente, as proporções, que atualmente haja de terrenos para seus aldeamentos,

---

61 Beiguelman. *op. cit.*, p. 12-27.

e cultura, ouvindo sobre todos estes objetos os respectivos diretores, assim como sobre as causas, que têm obstado a civilização dos mencionados índios."[62]

No decorrer de 1826 e no ano seguinte, somente seis províncias haviam atendido essa ordem imperial (Espírito Santo, Goiás, Paraíba do Norte, Ceará, São Paulo e Pernambuco).[63] Ainda completariam essa lista Minas Gerais e Piauí.[64] Há que se notar que províncias com alto índice populacional indígena, como Mato Grosso e Pará, por exemplo (vide Quadro 2), não atenderam ao chamado do governo. Assim, não se pode inferir que as autoridades dessas áreas deixaram de prestar contas devido à insignificância dos índios dessas regiões, mas por algum outro motivo de ordem prática ou burocrática.

De qualquer forma, apesar da intenção parlamentar de fazer um plano de civilização e da colaboração de oito províncias com dados para a confecção desse projeto, a lei para os indígenas neste momento naufragou. A Comissão de Catequese do Senado não chegou efetivamente a apresentar tal projeto, supondo-se que não tenha nem mesmo o elaborado. Dos relatórios provinciais recolhidos, um mosaico de situações entre os nacionais e os diversos povos índios.[65] Desse modo, o consenso não seria fácil. Na verdade, acredita-se que a falta de consenso

---

62 Sessão em 26 de junho de 1826. *ASIB*. 1826, T. 2º. Rio de Janeiro: Typographia Nacional, 1878, p. 130. Este Parecer da Comissão de Estatística é aprovado para ser encaminhado em Sessão de 30 de junho do mesmo ano. *Idem*, p. 156-157.

63 Sessão em 7 de maio de 1827. *ASIB*. 1827, T. 1º. Rio de Janeiro, 1910, p. 16.

64 John Manuel Monteiro. "Entre o gabinete e o sertão. Projetos civilizatórios, inclusão e exclusão dos índios no Brasil imperial". *Op. cit*.

65 John Manuel Monteiro analisa que as propostas diversas de como proceder com relação aos índios, refletiam a vivência que os nacionais tinham com estes povos: "Se algumas das posturas enviadas como sugestões para um plano de civilização foram de fato incorporadas à legislação que orientava a política indigenista do Império – em especial o 'Regulamento acerca das Missões', de 1845 – persistiria ainda por muito mais tempo a cisão entre aqueles que defendiam políticas filantrópicas e outros que subscreviam a práticas agressivas e intolerantes. Não se tratava de uma clivagem entre estes nas fronteiras da nação e aqueles nos salões das capitais; encontravam-se filantropos no sertão, como Marlière, por exemplo, do mesmo modo que se encontravam patrocinadores de chacinas nas cidades, às vezes ocupando o mais alto posto da província." *Ibidem*, p. 142.

não estava no conteúdo do projeto indigenista em si, mas no desacordo sobre este projeto ser realmente uma prioridade.

Isso porque, ao mesmo tempo em que se abriu essa frente no Senado, apontando para a civilização indígena, propunha-se também um plano de colonização estrangeira.[66] Essas propostas estavam envolvidas, no ano de 1827, no contexto do estabelecimento de tratados internacionais pelo fim do tráfico negreiro no Império.[67] Ainda para tornar o quadro mais complicado, havia um problema a ser resolvido com relação à apropriação territorial no Estado, visto que a doação de sesmarias havia sido suspensa em 1822 por D. Pedro I.[68] Assim, a civilização dos indígenas era uma das possibilidades previstas para lidar com o risco do fim do tráfico, mas não havia nenhum tipo de consenso em torno dela no período. Na verdade, tanto a colonização estrangeira como a civilização dos índios contavam com as mesmas chances de vigorar. No entanto, nem uma nem outra vingaram nesse momento, pois as questões escravistas e da propriedade territorial ainda ofuscavam a resolução desses problemas.

Além do que, nesse momento da construção do Estado imperial, a dimensão real dos temas a serem resolvidos estava longe de dispor de dados confiáveis. A realização de levantamentos populacionais estava no nascedouro, primando ainda pela inconstância no controle desses dados, padecendo também da falta de homogeneização de métodos e critérios adotados pelos vários autores das tabelas populacionais. Com relação às populações indígenas, por exemplo, no decorrer do século XIX esta quantificação oscilou de 1 milhão de habitantes para pouco mais de 200 mil, como se pode ver no Quadro 1. Obviamente a quantificação dessa população arredia ao contato, classificada

---

66 No Senado, a proposta de elaboração de um projeto de colonização é referida em 3 de julho de 1826, 29 de maio de 1827, 6 e 7 de julho de 1830, sendo finalmente engavetado em 5 de agosto de 1830. Já na Câmara dos Deputados discute-se somente um projeto sobre naturalização de estrangeiros em 1826 (1, 3 e 4 de Julho).

67 Havia sido proposto no ano anterior um projeto para o fim do tráfico. O então deputado pernambucano Pedro Araújo Lima propôs urgência na discussão desse projeto e, como emenda a ele, que o tráfico fosse extinto a partir do 1º dia de 1830. Sessão em 14 de maio de 1827. APB. Câmara dos Srs. Deputados. 1827, T. 1º. Rio de Janeiro: Typographia de Hypolito José Pinto, 1875, p. 84-85.

68 Lígia Osório Silva. *Terras devolutas e latifúndio. Efeitos da lei de 1850.* Campinas: Ed. Unicamp, 1996, p. 63-78.

como "índios bravios" ou "selvagens", era dificultosa, já que ocupavam áreas de difícil acesso e não circulavam livremente em meio à sociedade nacional.[69] Nesse sentido, a busca de uma política indigenista tornava-se ainda mais incerta, já que não havia consenso sobre nem mesmo a quantidade desses índios.

O senador José Saturnino da Costa Pereira, membro da Comissão de Estatística, que quantificou em 1834 a população imperial como de 3.800.000 habitantes, sendo 2.000.000 livres e 1.800.000 escravos, lamentava:

> Por mais forte razão é actualmente impossivel pronunciar cousa alguma sobre a população dos indigenas não domesticados: da maior parte delles apenas se conhecem os nomes, quanto elles estão mais perto da barbaridade absoluta; e do que se tem observado em algumas hordas, não se póde concluir para as outras por analogia, porque a diversidade de local em que habitão, suas indoles particulares, e principalmente a maior ou menor distancia em que se achão do estado natural, fazem consideravelmente variar os seus habitos, costumes e inclinações. Fizemos todas as diligencias para conhecer, ao menos de algumas nações, o numero de individuos que as compoem; mas varios caciques, de quem nos pretendemos informar, como o dos Apiacás, Cayapós, Guaycurús etc., têm uma linguagem tão imperfeita pelo que toca aos numeros, que o mais adiantado conta até 10, d'ahi para cima todos os numeros são expressos por uma palavra equivalente a *muito*; e esta é repetida duas, ou três vezes, para exprimir um grande numero.[70]

---

69 Joaquim Norberto de Souza e Silva. *Investigações sobre os recenseamentos da população geral do Império e de cada província de per si tentados desde os tempos coloniais até hoje.* São Paulo: Instituto de Pesquisas Econômicas, 1986, p. 5-18. Uma análise sobre os índios em face à população nacional está em Marco Morel. "Apontamento sobre a questão indígena e o mosaico da população brasileira em 1808." In: *Revista do Instituto Histórico e Geográfico Brasileiro.* vol. 169. Rio de Janeiro: 2008, p. 381-402.

70 Joaquim Norberto de Souza e Silva. *Investigações sobre os recenseamentos*, p. 8.

Quadro 1
População do Império do Brasil

Ano	Fonte	População total	Livres	Escravos	Indígenas
1776	Abade Corrêa da Serra	1.900.000			
1808	D. Rodrigo S. Coutinho	4.000.000			
1810	Alexandre de Humboldt	4.000.000			
1817	Henry Hill	3.300.000	80.000 negros 800.000 mestiços 820.000 brancos	1.000.000 negros e mulatos	500.000 bravios 100.000 domesticados
1819	Cons. Velloso Oliveira	4.396.132	2.488.743	1.107.389	800.000
1825	Casado Giraldes	5.000.000	1.250.000 brancos		1.600.000
1827	Rugendas	3.758.000	843.000 brancos 628.000 de cor	1.937.000	300.000
1829	Adriano Balbi	2.617.000			
1830	Malte-Brun	5.340.000	1.347.000 brancos 1.748.000 mestiços	2.017.000	228.000
1834	Senador José Saturnino	3.800.000			
1850	Senad. Cândido Batista	8.000.000			
1856	Barão do Bom Retiro	7.677.000			
1867	O Império na Exposição	11.780.000	9.880.000	1.400.000	500.000
1868	Cândido Mendes	11.030.000			
1869	Senador Pompeu Brasil	10.415.000	3.288.743	1.107.389	215.000

Fonte: adaptado de Joaquim Norberto de Souza e Silva. *Investigações sobre os recenseamentos da população geral do Império e de cada província de per si tentados desde os tempos coloniais até hoje*. São Paulo: Instituto de Pesquisas Econômicas, 1986 [1870], p. 161-167.

Nas palavras desse senador fica patente a diversidade de valores e interesses entre os índios e os nacionais. Isso fica explicitado por Saturnino na referência à atribuída inferioridade intelectual dos índios, o que por sua vez, compactuava com a visão corrente que ressaltava a selvageria daqueles em relação à "civilização superior" dos ocidentais. Mais do que perceber esse discurso, é importante perceber a extrema dificuldade dos nacionais em controlar aquela população, sendo seu Estado incapaz até mesmo de dimensioná-la.

Voltando agora ao âmbito do parlamento brasileiro, a discussão sobre o estabelecimento de uma companhia de comércio e navegação no Maranhão é extremamente adequada para ajudar a compreender esse quadro de indefinições. O projeto (citado nas primeiras linhas desse capítulo) foi apresentado em junho de 1826 por um cidadão do Império, Joaquim José de Siqueira, pedindo que "se lhe conced[esse] a faculdade de formar uma companhia agronômica de acionistas nacionais e estrangeiros sobre as margens do rio Mearim, Grajaú e Pindaré, na província do Maranhão". No mês seguinte, o projeto começou a ser discutido e motivou calorosas discussões no interior da Câmara dos Deputados.[71] O problema dos indígenas foi um dos temas mais debatidos em se tratando do estabelecimento da companhia, pois

> Se estas terras estivessem tão somente incultas, e não estivessem occupadas por muitas povoações de indígenas, parece que poderia ter lugar, o que pretendem estes emprezarios: porem todo esse territorio está povoado por muitas famílias de índios, e em grande número; e sem se tratar primeiro do destino, e emprego, que se deve dar a esta numerosa população, assento que nada se deve resolver sobre as terras, de que direito e de facto fazem a sua propriedade.[72]

---

71 O parecer sobre o projeto de J. J. Siqueira foi lido pela Comissão de Comércio, Agricultura, Indústria e Artes na sessão de 26 de junho de 1826, sendo sua discussão adiada. *APB*. Câmara dos Srs. Deputados. 1826, Tomo 2°. Rio de Janeiro: Typographia do Imperial Instituto Artístico, 1874, p. 283/5. No mês seguinte, o projeto é discutido, enfim, nas sessões de 15, 18 e 19 de julho, não sendo aprovado. *APB*. Câmara dos Srs. Deputados. 1826, T. 3°. Rio de Janeiro: Typographia do Imperial Instituto Artístico, 1874, p. 189-237.

72 Fala do deputado João Bráulio Muniz na sessão em 15 de julho de 1826. *APB*. Câmara dos Srs. Deputados. 1826, T. 3°. *Op. cit.*, p. 189-237.

Essa primeira fala do deputado maranhense João Bráulio Muniz só serviu para iniciar o debate, que trouxe posições bastante antagônicas. O deputado por Goiás, Raimundo José da Cunha Mattos, por exemplo, afirmava categoricamente que nesta área do Maranhão havia 60 mil indígenas, número que levantou discordâncias perante seus colegas.[73] O deputado maranhense Francisco Gonçalves Martins chegou mesmo a afirmar que 50 ou 60 mil era um número absurdo para quantificar os indígenas daquela província: eram apenas algumas poucas aldeias, com 200 a 300 índios.[74] No entanto, Cunha Mattos fora taxativo sobre a necessidade de se fazer um projeto de civilização destes índios, pois através desse meio poder-se-ia trazer para a sociedade brasileira 60 mil cidadãos. Essa discussão teve apoio dos dois lados, fosse pela defesa dos direitos dos indígenas permanecerem em suas terras, fosse pelo direito dos brasileiros os expulsarem. Assim, também se pregava a vinda de colonos para abrir a sociedade brasileira à "raça boa", clamando, portanto, por uma lei de colonização no Brasil.[75]

Quando o projeto dessa companhia para o Maranhão foi proposto, dentre as suas intenções, colocou-se a distribuição de terras para colonos, a utilização de trabalhadores livres e escravos, além da civilização dos indígenas. Como seria de se supor, propósitos ousados demais para os limites de uma simples companhia agrícola e de comércio, já que misturava diversos sistemas de trabalho, sobre os quais não havia ainda consenso dentro do Império. No entanto, já de início a Comissão de Comércio, que fez o parecer sobre o projeto, vetou a introdução de braços escravos nos estabelecimentos propostos pela companhia. Portanto, restavam aos deputados definir a melhor forma a se utilizar nesse empreendimento colonos ou indígenas.

Exaltando-se em seus propósitos de defender a causa imigrantista, preferindo os europeus a "homens acostumados à vida vagabunda, e a achar nas pontas de suas flechas o sustento preciso", o deputado do Espírito Santo, José Bernardino Batista Ferreira, provocou seus oponentes com ironia (do mesmo tipo usada por Varnhagen, 30 anos depois):

---

73 Fala do deputado Raimundo José da Cunha Mattos em sessão de 15 de julho de 1826. *Idem*, p. 189-237.

74 Fala do deputado Francisco Gonçalves Martins em sessão de 19 de julho de 1826. *Idem*, p. 229-37.

75 Fala do deputado José Lino Coutinho em sessão de 15 de julho 1826. *Idem*, p. 189-96.

Disse um honrado deputado que nenhum direito nos assiste para introduzirmos colonos nas terras de legítimos senhores, quais índios: ah! Sr. Presidente, se este princípio vinga, tratemos desde já de nos mudarmos, descendentes de usurpadores, também o somos e hoje mais soberbos de filantropia, não devemos continuar a possuir no seio da liberdade, a despeito do direito de propriedade, o que foi adquirido em tempos de despotismo.[76]

Enfim, com esse debate todo, chegou-se à conclusão que o problema não estava circunscrito ao Maranhão e ao caso específico dessa companhia proposta. Havia uma questão geral no Império sobre o trato das populações indígenas e a alternativa da colonização que ainda não havia sido resolvida. Por isso, os deputados acabaram encaminhando que o assunto voltasse à Comissão de Comércio, para se unir à Comissão de Colonização, Catequese e Civilização dos Índios, apresentando com urgência um projeto geral que valesse para todo o Império, especialmente para o Maranhão, Goiás, Mato Grosso, Pará e Rio Negro. Não por acaso, foram apontadas justamente as províncias cuja maior parte de seus territórios estava fora do controle nacional, ocupadas por numerosas populações indígenas. Essa foi a proposta do deputado paulista Nicolau Vergueiro, que foi aprovada pelo plenário e cujos resultados jamais voltaram a ser discutidos naqueles termos.[77]

Aqui se pode perceber como um projeto podia inviabilizar-se em função da não resolução de outro correlato a ele. Ou seja, para ocupar e desenvolver uma região ainda não alicerçada para o Império, não bastava que houvesse uma companhia disposta a explorá-la e torná-la rentável. Havia problemas anteriores, relativos ao tipo de atividade produtiva, à forma de ocupação territorial e à mão-de-obra ali empregada que deveriam ter, de antemão, diretrizes nacionais. Também a forma de relaciomento dos indígenas pelo Estado e seus agentes deveria ser anteriormente estabelecida.

A indefinição desses projetos amplos e gerais punha obstáculos em termos legislativos, o que não significa que se impedissem soluções localizadas, na periferia do Império, longe do crivo dos dirigentes centrais. Isso porque não era

---

76 Fala do deputado José Bernardino Batista Ferreira em sessão 18 de julho de 1826. *Idem*, p. 222-27.

77 Fala do deputado Nicolau Vergueiro em 19 de julho de 1826. *Idem*, p. 229-37.

qualquer solução que, passando pela alçada parlamentar, seria aprovada. Assim, mesmo o projeto de colonização, proposto no Senado em 1827, depois de ter sido protelado por alguns anos, entrou na pauta de discussão somente três anos depois. Por fim, acabou igualmente engavetado, com a justificativa de que faltava antes definir a questão das sesmarias.[78] Também sobre a apropriação das terras, muitas indefinições. Interesses conflitantes envolvendo o direito à propriedade territorial, opondo sesmeiros (que tinham suas terras por carta de doação do rei, ainda do período colonial) a posseiros (que não tinham carta de sesmaria, mas efetivamente ocupavam e cultivavam a terra) não puderam ser resolvidos de maneira imediata.[79] Em 1827, por exemplo, foi apresentado um projeto sobre cobranças de impostos das sesmarias, que não passou nem mesmo para segunda discussão.[80] Essa indefinição pode ser explicada não só por uma discordância tática ou ideológica entre os parlamentares, mas principalmente pelas disputas econômicas que faziam parte da apropriação territorial.

Com relação às terras indígenas, elas também só seriam contempladas pelo corpo legislativo a partir da década de 1840, com o Regulamento das Missões e a Lei de Terras, que serão vistos no capítulo 3. Algumas resoluções pontuais no âmbito da Câmara e do Senado deliberaram sobre terrenos e aldeias de índios, algumas vezes atendendo representações das províncias, outras não. Por exemplo, em 1830, o Conselho Geral de Minas Gerais solicitou que se incorporasse ao patrimônio da vila de Piracatu um terreno despovoado que fora doado aos índios nos tempos do Diretório.[81] Os senadores não entraram em acordo sobre o real estado daque-

---

78 No Senado, discussão do Projeto Lei de 1827 sobre a Colonização de estrangeiros: sessões de 6, 7 e 9 de julho e 5 de agosto. Em 7 de agosto o projeto foi impugnado, em aprovação da proposta do senador paulista Marquês de São João da Palma para o adiamento do mesmo e para a discussão de uma lei sobre sesmarias. *ASIB*. 1830, T. 1º e 2º. Rio de Janeiro, 1914.

79 Lígia Osório Silva. *Terras devolutas e latifúndio*, p. 79-94.

80 Sessões em 14 e 30 de julho de 1827. *APB*. Câmara dos Srs. Deputados. 1827, T. 3º. Rio de Janeiro: Typographia de Hypolito José Pinto, 1875, p. 162-167; 311.

81 O Parecer da Comissão de Fazenda sobre o pedido do Conselho Provincial de Minas Gerais foi lido em sessão de 29 de maio e a discussão deu-se em 28 de junho, sendo a mesma adiada. *ASIB*. 1830, T. 1º. Rio de Janeiro, 1914.

las terras ditas despovoadas e deliberaram por pedir maiores informações para o Conselho mineiro antes de autorizarem qualquer medida.[82] Pelo que tem sido relatado até aqui, fica a impressão que a maior parte das deliberações sobre indígenas, terras, colonos e escravos apareciam em projetos e resoluções, entravam em discussão, mas não se resolvia absolutamente nada, pela falta de consenso ou de maiores informações sobre o tema. No entanto, nem todas as propostas sobre essas questões foram assim encaminhadas. Num extremo, tinham-se os projetos que, mesmo trazidos por algum parlamentar, ficavam à mesa e nunca mais se faziam referências a eles. Tal foi o caso das propostas do deputado baiano Antonio Ferreira França no decorrer das décadas de 1820 e 1830 sobre o fim da escravidão, ainda que num longo prazo.[83] Também sobre os índios apareceu um projeto em 1830 que não foi sequer discutido. A curiosidade desta proposta é que ela versava sobre um aspecto importante, o Diretório dos Índios, abordando também o recrutamento dessa população, sob controle dos presidentes das províncias. O autor deste projeto, o deputado da Paraíba, Joaquim Manoel Carneiro da Cunha, juntou duas questões complexas em poucas linhas, sem mais explicações. Inclusive o desprezo pelo texto apresentado pode ter se dado não pelo tema propriamente dito, mas pela má formulação das propostas, feitas de maneira sintética e desconexa.[84]

Com referência ao Diretório cabe um adendo sobre as proposições da historiadora Patrícia Melo Sampaio, ao afirmar que as deliberações do Diretório conti-

---

82 Sessão em 28 de Junho de 1830. *Idem*, p. 320-326.

83 Alguns projetos apresentados na Câmara dos Deputados por Antonio Ferreira França relativos aos escravos: 9 de julho de 1827; 18 de maio de 1830; 24 de julho de 1830; 13 de maio de 1839, dentre outros que escaparam à minha análise e mesmo alguns de outros deputados.

84 "Foi julgado objeto de deliberação e mandado imprimir o seguinte projeto de lei: 'A assembléa geral legislativa decreta: Art. 1º Fica derrogado o diretório dos índios em todas as províncias do império. Art. 2º Os índios que antes faziam uma milícia particular servirão em todos os corpos e serão recrutados como os outros cidadãos brasileiros. Art. 3º Os presidentes das províncias mandarão anualmente de cada uma das vilas 4 índios de idade de 8 anos, 2 para aprenderem as artes nos trens onde os houverem, e 2 para serem instruídos nos seminários, e todos á custa do estado. Art. 4º Os presidentes, na abertura dos conselhos gerais, darão no seu relatório conta da execução da presente lei. Paço da câmara, 10 de Julho de 1830. *Carneiro da Cunha*." APB. Câmara dos Srs. Deputados. 1830, T. 2º. Rio de Janeiro: Typographia de H. J. Pinto, 1878, p. 94.

nuaram a vigorar em algumas partes do território nacional durante o século XIX, como a menção acima o indica.[85] No entanto, não tenho elementos para avançar nesta discussão a respeito do alcance e da vigência das políticas pombalinas para além dos limites consagrados pela historiografia, ou seja, 1757-1798. Os debates e projetos encontrados não se referem à continuidade do Diretório nas primeiras décadas do oitocentos, salvo as exceções mencionadas acima. Também na realidade paulista, parece que esta proposta indigenista de Pombal não teve muito êxito ainda no século XVIII, conforme veremos na segunda parte do livro.

Voltando à questão das demandas das províncias requerendo deliberações sobre os índios, algumas delas não só foram amplamente debatidas, como, finalmente, aprovadas. Assim, em 1831 foi discutido um parecer da Comissão de Fazenda para a remoção de um porto no Arraial de Santa Ajuda, na província de Goiás, para outra localidade. Na discussão deste pedido provincial foram elencados aspectos como a localização estratégica para atrair os índios errantes; o pagamento de missionários para as aldeias que compunham o Arraial; cuidados para que os inspetores dos indígenas não os escravizassem etc. Embora abor-

---

85 "(...) Uma das mais significativas – e, surpreendentemente, não mencionada pela historiografia especializada – é a decisão, tomada pelo Imperador e seu Conselho de Procuradores durante a sessão n.º 16 em 23 de setembro de 1822, e, posteriormente, transformada em decreto imperial: 'Que se mandasse extinguir a Diretoria dos índios e se lhes avivasse a execução das Leis de 4 de abril de 1755 e 6 de junho do dito ano que instaura a de 1º de abril de 1680, e 10 de novembro de 1647'. Salvo melhor juízo, tal decisão pode significar que o Diretório dos Índios só foi extinto no Brasil em 1822 após ter vigorado por mais de duas décadas além do que se verificou no Grão-Pará. Olhando mais atentamente, existem outras leis que indicam a manutenção e/ou reformulação do Diretório em vários pontos do país e tal movimento não parece ser 'oficioso', como já se sugeriu. Ao contrário. Se a decisão do Conselho de Procuradores possuía alguma eficácia, as outras medidas legais, levadas a cabo até aquele momento e que propugnavam a manutenção de mecanismos administrativos do Diretório, podem ser consideradas ajustadas ao corpo legal do Brasil. De toda sorte, não se pode ignorar é que os administradores tinham conhecimento da extinção do Diretório em 1798." Patrícia Melo Sampaio. "Política indigenista no Brasil imperial". In: Keila Grinberg; Ricardo Salles (orgs.). O Brasil imperial (1808-1889). Rio de Janeiro: Editora Civilização Brasileira, 2010. Agradeço à autora por permitir a citação deste artigo, quando inédito.

dando todos esses aspectos, a discussão foi curta e o projeto aceito, tendo sido encaminhado à Câmara dos Deputados.[86] A solução das demandas relativas aos índios deu-se também com algo fundamental para seus interesses: as guerras justas. Assim, partindo de um anseio dos dirigentes provinciais de São Paulo, os senadores encaminharam em 1830 um pedido feito por aquela província de que as guerras justas convocadas por D. João em 5 de novembro de 1808 contra os "bugres" da região fossem revogadas.[87]

Aqui há que se ressaltar o papel da Comissão de Catequese do Senado, que anuindo ao pedido feito pelos paulistas, elaborou então um projeto para tornar efetiva a revogação das guerras justas. Não se pode ignorar que dois dos quatro membros dessa Comissão naquele período eram justamente eleitos por São Paulo. Eram eles o Marquês de São João da Palma (D. Francisco de Assis Mascarenhas) e o Visconde de Congonhas do Campo (Lucas Antonio Monteiro de Barros, que fora presidente dessa província entre 1824 e 1827). Provavelmente isso explica a presteza com que o Senado se incumbiu de revogar tal determinação colonial, pois estes senadores empenhados na causa indígena no centro do Império eram os mesmos que haviam se posicionado sobre ela na província paulista.

Dessa forma, correspondendo ao empenho da Comissão, o Senado também se engajou na aprovação do projeto no decorrer de 1831, ainda que não tenha havido, como seria inevitável, consenso em torno do tema. Por trazer no centro da arena política os conflitos vivenciados nos recônditos do Império, as discussões

---

86 Sessão em 5 de julho de 1831. *ASIB*. 1831, T. 2°. Rio de Janeiro, 1914, p. 123-128.

87 A Comissão de Catequese deu um parecer sobre Representação do Conselho Geral da província de São Paulo relatando que os índios denominados bugres daquela província, segundo autorização da Carta Régia de 5/11/1808, estavam sendo não só perseguidos, como escravizados perpetuamente e vendidos em leilão. O Conselho Geral pedia, além da revogação da mesma Carta, a proteção dos indígenas como órfãos. A Comissão, deliberando sobre o assunto, propôs então um projeto, que foi lido e solicitado para entrar na ordem dos trabalhos. Sessão em 3 de novembro de 1830 [Este é o texto compilado por Manuela Carneiro da Cunha como "03/11/1830: Resolução do Senado. Abolição da Escravidão dos Índios Selvagens Prisioneiros de Guerra". In: *LI* ,p. 134-135]. Essa resolução (ou projeto), na verdade, não saiu do âmbito interno do Senado, tendo sido em 11 de novembro do mesmo ano posta à 1ª discussão, sendo aprovada para ir à 2ª, processo ocorrido no ano seguinte. *ASIB*. 1830, T. 3°. Rio de Janeiro, 1914.

travadas entre maio e julho daquele ano são bastante esclarecedoras sobre as formas como os homens do período relacionavam-se com os índios.[88]

Um dos primeiros pontos levantados foi que escravizar os naturais do país era situação absurda dentro do Império. Como se explicar perante as outras nações que, até aquele tempo, a perseguição dos ameríndios fosse autorizada por lei? Esses eram os receios do senador Almeida e Albuquerque, ao defender que essa tarefa vexatória não deveria ficar nas mãos do Legislativo. Esse político não negava a necessidade de se acabar com as guerras justas, mas se alguém tivesse que fazê-lo, fosse então o Executivo que, além do mais, deveria punir os presidentes e magistrados coniventes com tal prática.[89]

Chega a ser irônica essa condenação feita pelo senador, culpando outros níveis de poder – o Executivo (através dos presidentes de províncias) e o Judiciário (através dos magistrados) – pela existência e execução das guerras aos indígenas. Ora, a ocupação dos cargos de poder pelos cidadãos ativos passava por várias hierarquias. Assim, normalmente um homem para se tornar senador havia percorrido outras esferas administrativas do Império: membro do Conselho de Província, presidente do mesmo órgão, deputado geral etc.[90] Essa acusação feita a esmo era provocadora. No mínimo esse senador estava indiretamente acusando seus pares ali presentes, que podiam ter ocupado algum desses cargos, de incentivarem a matança indígena. Essa afirmação era um tanto quanto descabida na medida em que era ao Legislativo que cumpria fazer ou vetar leis, não cabendo imputar essa atribuição ao Executivo.

---

88 A 2ª discussão sobre o pedido de revogação da Carta Régia de 5/11/1808 estendeu-se no ano de 1831 pelas sessões de 13, 20 e 25 de maio, tendo sido deliberado, nesta última sessão, que a Comissão apresentasse um projeto mais geral da revogação das guerras justas. Logo na sessão seguinte, 26 de maio, o projeto foi apresentado e em 30 de maio, iniciou-se sua 2ª discussão. Nas sessões de 20 e 21 de junho finalizou-se a discussão do mesmo, sendo aprovado. Voltou à última discussão, com emendas ao 1º e 2º artigos e foi à Comissão de Redação. Em 27 de outubro, a Câmara dos Deputados comunicou que recebera o projeto e o enviara à sanção imperial. Em 5 de maio de 1832, finalmente, o ministro da Guerra avisou que sancionara o referido projeto. *ASIB.* 1831, 1º e 2º T. Rio de Janeiro, 1914.

89 Fala do senador Almeida e Albuquerque em sessão em 13 de maio de 1831. *ASIB.* 1831, T. 1º. *Op. cit.*, p. 106-107.

90 José Murilo de Carvalho. *A construção da ordem*/Teatro das sombras. Rio de Janeiro: Civilização Brasileira, 2003, *op. cit.* Mattos. *O Tempo Saquarema, op. cit., p. 179/86.*"

Foi isso que o fez ver o Marquês de Inhambupe, senador por Pernambuco, ao retrucar que o problema se relacionava com o fato de "existir uma Lei, que e[ra] preciso revogar, para deixar de ter o seu efeito, e a qual os Presidentes das Províncias não tinham direito de obstar, ainda quando a considerassem muito injusta"[91] Inhambupe, por sua vez, julgava que as guerras não podiam ser feitas aleatoriamente e que a catequese progredia junto a grupos domesticados. Assim, ele votava pela revogação da Carta Régia, mas não aceitava que se ficasse de braços cruzados, sofrendo agressões dos índios: o correto seria o revide dos ataques.

A partir dessas ideias iniciais, os debates foram se desenvolvendo. Colocações sobre a inferioridade ou não dos indígenas, a legitimidade ou não de se responder na mesma moeda, às guerras feitas por eles etc., mostrava a perspectiva de incorporação ou aniquilamento. Tal dualidade, por sua vez, sempre acompanhou a relação entre os ameríndios e os conquistadores europeus e seus descendentes, desde que o contato entre esses dois mundos havia se iniciado no século XVI.

Mais uma vez Almeida e Albuquerque, utilizando-se de argumentos polêmicos, apresentou uma ideia que chama bastante a atenção na análise dessa discussão. Remontando à composição social referendada pela Constituição de 1824, este senador sonhava com um projeto de cidadania utópico para aqueles tempos. Insistindo na necessidade do Executivo derrubar a lei e não o Legislativo, bradou:

> Não se argumente que a Carta Régia tem força de Lei; porque ela caiu por si mesma, e tudo quanto há a fazer é ato do Governo. Dizer-se, que faz muita honra a revogação; eis no que eu não posso convir; quando nada mostrasse, que o Governo tem conservado debaixo do jugo do cativeiro, apesar de instalada a Assembleia Geral, e da Constituição jurada em 1824, até homens naturais do país, e que nasceram livres. Isso é odioso; é sim odioso, torno a dizer, que tenham estado sujeitos à escravidão homens que algum dia poderão a vir senadores conosco.[92]

---

91 Fala do senador Marquês do Inhambupe em sessão de 13 de maio de 1831. *ASIB*. 1831, T. 1º. *Op. cit.*, p. 106-107.

92 Fala do senador Almeida e Albuquerque em sessão de 13 de maio de 1831. *Idem*, p. 108-114.

Como visto anteriormente, os indígenas não fizeram parte do pacto político constitucional, dessa forma não compunham a nação. No entanto, a escravidão não estava prevista na Constituição, ainda menos a dos indígenas do país. Assim, para Almeida e Albuquerque era absurdo escravizar aqueles que potencialmente poderiam vir a compor a sociedade política, alcançando, inclusive, um dos mais altos cargos de poder, o de senador. No entanto, dentro das barreiras sociais e econômicas, os índios, enquanto tais, jamais poderiam ser cidadãos. Só o poderiam depois que estivessem civilizados, vivendo na sociedade civil, o que indicaria que não mais fossem indígenas. Mesmo assim, esse era um projeto demorado, que estava dentro da perspectiva de miscigenação entre brancos e índios, já proposta por Bonifácio em 1821 e até mesmo por Pombal em 1755. Dentro, portanto, dos parâmetros do período, era realmente uma utopia os indígenas se tornarem senadores.

Mais duas questões que não podem deixar de ser citadas apareceram no encaminhamento do projeto de revogação da Carta Régia. Uma delas era sobre por que não revogá-la também para Minas Gerais, onde vigoravam práticas idênticas. A outra era sobre a forma de lidar com os índios a partir de então, sem o parâmetro das ordens de D. João VI. Sobre o primeiro ponto, alguns senadores mineiros defenderam a especificidade de sua província que, devido às sete Divisões Militares do Rio Doce, comandadas por Thomaz Guido Marlière, a convivência com os índios transcorria sem problemas. Essas Divisões serviam para afastar os indígenas em suas "correrias" feitas contra os colonos instalados naquela região. Segundo o senador Visconde de Caeté, o contato com estes povos era feito de maneira afável com trocas de presentes e bons modos.[93] Embora esse levantamento da peculiaridade mineira no trato com os índios tenha causado irritação entre os senadores, há algum fundamento na argumentação. Não no sentido de que as guerras justas não eram feitas naquele território, mas porque havia desde a década de 1810 a busca de estratégias provinciais de resolver a questão indígena, o que foi simbolizado pela figura do comandante Marlière. Certamente que este não era um argumento válido para justificar a manutenção das guerras justas nesta província, enquanto na província vizinha considerava-se por bem aboli-las.

93 Fala do senador Visconde de Caeté em 13 de maio de 1831. *Idem*, p. 108-114.

Essa foi a visão que predominou e a Comissão de Catequese apresentou, então, um novo projeto de lei, desta vez estendendo a revogação, além de São Paulo, também para Minas Gerais. Neste projeto, o outro aspecto levantado acima foi também levado em conta e refere-se à forma como se lidaria com os índios a partir de então. Para isso, o papel dos juízes locais foi acionado. A partir do momento que vigorasse essa lei, os indígenas seriam considerados órfãos, socorridos pelo cofre do Tesouro, sob os cuidados do juiz de órfãos e vigiados pelo juiz de paz para não terem sua liberdade tolhida.[94]

Na redação final do texto da lei de 1831, duas pequenas alterações, porém significativas. Conforme emenda proposta pelo senador mineiro Nicolau Vergueiro: que se deveria acabar somente com as guerras justas, e não com as Cartas Régias como um todo, que eram benéficas, pois previam proteção aos indígenas que se mostrassem amigáveis.[95] Assim foi feito, essa emenda entrou tanto referindo-se à Carta Régia de 5/11/1808 para São Paulo, como às Cartas de 13/05 e 02/12/1808 para Minas Gerais.

A Assembleia Legistativa Decreta: Artigo 1º. Fica revogada a Carta Régia de 5 de Novembro de 1808, na parte em que mandou declarar a Guerra aos Indios Bugres da Provincia de São Paulo, e determinou que os Prisioneiros fossem obrigados a servir por quinze annos aos Milicianos, ou Moradores, que os apprehendessem. Artigo 2º. Ficão tambem regovadas as Cartas Régias de 13 de Maio, e de 2 de Dezembro de 1808, na parte em que authorisão na Provincia de Minas Geraes a mesma Guerra, e servidão aos Indios Prisioneiros. Artigo 3º. Os Indios tidos até aqui em servidão serão d'ella desonerados. Artigo 4º. Serão considerados como Orfãos e entregues aos respectivos Juizes, para lhes aplicarem as providencias da Ordenação Livro 1º Titulo 88. Artigo 5º. Serão socorridos pelo Thesouro do preciso, até

---

94 O novo projeto da Comissão de Catequese para revogação das Cartas Régias foi lido em sessão de 26 de maio de 1831, passou à 1ª discussão em 7 de junho. Em 20 e 21 de junho ocorreu a 2ª discussão, sendo aprovado. *ASIB*. 1831, T. 1º. *Op. cit.*

95 Nicolau Pereira de Campos Vergueiro, mais conhecido como um proeminente fazendeiro paulista, foi inicialmente eleito deputado constituinte por São Paulo em 1823, depois deputado geral pela mesma província em 1826 e, finalmente, a partir de 1828 foi eleito senador por Minas Gerais. Fala do senador Nicolau Vergueiro em 20 de junho de 1831. *Idem*, p. 404-408.

que os Juizes de Orfãos os depositem, onde tenham sallarios, ou aprendão officios fabris. Artigo 6°. Os Juizes de Paz nos seus Districtos vigiarão e socorrerão os abusos contra a liberdade dos Indios. Paço do Senado em 27 de Julho de 1831. Bispo Capellão Mór prezidente Visconde de Caethé 1° secretário (último nome ilegível).[96]

Curiosamente este texto final da lei, conforme transcrito aqui, permanece inédito. Não consta na Coleção de Leis do Império de 1832, ano em que esta resolução da Assembleia Geral teria subido à sanção imperial. A versão publicada na *Legislação indigenista do século* XIX compilada por Manuela Carneiro da Cunha é apenas o texto do primeiro projeto, apresentado pela Comissão de Catequese no ano de 1830, conforme dito algumas páginas atrás. Depois das discussões e suas emendas, realizadas em 1831, a versão final desta resolução apenas consta num papel manuscrito, encontrado presentemente no Centro de Documentação e Informação da Câmara dos Deputados, em Brasília.

Além do desprestígio vivido por esta lei, é interessante perceber o quão econômico foram os parlamentares imperiais neste momento para a resolução do problema indígena. Apenas procuraram evitar a continuidade das guerras contra os índios, mas não trabalharam para um projeto mais amplo, de incorporação dos mesmos. Há que se ressaltar ainda que o fato da Comissão de Catequese ter elaborado um outro texto de lei, englobando também Minas Gerais, deveu-se a uma indicação feita pelo senador alagoano Marquês de Barbacena, que pedia um projeto de abrangência geral, resolvendo também sobre a forma de sustento desta populações.[97] A Comissão, com seu projeto em seis artigos, considerou liquidada a questão, assim como o parlamento como um todo também o entendeu.

Por fim, sobre o ano de 1831 é curioso notar que foi o ano em que muitas resoluções importantes foram tomadas, coincidindo mesmo com o cenário da abdicação de D. Pedro I em 7 de abril, o que marca o início da Regência. Nesse mesmo ano além do fim das guerras justas aos índios, o fim do tráfico de africanos foi decre-

---

96 CEDI (Centro de Documentação e Informação da Câmara dos Deputados em Brasília). Manuscrito 1831. Lata 56, maço 3, pasta 1 (Dois projetos sobre índios).

97 Fala do senador Marquês de Barbacena na sessão de 25 de junho de 1831. *Idem*, p. 204-210.

tado pelo Brasil, em ajuste com os tratados firmados com a Inglaterra, através da lei de 7 de novembro de 1831, proibindo a importação de africanos em território brasileiro. Ainda que esses ares progressistas tenham de fato estado no espírito das leis imperiais neste ano, isso não indica que os problemas indígena e escravista tenham sido resolvidos apenas na letra da lei. Longe disso. Com relação aos índios, a proibição de sua escravização foi um avanço, mas a falta de diretrizes do Império sobre a forma de relacionamento dos nacionais com os eles e seu alheamento do corpo político e social ainda se mantiveram.

Na sequência desse trajeto, o período regencial trouxe alguns desdobramentos com relação à questão. Nessa fase da história política do Estado brasileiro pôde ser percebida a total falta de diretriz por parte do Império sobre os índios. De fato, a partir do Ato Adicional à Constituição, elaborado em 1834 sob os intentos de descentralização administrativa de parte expressiva dos parlamentares do período,[98] a temática indígena, que desde o primeiro momento vinha pedindo uma resolução geral por parte do Império, passou efetivamente à esfera provincial durante a Regência.

Ainda que os Conselhos de Província (estância de governo que geria os assuntos administrativos em cada província, em funcionamento de 1823 a 1834) já deliberassem sobre a catequese dos índios, conforme o caso de São Paulo,[99] as Assembleias Legislativas Provinciais instaladas a partir de 1835, teriam, com maior ênfase, um item específico prestando contas sobre o andamento da questão, inclusive com orçamento próprio para catequese e civilização dos índios. No âmbito da província de São Paulo, a forma como o poder provincial, com novas atribuições, resolveu os impasses existentes em território paulista com essa população, será vista nos capítulos 5 e 6.

No âmbito do centro do Império, durante a Regência, assistiram-se algumas deliberações pontuais, que atendiam a pedidos e demandas de algumas províncias e a ausência de uma política nacional indigenista não aparecia com um problema, como se viu com frequência no 1º Reinado. Esse é um fator que diferencia o

---

[9]8 Miriam Dolhnikoff. *Caminhos da conciliação*. O poder provincial em São Paulo (1835-1850). Dissertação de Mestrado em História Econômica. São Paulo: FFLCH/Universidade de São Paulo, 1993.

[9]9 *Documentos interessantes para a história e costumes de São Paulo*. Vol. 86. São Paulo: Secretaria da Educação/Arquivo do Estado, 1961, p. 7-8.

período regencial também em relação ao 2º Reinado. Neste último período, novamente o clamor por uma política indigenista geral se faria sentir, o que, devido a novas conjunturas, efetivamente culminaria com a esperada lei.

A rapidez em deliberar sobre pedidos provinciais (positiva ou negativamente), a ausência de projetos sobre os índios partindo do parlamento ou dos ministérios demonstra esse movimento. Assim ocorreu em 1832 sobre a criação de uma escola para meninos e meninas indígenas em Minas Gerais.[100] O projeto, oriundo da província mineira, foi rapidamente aprovado, sem emendas nem desacordo sobre a necessidade de se estender ou não a medida para outras províncias.

O procedimento de aceitar ou vetar demandas provinciais pelos senadores e deputados gerais foi mais rápido, sem delongas, o que indica um descompromisso por parte do Império, naquele período, de tratar a questão com pormenores e maior profundidade. Tal ocorreu, por exemplo, ente os anos de 1832 e 1833. Iniciando seu trajeto na Câmara da Vila de Valença, chegou ao Senado uma representação sobre uma sesmaria concedida a particular e depois anulada, para ser usada como aldeamento de índios.[101] Não se sabe que posição o Senado encaminhou sobre este problema específico e o fato é que a Câmara dos Deputados o vetou no ano seguinte.[102]

Também outro projeto, que transitou nas duas casas legislativas, não obteve êxito. Com relação à instalação de uma companhia de colonização na província mineira, ligeira discussão houve no Senado,[103] a partir de proposta feita pelos deputados, atendendo, por sua vez, ao Conselho Geral da Província de Minas Gerais.[104] Embora numa discussão bem mais reduzida, os termos do debate e o seu parecer não diferiram de outros sobre o mesmo tema: não daria para deliberar sobre a colonização, doando terras a estrangeiros, sem resolver a questão da doação de sesmarias, que estava vetada inclusive para nacionais. Também era complicado resolver o assunto sobre Minas e deixarem desassistidas as demai

---

100 Sessões de 6 e 19 de junho de 1832. *ASIB*. 1832, T. 1º. Rio de Janeiro, 1914, p. 205-210; 365.

101 Sessões de 30 de agosto, 04 e 12 de outubro. *ASIB*. 1832, T. 3º. Rio de Janeiro, 1914, p. 117/118; 175; 187.

102 Sessão de 15 de abril de 1833. *APB*. Camara dos Srs. Deputados. 1833, T. 1º. Rio de Janeiro: Typographi de Viúva Pinto & Filho, 1887, p. 31.

103 Sessões em 12 e 16 de julho de 1832. *ASIB*. 1832, T. 2º. Rio de Janeiro, 1914, p. 115; 154-157.

104 Sessão em 7 de julho de 1833. *APB*. Camara dos Srs. Deputados. 1833, T. 1º. *Op. cit.*

províncias. Aqui, o veto a este projeto pelo Senado não surpreende nem um pouco quem vem acompanhando o desenrolar dos debates.[105]

Já em 1833, uma proposta específica para o Mato Grosso foi posta em discussão nas duas casas parlamentares. Olhando mais de perto para esse projeto, vê-se que ele era extremamente restrito: tratava-se de isentar do pagamento de dízimo e demais tributos os cidadãos e indígenas fixados no aldeamento de Santo Augusto. Este aldeamento estava localizado entre o Pará e Mato Grosso, às margens do rio Arinos. O Senado realizou duas sintéticas discussões sobre esse projeto, que veio da Câmara, e remeteu-o à sanção imperial, sem emendas.[106]

Ainda no ano de 1833, mais duas propostas para serem discutidas no Senado acabaram nem entrando no curso dos debates, deliberando-se pelo seu adiamento. O primeiro sobre as antigas Conservatorias dos Índios, que haviam sido extintas, propondo-se que as Câmaras municipais passassem a responder por estes povos a partir de então.[107] No entanto, sem a definição do Código do Processo Civil, os esforços de resolução deste problema específico sobre os indígenas seriam inviáveis. Assim, a discussão encerrou-se, sendo necessário aguardar a aprovação de um novo Código. A falta de interesses ou possibilidades de se discutir esse tema demonstra que não havia uma definição precisa sobre a condição jurídica que era reservada ao indígena no Estado imperial.

No âmbito dessa temática, foram encontrados dois decretos surgidos neste mesmo ano, o que indica novamente a falta de clareza sobre a quem de fato cabia

---

105 Indicação aprovada: "Proponho que fique a discussão da Resolução do Conselho Geral da Provincia de Minas, sobre a colonização, e que a Commissão de Legislação seja encarregada de apresentar com urgencia um Projecto de lei sobre a divisão de terras devolutas, sendo reunido áquella Commissão o nobre Senador Sr. Vergueiro, que já apresentou na outra Camara um Projecto sobre o mesmo objecto." Sessão em 16 de julho de 1832. *ASIB*. 1832, T. 2°. *Op. cit.*, p. 157.

106 Sessão em 30 de abril, 11 e 22 de maio e 5 de junho de 1833. *APB*. Camara dos Srs. Deputados. 1833, T. 1°. *Op. cit.*, p. 71; 74-75; 128-129; 286.

107 Sessões em 12 de julho, 7 e 14 de agosto de 1833. *ASIB*. 1833, T. 2°. Rio de Janeiro, 1914, p. 173-174; 381. Sessão em 14 de agosto de 1833. *ASIB*. 1833, T. 3°. Rio de Janeiro: 1914, p. 26-27.

a administração dos bens e dos interesses dos índios.[108] Ora os juízes de paz eram os responsáveis, ora os juízes de órfãos. Não houve muito mais indicações sobre a condição jurídica do indígena no Império nesse momento, o que é de supor que de fato não existissem considerações sobre isso. Cabe, no entanto, ainda colocar que a incumbência dos juízes de órfãos para cuidar dos bens dos índios aponta para a condição de tutelados sob a qual eles viviam no Estado nacional. A tutela aos indígenas, conforme discute Manuela Carneiro da Cunha, era uma prática herdada do período colonial, que inicialmente se colocava para os índios aldeados, que estavam sob cuidados do missionário e, depois do Diretório, sob a atenção dos diretores. A Carta Régia de 1798 inverteu essa lógica dizendo que os indígenas então aldeados eram iguais em direito aos demais vassalos. A partir de então os índios "do mato", hostis, é que permaneceriam sob tutela, sendo dado a eles o privilégio de órfãos. Os particulares que os contratassem deveriam instruí-los, pagar seus vencimentos e batizá-los. Os juízes de órfãos zelariam para que tais incumbências fossem cumpridas, já que os índios eram considerados, segundo o princípio dessas decisões do Império, incapazes de administrar seus bens e seus interesses.[109]

Nesse sentido, atenta-se para o fato de que a condição de tutela aos índios, embora possa parecer sob a forma de proteção, na verdade configura-se muito mais como uma institucionalização dos danos causados a eles. A autorização da administração de seus bens e terras pelos juízes de órfãos, uma vez que eram tutelados, demonstra que o Império brasileiro os tratava como dentro de uma propalada inferioridade moral e intelectual, ao mesmo tempo em que avançava sobre suas posses, o que vale dizer, suas terras e seu trabalho.

O segundo objeto discutido no Senado em 1833 foi sobre a proposta do Conselho Geral da Província de Pernambuco, resolvendo pela extinção dos aldeamentos daquela província, tornando cidadãos os indígenas remanescentes dessas

---

108 Essa falta de diretriz pode ser visualizada nas econômicas palavras dispensadas pelo governo sobre como proceder com relação aos indígenas segundo seus direitos legais. "03/06/1833. Decreto Encarrega da administração dos bens dos Indios, aos Juizes de Orphãos dos municipios respectivos"; "21/03/1833. Decisão n.º 156, Justiça. Sobre os Indios, têm os Juizes de Paz a mesma jurisdição que a respeito dos outros cidadãos". In: *LI*, p. 156-157.

109 Cunha. "Prólogo". In: *LI*, p. 24-25.

povoações.¹¹⁰ Além disso, tal resolução previa a extinção dos cargos de Diretores e Capitães-Mores dos Indígenas e a doação, para usufruto, de terras para suas famílias. Esse projeto foi mandado à Comissão de Catequese, para que ela desse seu parecer a respeito de temas sobre os quais o Império não tinha definições (cidadania indígena, propriedade de terras pelos índios, extinção de aldeamentos etc.). Se a Comissão emitiu algum parecer, ele não chegou a ser apresentado, o que resultou no fracasso da proposta pernambucana.

Como se pôde perceber pelo movimento legislativo descrito acima, poucas propostas oriundas das vilas e das províncias mais diversas do Império foram aprovadas. Nesse processo de construção do Estado, de fato era difícil deliberar sobre projetos envolvendo os indígenas se não havia uma posição definida por parte deste Estado sobre eles. Exceção feita, como se viu, ocorreu com relação à revogação das guerras justas em 1831. Assim, o parlamento encampou o discurso de práticas afáveis para com eles e isso resultou na anulação das Cartas de D. João VI. No entanto, sem maiores diretrizes, o problema do trato dos índios permaneceu à deriva ao longo do 1º Reinado e da Regência.

Essa indefinição também pode ser observada na questão das forças armadas. Em sentidos opostos, durante a primeira metade do século XIX, tanto em relação às tropas terrestres, como em relação às tropas marinhas, os indígenas fizeram parte desta pauta.¹¹¹ Sobre as forças terrestres, as falas eram no sentido da manutenção de tropas essenciais ao controle e ao combate contra essas populações. Tal era o caso das Companhias de Pedestres e dos Caçadores de Montanhas (também denominados de Corpo de Ligeiros), cuja especialidade, segundo o senador maranhense Antonio Pedro da Costa Ferreira, era a seguinte:

---

10 Sessões em 13 de agosto e 5 de outubro de 1833. *ASIB*. 1833, T. 3º. Rio de Janeiro, 1914, p. 13; 370.

11 Nas discussões no Senado sobre a composição das forças armadas, houve menções às tropas de combate aos indígenas nas seguintes sessões: 12 de julho de 1832; 12 de agosto de 1839; 31 de julho e 3 de agosto de 1841 e em 23 de março de 1843. Sobre a utilização dos índios para comporem as forças de mar, tem-se sessões de 6 e 8 de julho de 1833; 18 de julho de 1836; 5 de agosto de 1840; 15 e 17 de fevereiro, 24 e 26 de julho de 1845. Agradeço a Tâmis Parron pela pista sobre a recorrência da questão indígena nas discussões sobre as forças de mar.

São os únicos corpos que desejo fixos, porque é assim que eles podem ter certos conhecimentos, adquirir certos hábitos indispensáveis para o desempenho das funções que lhes são incumbidas, e que consistem em proteger os lavradores das incursões dos índios. Estes homens, por sua natureza, são pusilânimes; três ou quatro soldados são suficientes para bater cincoenta, ou sessenta homens; e assim, quando se dão ataques, essa superioridade dos nossos soldados faz com que poucos possam entreter uma força maior, enquanto se vão chamar os vizinhos; e desta maneira é que são protegidos os lavradores.[112]

Aqui se evidencia um processo vigente em todo o período estudado, que era o da necessidade da manutenção de tropas para garantia da segurança dos nacionais e integridade de suas propriedades contra as ofensivas indígenas. Independente da questão de um projeto geral para os índios e da revogação das guerras justas contra eles, para solucionar os interesses conflitantes, que normalmente culminavam em enfrentamentos mortais, era necessário que o Império se armasse para proteger seus cidadãos. Nesse caso, a proteção aos indígenas não fazia sentido, mas sim a proteção aos nacionais, que eram ameaçados pelos primeiros. Por isso, toda vez que se cogitou dissolver os Caçadores de Montanha ou redirecionar a Companhia de Ligeiros para outros pontos de conflito (como a província de Rio Grande de São Pedro), os parlamentares, defendendo suas províncias, foram contrários a tal medida, demonstrando o quanto o poder local se mobilizava para atacar os índios.[113]

---

112 Fala do senador Antônio Pedro da Costa Ferreira em 3 de agosto de 1841. *ASIB*. 1841, Vol. 4. Brasília: Senado Federal/Subsecretaria de Anais, 1978, p. 22-23.

113 Fala do senador Marquês de Barbacena em sessão de 3 de agosto de 1841: "A propósito, me vem à lembrança algumas proposições enunciadas por um nobre senador, na antecedente sessão. Indico ele que fosse retirada uma parte desses caçadores dos destacamentos, em que se acham, e mandado para o sul, no que não posso concordar, porque, ou esses homens são necessários nos pontos em que se acham, como julgo que são para a defesa das povoações contra os índios, nas margens, ou não são necessários: se não são necessários, escusado é onerar a nação com essa despesa; e se são necessários, dali não se devem tirar." *Idem*, p. 12-14.

Ainda com relação às forças armadas, outra estratégia sempre recorrente com relação aos indígenas tinha um sentido contrário: em vez de combatê-los, utilizá-los na Marinha. Essa foi uma bandeira levantada especialmente com relação às forças de mar, dizendo-se ser uma característica inata destas populações o hábito de navegação. Na verdade, essa visão da utilização dos índios como marinheiros advinha da própria composição populacional e da disposição geográfica de algumas províncias, o que não correspondia a todo o Império. Assim, as províncias do Norte, como Pará e Maranhão, cujas principais vias de acesso eram fluviais, contavam com uma população indígena – ou descendente dela, como os tapuios – que possuía uma tradição milenar de trânsito pelos rios. Na verdade, os tapuios, tidos como um grupo de índios já "pacificados", eram o maior contingente populacional do Norte e, consequentemente, compunham as próprias forças armadas locais.[114] Fiando-se nesse referencial, alguns senadores foram árduos defensores ao longo da primeira metade do oitocentos da utilização de indígenas como marinheiros. Um dos argumentos que fundamentavam essa tese baseava-se na exaltação da inferioridade desses povos, justificando com isso sua adequação a uma atividade considerada como "bárbara":

> O homem barbaro é sempre preguiçozo quando não vê perigo, e o marinheiro é o mesmo; quando vê a navegação feliz não vem ao convés senão a poder de pancada, ou em perigo imminente; o barbaro é activo e diligente; o marinheiro é o mesmo, salvo se vê meio de salvar-se sem trabalho; tem toda a analogia neste porte com o barbaro.[115]

Esse tipo de discussão, travada em 1833, visava fazer frente ao recrutamento forçado para a composição das forças armadas imperiais e ao alto número de estrangeiros que compunham a marinha nacional. Assim, a ideia de usar os

---

114 A utilização dos indígenas na composição de forças armadas no Norte, especialmente no Pará, é estudado por André Roberto de A. Machado, *op. cit.*

115 Fala do senador Borges, negando a viabilidade de se recrutar os indígenas para a Marinha, como havia proposto o senador Marquês de Caravela em sessão de 8 de julho de 1833. *ASIB*. 1833, T. 2° Rio de Janeiro, 1916, p. 134-136.

indígenas parecia eficiente, pois se apoiava em três pressupostos: necessidade de resolver o problema de composição da Marinha, crença na habilidade indígena em trabalhos de navegação e a proposta de que essa utilização dos índios seria um meio de os civilizar.

Assim, essa discussão prolongou-se durante toda a Regência e nos primeiros anos do 2º Reinado surgiu até mesmo um projeto do ministro da Marinha, Holanda Cavalcanti, em 1845, que colocava como prioridade a utilização dos índios nas forças navais. Essa proposta mobilizou veemente protesto do senador Carneiro Leão.

> O orador passa a analisar o outro projeto pelo qual, no seu entender, a administração atual se quer particularmente caracterizar, atribuindo-se a invenção dele, isto é, a de contratar Índios para os serviços da esquadra. Mostra que esta ideia não é nova, mas que se torna inteiramente impraticável com os meios de que o nobre ministro pretende lançar mão. Ou há de se engajar esses Índios entre as hordas, ou nas aldeias semicivilizadas. (...) Por este lado pois se acha que o nobre ministro nada tem adiantado, à exceção de pedir mais 100 contos de réis, que dissipará sem dúvida com verdadeiros recrutados, aos quais dará depois o sonoro apelido de engajados.[116]

A aprovação desse projeto ministerial foi sobreposta pelo processo de elaboração do Regulamento das Missões, o primeiro projeto indigenista, propriamente dito, do Império. A elaboração dessa lei foi uma demanda recorrentemente referida na década de 1840 toda vez que se mencionava o problema das populações indígenas. O entendimento desse movimento será visto no capítulo seguinte. No entanto, é preciso que se diga que a não utilização dos indígenas nas forças de mar do Império como um todo pode ser explicada por dois motivos. Primeiramente, essa solução fazia sentido em regiões em que o contingente populacional indígena era alto e onde havia povos que dominavam as técnicas de navegação. Esse perfil é compatível com o Norte do Brasil, conforme dito, mas não com outras regiões, o que inviabilizava

---

116 Fala do senador Carneiro Leão em sessão de 17 de fevereiro de 1845. *ASIB*. 1845, vol. 3. Brasília Senado Federal/Subsecretaria de Anais, 1978, p. 90.

uma solução geral para todo o território nacional. Por fim, antes de retirar os índios de suas povoações e colocá-los no serviço da Marinha, era preciso haver um projeto imperial sobre a civilização e incorporação deles. Foi justamente isso que atrapalhou a definição do emprego desses grupos nas forças marinhas, mesmo quando o ministro Holanda Cavalcanti trouxe um projeto para esse fim e o Império ainda não tinha implementado um regulamento para as missões.

Para encerrar esse conjunto de aspectos da política indigenista, é importante verificar como o próprio orçamento do Império refletiu as variações de tal política, conforme se pode notar no Quadro 2.

As leis anuais orçamentárias começaram a ser votadas no parlamento a partir de 1828, referente às receitas e despesas do ano subsequente. Somente dois anos depois, em 1830, foi que entrou a pauta das despesas provinciais e os gastos foram discriminados para os indígenas de cada província, tal qual aparece no quadro abaixo. O trato dos índios entrou no seguinte item da lei do orçamento imperial: "Título II, Cap. 1, Art. 36 – É despesa provincial: § 6º – Professores, e empregados de Saude, Vaccina, Catechese e Colonisação."[117]

No entanto, a partir de 1834, as despesas relativas aos índios não se referiam mais ao orçamento do Império. Com o Ato Adicional à Constituição, cada província, através de seu presidente e de sua Assembleia, definiria o montante a ser empregado nessa empresa, devendo a verba ser extraída das próprias receitas provinciais. Por isso que entre os anos de 1835 e 1842 não constou no orçamento imperial nenhuma verba para pagamento dos gastos com os indígenas, uma vez que cabia aos cofres provinciais, quando necessário, responder a esta demanda.

Não foi possível, nos limites deste trabalho, fazer o levantamento de como cada uma das províncias que tratavam da questão indígena passou a administrar seu orçamento. Somente para a província paulista esses dados foram arrolados, conforme se verá no capítulo 5. No que interessa a essa discussão, o importante é notar os locais onde os conflitos ocorriam, que são possíveis de serem visualizados através das principais províncias que recebiam dotação orçamentária substancial referente aos indígenas. Foram elas Espírito Santo, Goiás, Maranhão, Mato Grosso, Minas Gerais, Pará, Santa Catarina e São Paulo.

---

117 *Idem*, p. 120-137.

Quadro 2
Orçamentos do Império para catequese e civilização dos indígenas

Província	1830	1831	1832	1833	1843	1844	1845
Bahia	220$000		*4				
Ceará	338$000*1						
Espírito Santo	6:207$000	2:207$000	6:580$000	4:900$000			
Goiás	1:066$000	3:200$000	2:600$000	3:000$000			
Maranhão			1:300$000	1:300$000			
Mato Grosso	1:000$000	2:300$000	2:000$000	1:200$000			
Minas Gerais	3:000$000	3:000$000	3:000$000	6:400$000*5			
Pará	2:900$000	4:000$000*3	3:000$000	3:200$000			
Pernambuco			*4				
Piauí	500$000	1:000$000*3		2:000$000			
Rio de Janeiro							
Santa Catarina	300$000	1:300$000*3	600$000	600$000			
São Paulo	3:073$000	3:000$000	4:000$000	3:400$000			
Sergipe	(66$000)*2						
Total	18:604$000	20:007$000	23:080$000	26:000$000	16:000$000*6	16:000$000*7	16:000$000

*¹ Em 1830, no item para o Ceará, estes 338 mil réis eram especificamente para os Diretores dos Indígenas.

*² Em 1830, no item para o Sergipe, foram suprimidos 66 mil réis que seriam destinados para a civilização e catequese dos índios.

*³ Em 1831 para as províncias do Pará (4 contos), Piauí (1 conto) e Santa Catarina (1 conto e 300 mil réis) estavam também incluídos, juntos com a catequese e civilização dos indígenas, itens como medicamentos aos pobres do Hospital Militar, um lente de cirurgia para hospital, vacinas, Jardim Botânico, Horto. Isso explica porque apareceram valores maiores do que em outros anos para estas províncias.

*⁴ Em 1832 entraram para a Bahia e Pernambuco verbas para Paróquias, incluindo pagamento de missionários, o que indica indiretamente, que também dentro deste item constava verba para a catequese. No entanto, como são valores altos (29 contos para a Bahia e 12 contos para Pernambuco), torna-se inviável saber quanto efetivamente foi gasto com os missionários.

*⁵ Em 1833 entrou no orçamento para os indígenas de Minas Gerais também o sustento do "Colégio para educação dos índios".

*⁶ A partir de 1843 entrou o item "Catequese e civilização dos índios" no orçamento geral do Império, "ficando o Governo autorizado para dar Regulamento ás Missões, e para pol-os em execução: 16:000$000". (Lei n.º 317, de 21/10/1843. In: *Collecção das leis do Império do Brazil de 1843*. T. V, Parte 1. Rio de Janeiro: Typographia Nacional, 1844).

*⁷ Em 1844 não houve votação da lei de despesas e receitas do Império, conforme era praxe, pois no ano anterior, com a Lei n.º 317, havia-se fixado o orçamento para os anos de 1843-1844 e 1844-1845. Com isso, supõe-se que o valor para catequese de 1844 manteve-se o mesmo de 1843.

FONTE: *Collecção das leis do Império do Brazil*. 1822/1845. Rio de Janeiro: Typographia Nacional/ Imprensa Nacional, 1885/1907.

Outras províncias apareceram esporadicamente, evidenciando que os conflitos entre indígenas e nacionais em seus territórios deveriam ser, consequentemente, ocasionais. Tal foi o caso de Bahia, Ceará, Pernambuco, Piauí, Rio de Janeiro e Sergipe. Num outro sentido, percebe-se em Santa Catarina, por exemplo, a ocorrência de conflitos de menores proporções, já que o orçamento para a catequese indígena nunca ultrapassou insignificantes 600 mil réis. Antes de se atribuir a exiguidade desta verba à pouca expressividade econômica dessa província, basta lembrar que o Espírito Santo, região tão pobre quanto esta outra no período, possuía um dos mais altos orçamentos para a civilização dos índios de seu território.[118]

---

118 Para citar alguns exemplos, vê-se que no ano de 1832 foram aprovados 6 contos e 580 mil réis para a civilização dos indígenas do Espírito Santo, compondo os 40 contos dos gastos totais desta província. Minas Gerais, uma das mais ricas, despendeu no mesmo ano 4 contos e 360 mil réis com os índios,

Há que se apontar, por fim, que ao se analisar de relance a centralização da questão indígena pelo Império a partir da década de 1840, vê-se em termos numéricos um menor investimento na causa do que havia sido feito na década anterior. Na verdade, esta análise é falsa, pois se deve olhar o orçamento para os indígenas a partir de 1843 somando-se ao orçamento para cada província. Assim, por exemplo, para a província de São Paulo em 1844 foram dotados 5 contos de réis na lei do orçamento dessa província para a catequese e civilização dos indígenas (ver Quadro 5, no capítulo 6). Além disso, o Império mandaria para São Paulo uma parte dos 16 contos relativos para o mesmo propósito, a fim de sustentar as missões recém-implementadas com os padres capuchinhos italianos. A lei do orçamento imperial de 1843 já havia deliberado que caberia ao Império, a partir de então, aprovar os regulamentos pelos quais deveriam funcionar essas missões. Isso foi efetivamente posto em prática em 1845, através do decreto n.º 426 de 24/07/1845, que continha o "Regulamento acerca das missões de catequese e civilização dos índios". O processo de construção desse regulamento e seu conteúdo serão discutidos no capítulo seguinte.

---

computando 132 contos dos gastos totais. Novamente comparando, Santa Catarina, cujos gastos totais chegaram a 31 contos – o que a aproximaria à realidade do Espírito Santo – no entanto gastou apenas 600 mil. Isso representa que os gastos com indígenas não eram proporcionais às rendas provinciais, mas sim à quantidade deles existentes em cada um dos territórios. *Colleção das leis do Império do Brazil*. 1832, Parte 1ª. Atos do Poder Legislativo. Rio de Janeiro: Imprensa Nacional, 1906, p. 120-137.

3. Indigenismo e indianismo: a construção da nação[1]

Vencido o movimento pela antecipação da maioridade de D. Pedro II, levado a cabo por parlamentares no ano de 1840, certamente o 2º Reinado inaugurou uma nova fase da política imperial. Com as reformas do Ato Adicional à Constituição de 1834 e do Código do Processo, um Império de caráter mais centralista e controlador passou a se firmar.[2] Esses revezes políticos também se fariam sentir na política indigenista. Se durante a Regência houve um apaziguamento das discussões sobre o tema no espaço parlamentar (exceção feita à revogação das guerras justas em 1831), com o 2º Reinado, a premência de se resolverem questões cruciais no Império no nível macro, através de uma lei geral, foi novamente colocada.

---

[1] Ao se referir ao termo *indianismo*, estou me remetendo ao movimento literário romântico de meados do século XIX, que aparece como uma idealização mítica da figura dos indígenas do passado, numa tentativa de escamotear os conflitos do presente, conforme estudou Pedro Puntoni. "O sr. Varnhagen e o patriotismo caboclo". In: István Jancsó. *Brasil: formação do Estado e da nação*. São Paulo: Hucitec/Fapesp/Ed. Unijuí, 2003, p. 633/76. Com relação ao *indigenismo*, fio-me na definição da antropologia, que entende este termo como o conjunto de ideias relativas à inserção dos povos indígenas nas sociedades nacionais. Assim, a *política indigenista* seria algo eminentemente da esfera pública estatal, não se tratado de projetos e práticas de outras instituições. Nesse contexto, não se pode referir a uma *política indigenista* da Igreja, por exemplo. Antônio Carlos de Souza Lima. *Um grande cerco de paz. Poder tutelar, indianidade e formação do Estado no Brasil*. Petrópolis: Vozes, 1995, p. 14-15.

[2] "Na verdade, as reformulações no Ato Adicional e no Código do Processo, de cujo planejamento Nunes [Nunes Machado, deputado pernambucano] participou, não visavam apenas a alardeada intenção de aprimorar o sistema monárquico constitucional; resguardavam em seu interior uma inteligente manobra política que deveria privilegiar e ampliar o poder de um grupo de políticos que avançava firmemente no comércio nacional, preocupados em preservar a integridade do Império, implantar o livre-cambismo e imigração e modernizar a produção agrícola." Izabel Andrade Marson. *O império do progresso. A Revolução Praieira em Pernambuco (1842-1855)*. São Paulo: Brasiliense, 1987, p. 197.

O predomínio de facções políticas conservadoras nos gabinetes ministeriais ao longo da década de 40 evidencia o esboço de um projeto de Estado que começaria a efetivar-se com a elaboração de leis propondo a modernização do Império brasileiro. Esse projeto de Estado foi identificado pela historiografia como sendo expressão dos interesses de ricos fazendeiros fluminenses, além de outros proprietários e grupos de elite espalhados por diferentes províncias do Império. Esses grupos convergiam dentro do partido conservador, articulando-se como a facção saquarema.[3] No entanto, nos limites deste trabalho, não foi possível perceber claramente se este projeto de modernização do Estado, em direção à superação de resquícios do período colonial, foi realmente algo exclusivo de um único grupo. Como será visto a seguir, para entender as discordâncias entre os políticos do período sobre a questão indígena é preciso situar as posições tomadas no debate em curso e não simplesmente inseri-las num modelo tomado *a priori*.

De todo modo, as questões do trabalho e da ocupação territorial voltaram de maneira mais marcante à pauta das discussões a partir de 1840 em temas como: a vinda de missionários capuchinhos para a civilização dos indígenas; a confecção de um plano geral para sua civilização; a vinda de colonos estrangeiros; uma lei sobre terras devolutas; os tratados sobre o fim do tráfico; a soberania nacional. O encaminhamento desses problemas foi se processando ao longo dos anos 40, embora sua plena resolução adentrou até mesmo o período republicano, ainda no começo do século XX.[4] Apesar disso, as políticas sobre esses temas foram colocadas pelo Estado, mesmo que não atendessem a um consenso entre os legisladores e os intelectuais do Império.

---

3 Ilmar Rohloff Mattos. *O tempo Saquarema*. São Paulo: Hucitec/Minc, 1987.

4 Com relação à política indigenista, com o advento da República, também a Constituição de 1891 ignorou os indígenas do território nacional. Depois do Regulamento de 1845, somente em 1910 foi que o Estado brasileiro voltou a apresentar um projeto para os índios, com a criação do Serviço de Proteção ao Índio (SPI). José Mauro Gagliardi. *O indígena e a República*. São Paulo: Secretaria do Estado da Cultura/Hucitec/Ed. USP, 1989; Manoel Miranda. *O programma de José Bonifacio* (pela redenção da raça indígena). Carta aberta a Ernesto Senna. Rio de Janeiro: 1911. Com relação à questão de terras, o Estado não havia conseguido conter os esbulhos praticados pelos mais abastados na expropriação territorial até pelo menos o final do XIX. Lígia Osório Silva. *Terras devolutas e latifúndio*. Efeitos da lei de 1850. Campinas: Ed. da Unicamp, 1996.

Não se pretende também categorizar de maneira esquemática cada um dos períodos aqui estudados com relação à política indigenista. Assim, não se pode dizer somente que o 1º Reinado manteve as práticas coloniais e que por isso foi mais sanguinário, já que nesse período também houve projetos com o intuito de reverter esse quadro, conforme o debate constituinte em 1823 e o projeto de Bonifácio evidenciam. Nesse mesmo sentido, não é possível atribuir à Regência o aniquilamento das populações indígenas pelas autoridades provinciais, uma vez que não havia maior controle por parte do Império, pois foi justamente neste período que as Cartas régias de D. João VI foram anuladas. Nessa sequência, atribuir ao 2º Reinado um caráter mais protetor aos índios, devido ao movimento indianista e ao Regulamento das Missões, é também equivocado, pois foi justamente na segunda metade do século XIX que se promoveu um verdadeiro extermínio destas populações, sem medidas apaziguadoras, com o suporte, inclusive, do capital inglês em áreas de expansão econômica.[5]

Portanto, alguns matizes devem ser feitos no estudo de cada um desses períodos, por se perceber que projetos civilizadores mais ofensivos ou mais conciliatórios existiram em todos eles. Certamente que houve um movimento mais claro em cada momento, que gerou ou permitiu que determinado pensamento imperasse. Assim, no 1º Reinado, a manutenção de práticas coloniais, a despeito da formação nacional, foi a característica mais marcante, ao lado da necessidade de se resolver o problema através de uma política geral. Com a Regência, a descentralização administrativa deliberou orçamentos e tratos provinciais para os indígenas, prescindindo, desse modo, de uma salvaguarda ou diretriz política do centro do Império. No entanto, a princípio, a atribuição provincial sobre os índios não foi no sentido de aniquilá-los, mas sim de incorporá-los à nação, promovendo a sua "civilização". Por fim, é inegável que o 2º Reinado trouxe uma pauta de questões que precisavam ser resolvidas e de fato em seus primeiros anos apresentaram-se projetos centralizadores de como resolver esses temas. Assim mesmo, isso não significa que a proposta de uma resolução aparentemente mais branda para os conflitos presentes no Império não tenha, na verdade, acirrado ainda mais esses conflitos.

---

5 Esse é o caso do Oeste paulista, com a expansão da cafeicultura e das ferrovias. João Francisco Tidei Lima. *A ocupação da terra e a destruição dos índios da região de Bauru*. Dissertação de Mestrado em História. São Paulo: FFLCH/Universidade de São Paulo, 1978.

Para apreender o processo vigente na década de 1840, que pressionou pela efetivação de uma política indigenista imperial, será feita a análise dos movimentos dos intelectuais e dos políticos que, por sua vez, convergiam na sustentação do Império. Os dois níveis estão certamente imbricados na medida em que muitos desses atores circulavam em ambos os espaços, sendo também influenciados pela mesma conjuntura política e econômica dessa fase da consolidação nacional.[6]

IHGB: A construção da nação e o papel reservado aos indígenas

Conforme já apontado ao longo deste trabalho, o papel exercido pelo Instituto Histórico e Geográfico Brasileiro (IHGB) foi fundamental no direcionamento do debate sobre a questão indígena no centro do Império. A origem dessa entidade – sobrevivente até os dias atuais – é de 1838, tendo como um dos seus objetivos iniciais recolher e organizar documentos que pudessem consolidar a história e a geografia da nação. O IHGB inicialmente contaria com o suporte financeiro e material da Sociedade Auxiliadora da Indústria Nacional (SAIN), fundada em 1827, que fora a entidade mãe do Instituto, uma vez que a proposta de sua criação foi apresentada por seus membros numa das sessões da Sociedade.[7] Já no ano seguinte de sua fundação, o IHGB seria dotado de uma significativa ajuda orçamentária do Estado, além da proteção do próprio imperador.[8]

---

6 "(...) Os fundadores do Instituto [Histórico e Geográfico Brasileiro, em 1838], em sua maioria, eram políticos e burocratas do pensamento e do projeto de Império do reformismo ilustrado ibérico. Foram ainda líderes de destaque do movimento da independência e desempenharam papel importante no ambiente político do Primeiro Reinado e da Regência. Ao longo do Segundo Reinado, os principais membros do IHGB seriam gente próxima ao poder constituído, vários deles militares ou diplomatas. Eram, na sua maioria, 'funcionários do Estado', comprometidos com a construção da ordem centralizada e a sustentação da monarquia constitucional. Este corpo de burocratas ilustrados contava ainda com vários membros das elites regionais incorporadas ao grupo, que atuavam como ponte entre os interesses provinciais e o grupo de poder da Corte." Danilo Zioni Ferretti. *A construção da paulistanidade*. Identidade, historiografia e política em São Paulo (1856-1930). Tese de Doutorado em História Social. São Paulo: FFLCH/Universidade de São Paulo, 2004, p. 45-46.

7 "Breve noticia sobre a creação do Instituto Historico e Geographico Braziletro". In: *RIHGB*. T. 1, n.º 1, 1º trimestre de 1839. 2ª ed. Rio de Janeiro: Laemmert, 1856, p. 5-9.

8 "Primeira Sessão Publica anniversaria". In: *RIHGB*. Tomo 1, n.º 4, 4º trimestre de 1839. *Op. cit.*, p. 273-274.

A finalidade imposta a si pelo IHGB era inscrever o Brasil na "marcha da civilização", espelhando-se nas grandes nações, ilustrando sua história com exemplos de conquista e redescobrindo os grandes heróis da colonização. Essas ideias estão presentes no discurso inaugural da entidade, proferido pelo secretário Januário da Cunha Barbosa, que seria, mais à frente, importante personagem relacionado à questão indígena. Barbosa ressaltou também que era necessário juntar as diversas histórias provinciais, relatadas por cronistas em todo o território que naquele momento era tido como nacional.[9] Essa estratégia é um claro indício de que a construção da unidade imperial fazia-se, a partir daquele momento, também pela via historiográfica, construindo uma memória e uma história que dessem suporte ideológico para a sustentação desse Estado.[10]

A união das histórias dispersas das capitanias ou províncias no decorrer da colonização, demonstrando que a unidade monárquica era a forma mais saudável de se construir uma nação, fundada no escravismo, foi a posição defendida pelo Instituto, segundo o texto "Como se deve escrever a história do Brasil", redigido pelo viajante naturalista Karl Friedrich von Martius.[11] Segundo von Martius, em consonância com o ideário adotado pelo IHGB, o indígena tinha um papel importante para a construção dessa memória nacional. Como eram os moradores originais do território, foram eles que deram o lastro da peculiaridade nacional brasileira, misturando-se ao português e também ao africano, o que serviu para distinguir os colonos luso-brasileiros dos outrora colonizadores portugueses.

> Jamais nos será permitido duvidar que a vontade da Providencia predestinou ao Brazil essa mescla. O sangue Portuguez, em um poderoso rio deverá absorver os pequenos confluentes das raças India e Ethiopica. Em a classe baixa tem logar esta mescla, e com em todos os paizes se formam as classes superiores dos elementos inferiores, e por meio d'ellas se vivificam e

---

9 "Breve noticia sobre a creação do Instituto Historico e Geographico Brazileiro". *Op. cit.*, p. 10-19.

10 Pedro Puntoni. "O sr. Varnhagen e o patriotismo caboclo: o indígena e o indianismo perante a historiografia brasileira". *Op. cit.*, p. 633-676.

11 Karl Friedrich von Martius. "Como se deve escrever a Historia do Brazil". In: *RIHGB*. T. 6, n.º 24, Janeiro de 1845. Rio de Janeiro: Imprensa Americana de I. P. da Costa, 1844, p. 381-403.

fortalecem, assim se prepara actualmente na ultima classe da população Brazileira essa mescla de raças, que d'ahi a seculos influirá poderosamente sobre as classes elevadas, e lhes comunicará aquella actividade historica para qual o Imperio do Brazil é chamado.[12]

Para compreender essa visão é preciso esmiuçar o tipo de valoração que estava por trás dela. Manoel Luís Salgado Guimarães defende que a construção da nação brasileira, dentro da historiografia oitocentista, não se fez num processo de distinção entre "nós" e os "outros" (os agentes externos ou colonizadores), mas na reafirmação do papel de Portugal na construção do Brasil.[13] Na verdade essa posição não era consensual, pois ainda que Varnhagen tenha sido ferrenho defensor do protagonismo português durante a colonização, o que, segundo ele, teria propiciado a construção da nação brasileira ainda durante a colônia, tal não se dava com todos os intelectuais.[14] Os românticos indianistas, por seu lado, caminhavam dentro de uma ambiguidade, pois a princípio exaltavam o papel indígena e criticavam as atrocidades contra eles cometidas, mas ao mesmo tempo exaltavam os feitos dos conquistadores, estes que agora seriam alçados ao posto de "heróis da pátria".[15]

O IHGB, como berço do próprio movimento romântico, iria também demonstrar esse papel dúbio, de uma aparente exaltação dos índios, atrelada à valorização do conquistador. Assim, desde as primeiras páginas do periódico publicado pelo Instituto a partir de 1839 (a *Revista Trimensal de Historia e Geographia*, ou *Jornal do Instituto Historico e Geographico Brazileiro*, ou simplesmente *Revista do IHGB*) os indígenas figuraram com destaque em documentos resgatados sobre a história da colonização ou em debates no presente sobre a melhor forma de tratá-los. Sintomaticamente, o

---

12 *Ibidem*, p. 383.

13 "(...) a construção da ideia de Nação não se assenta sobre uma oposição à antiga metrópole portuguesa; muito ao contrário, a nova Nação brasileira se reconhece enquanto continuadora de uma certa tarefa civilizadora iniciada pela colonização portuguesa." Manoel Luís Salgado Guimarães. "Nação e civilização nos trópicos: o Instituto Histórico e Geográfico Brasileiro e o projeto de uma história nacional". In: *Estudos Históricos*. Rio de Janeiro, n. 1, 1988, p. 6.

14 Pedro Puntoni. "O Sr. Varnhagen e o patriotismo caboclo". *Op. cit.*

15 Ferretti, *op. cit.*, p. 38-78.

primeiro texto lançado na *Revista* n.º 1 foi sobre os guaicurus: uma memória escrita no final do século XVIII pelo comandante do presídio instalado próximo de onde vivia esta etnia, no que era então a capitania de Mato Grosso.[16] Os guaicurus eram aqui considerados um dos mais temidos e evoluídos grupos indígenas do território da América portuguesa, devido à sua índole belicosa e violenta e pelo fato de dominarem com destreza as técnicas de cavalaria. Em meados do século XIX, a apresentação dessa história escrita pelo comandante do presídio visava demonstrar o quão difícil fora a empresa colonial, inscrevendo, assim, os colonizadores como heróis. Os valentes portugueses conseguiram a aliança com esses "ferozes" índios, depois de muito sangue luso derramado e muito despesa para a Coroa: "Se me é permittido patentear os meus sentimentos, direi que desejo que esta alliança seja permanente, para gloria de Deus, serviço de S. M., e socego dos moradores de S. Paulo e moradores da villa de Cuiabá."

Muitos dos documentos publicados nas páginas da *Revista*, escolhidos dentre os levantados pelos membros e correspondentes do IHGB, traziam os indígenas como parte da história relatada, ainda que os verdadeiros protagonistas fossem os colonizadores. Os índios podiam aparecer como um dos elementos da paisagem descrita, na forma de um ensaio etnológico, ou ainda, segundo o relato das dificuldades de se conseguir seu controle de maneira satisfatória. Mas não eram de maneira alguma ignorados: os indígenas foram um dos três temas mais abordados no periódico do IHGB no século XIX.[17]

Ao mesmo tempo, uma demanda mais prática e menos ideológica, visando definir um papel estratégico para os índios na nação brasileira, apareceu também já nas primeiras sessões do Instituto. Em sua 4ª sessão, realizada no início de 1839, Januário da Cunha Barbosa fez leitura de alguns temas escolhidos para serem dissertados pelos membros do IHGB. De seis temas, quatro versavam sobre aspectos relativos aos índios: quais as causas da extinção daqueles grupos que habitavam o litoral; o que se sabia sobre sua história; qual o melhor sistema de colonizá-los; se a introdução de africanos no Brasil atrapalhou sua civilização. Essas questões iriam pontuar o debate

---

16 Francisco Rodrigues do Prado. "História dos indios cavalleiros ou da nação dos Guaycurú". In: *RIHGB*, T. 1, n.º 1, 1º trimestre de 1839. Rio de Janeiro: Laermmert, 1856, p. 25/57.

17 Guimarães, *op. cit.*, p. 20

no centro do Império, inclusive com memórias, artigos ou relatórios mandados por diversas províncias, como Mato Grosso e Pará, com vistas a resolver algumas dessas demandas. Vê-se aqui a mistura entre aspectos do passado, de reconstrução de uma história pretérita, com aspectos presentes, com vistas a propor um plano futuro para resolver os impasses das populações indígenas vivendo então em território nacional. Assim, logo no segundo número da *Revista*, publicada também em 1839, fez-se uma lembrança do que os sócios do IHGB deveriam procurar nas províncias. No terceiro item, os índios foram mencionados: "Noticias sobre os costumes dos Indios, sua catechese, civilisação, augmento ou diminuição; seu numero presumivel, sua industria, e vantagens que d'elles se possam tirar."[18]

A partir dessas balizas definidas, os textos e debates travados no interior do Instituto e expressos nas páginas da *Revista* seriam apenas um reflexo das intenções traçadas, as quais se viram acima. Logo depois, o mesmo entusiasta da temática indígena, o cônego Januário da Cunha Barbosa, foi o primeiro a escrever um programa sobre a questão, relacionando-a à escravidão negra. Mais do que simplesmente olhar para o passado, essa discussão inseria-se na perspectiva de um problema crucial para o Império: a resolução do problema da mão-de-obra. No contexto do liberalismo e do discurso antiescravista, a premência pelo fim do tráfico africano no país e a necessidade de modernizar algumas regiões, apontavam que a situação presente estava se tornando insustentável. Assim, olhava-se para a submissão dos indígenas como uma alternativa ao trabalho africano, ao mesmo tempo como uma forma de cessar as guerras entre os índios e os nacionais, alicerçando a conquista do território pelo Estado brasileiro.

Nesse sentido, conforme visto no capítulo 2, se houvesse um plano de incorporação dos indígenas como trabalhadores nacionais, dois problemas estavam resolvidos de uma só vez: a questão do trabalho e da ocupação territorial. Por conta dessas questões, parecem um pouco precipitadas afirmações como a de Manuela Carneiro da Cunha de que no século XIX o problema indígena deixara de ser uma questão de mão-de-obra para se configurar numa questão de terras.[19] A autora atribui a casos re-

---

18 "Lembrança. Do que devem procurar nas provincias os socios do Instituto Historico Braziliero, para remetterem á sociedade central do Rio de Janeiro". In: *RIHGB*, T. 1, n.º 2, 2º trimestre de 1839. *Op. cit.*, p. 141.

19 "Mas se se pode arriscar falar 'em geral' de um século inteiro e do Brasil como um todo, a tônica, foi, no século XIX, a conquista do espaço. Em áreas de índios ditos então 'bravios', tentava-se controlá-

gionais e pontuais a utilização do indígena ainda como trabalhador pelos nacionais, pois essas regiões estavam inseridas numa economia periférica. A partir da segunda metade do XIX, depois do Regulamento das Missões, da Lei de Terras e do incentivo à imigração europeia, o encaminhamento para o interesse primordial nas terras indígenas parece ter se efetivado, o que demonstra que a briga pela utilização de sua mão-de-obra diminuiu sensivelmente nas regiões mais centrais do Império. No entanto, conforme se pode ver pelos debates travados pelo IHGB, esse encaminhamento ainda não estava colocado no período e os povos indígenas eram comumente apontados como meio de resolver o problema do trabalho.

Obviamente que não havia consenso sobre essas questões, como se pode ver pelo texto de Cunha Barbosa sobre a escravidão dos negros e os índios. Nesse texto, ele defendeu que a escravidão era um atraso, segundo o que pregara um economista inglês. Assim, a escravidão atrapalhou e vinha atrapalhando índios, africanos e os próprios conquistadores:

> Os pobres negros, fóra de seu paiz natal, são menos aptos aos nossos trabalhos, do que os indios; e o beneficio da liberdade, que elles receberam, depois de tantas leis que foram citadas, tornou-se de pouco ou nenhum fructo pela falta de catechese, de um systema bem concertado de civilisação. A necessidade de trabalhadores, obrigaria os fazendeiros a ser [sic] mais humanos com os indios livres, se lhes não tivesse sido facil comprar negros para os substituir em suas lavouras. Os negros portanto servem de embaraço á civilização dos indios; e o que mais é, servem não pouco de retardar a nossa propria civilização, o que deixo de tratar, por não ser d'este programma.[20]

---

los, concentrando-os em aldeamentos: 'desinfetavam-se' assim os sertões. Nas áreas de ocupação colonial antiga, tentava-se ao contrário extinguir os aldeamentos, liberando as terras para os moradores. Essas diferenças regionais nada mais eram, portanto, do que duas etapas de um mesmo processo de expropriação." Manuela Carneiro da Cunha. "Prólogo". In: *LI*, p. 4.

20 Januário da Cunha Barbosa. "Programma. Sorteado na sessão de 4 de Fevereiro deste anno. 'Se a introducção dos escravos africanos no Brazil embaraça a civilização dos nossos indigenas, dispensando-lhes o trabalho, que todo foi confiado a escravos negros. Neste caso qual é o prejuizo que soffre a lavoura Brazileira?' ". In: *RIHGB*, T. 1, n. 3, 3° trimestre de 1839. Rio de Janeiro, p. 159-166.

Como adendo a esse programa, foi publicado outro texto, de José Silvestre Rebello, apresentado como concordante com o artigo anterior. No entanto, tinha opinião bastante diversa. Primeiramente defendia a escravidão, dizendo que o atraso das lavouras do Brasil devia-se à ignorância dos administradores de escravos, já que naquela época, em Cuba e nos Estados Unidos, o escravismo africano rendia ótimos resultados. Também afirmou que os escravos negros no Brasil diminuíram a pressão sobre os indígenas, na medida em que o trabalho braçal destes foi minimizado, sobrando espaço para serem catequizados e civilizados.[21]

Há ainda que lembrar que esses debates sobre prejuízos à lavoura, utilização de escravos africanos ou indígenas remetiam diretamente à própria origem do IHGB: a Sociedade Auxiliadora da Indústria Nacional. Assim, interesses ligados às técnicas produtivas e reflexões sobre a própria economia estavam atrelados à construção histórica que se empreendia. A história da colonização que estava sendo reconstruída naquele momento visava garantir espaço político no presente para os grupos sociais envolvidos com a construção do Estado nacional brasileiro. Por sua vez, esse Estado, ao se solidificar, garantia o lugar de diversas elites no poder, alijando a grande massa da população desse processo. Isso passava também pela defesa de um ou de outro encaminhamento econômico para garantir a sustentabilidade do novo Estado frente às demais potências e às inflexões do capitalismo no período.

Dentro desse processo, obviamente havia visões antagônicas que conviviam no interior do Instituto, refletindo posições existentes na sociedade daquele período. No entanto, o discurso escravista ou mais agressivo com relação aos índios foi ofuscado das páginas da *Revista* na época. O próprio Silvestre Rebello teve um outro texto vetado sobre o tema indígena, que versava sobre as causas da extinção dos mesmos, pois a Comissão de Publicação não concordou com as proposições apresentadas.[22]

Numa primeira impressão, pode-se conceber que o veto a Rebello se devesse à sua posição escravista e anti-indígena. No entanto, a posição do autor era outra. Embora possa até ser atribuído a esse autor uma postura em prol da

---

21 José Silvestre Rebello. "Novo trabalho do socio o sr. (...)". In: *RIHGB*, T. 1, n. 3, 3º trimestre de 1839. Rio de Janeiro: Laermmert, 1856, p. 167-172.

22 "17ª Sessão em 13 de Julho de 1839". In: *RIHGB*, T. 1, n.º 3, 3º trimestre de 1839. *Op. cit.*, p. 251.

escravidão que, aliás, ecoava em outros setores do Império – conforme a fala pronunciada no parlamento pelo senador Bernardo Pereira de Vasconcellos em 1843, dizendo que a África civilizava o Brasil[23] – sua posição com relação aos índios era de certa amabilidade discursiva. Conforme se pode observar através de dois textos por ele escritos entre os anos de 1839 e 1841, Rebello elaborava suas pequenas memórias como uma espécie de epopeia da desgraça indígena. Colocando os ameríndios como vítimas de agentes colonizadores sanguinários, maléficos e perdulários, esse autor lamentava pelo massacre e extermínio dos índios e propunha claramente que a volta dos jesuítas poderia evitar o processo de sua extinção então em curso:

> Quando em 1759 se poz em S. Paulo em execução a Lei, que expelio os Jesuitas de Portugal e seus dominios, disse publicamente o R.mo e Ex.mo Sr. Antonio da Madre de Deos, Bispo d'aquella Diocese as seguintes palavras: A expulsão dos Jesuitas trará comsigo primeiramente a ruina da religião, e despois a subversão do Governo. Os que sabem quaes tem sido as balburdias, revoluçoens porque tem paçado a Europa e América despois de 1789 acreditarão que o Ex.mo Bispo foi hum Profetta.[24]

Essa exaltação jesuítica na defesa dos bons tratos para com os indígenas esteve em mais dois textos que também não foram publicados na *Revista*. Um deles, do padre Manoel Rodrigues da Costa, escrita em 1840, trouxe mesmo uma proposta de civilização através da catequese. Dizia o padre Costa que já na Constituinte de 1823 ele havia apresentado um projeto de colégio de padres para a catequese. Nesta

---

23 Fala do senador mineiro Bernardo Pereira de Vasconcelos em 25 de abril de 1843. *ASIB*. Brasília, Senado Federal/Subsecretaria de Anais, 1978, p. 346-367.

24 José Silvestre Rebello. "Programa. Qual era a forma porque os jesuitas administravam as povoações de indios que estavam a seu cargo?". Manuscrito, IHGB-RJ. Lata 45, Doc. 31, 27/2/1841.

memória, novamente trazia a público essa ideia, fiando-se no exemplo dos jesuítas e lamentando a sua expulsão.²⁵

No entanto, nesse momento, conforme é demonstrado pela postura do Instituto, o discurso pró-jesuíta não era assumido de maneira integral, sem reservas. Tal posição remontava já à tradição de Bonifácio, seguida por Januário da Cunha Barbosa, de entender como benéficas algumas práticas jesuíticas, mas condenar a Companhia de Jesus em seu conjunto.²⁶ Provavelmente este foi o motivo principal do veto explícito ao texto de Rebello de 1839, que versava sobre as causas da "espantosa extinção dos indígenas". Além deste autor ter citado o fim da catequese jesuítica como uma das causas mais prejudiciais, outra explicação por ele dada carecia de maior sustentação. Era a explicação que os índios foram decaindo em número devido à falta de apetite sexual, o que trouxe, por consequência, a queda da reprodução da espécie. Esse argumento deve ter ajudado ainda mais na proibição da publicação de seu texto:

> Antes da vinda de tão despoticas creaturas os Indios trabalhavão com já disse, como por recreio. Vendo reduzidos a isto, para elles e talvez para todos, o mizero estado, descorçoarão-se, perderão o gosto de tudo, até o natural de reproduzir-se, e assim foi rapidamente desaparecendo a população entre os que vivião como os seculares, e foi por isso que entrou a crecer a importação dos Africanos, o que lhes trouxe alivio sem duvida, mas já era tarde, desaparecerão quaze de todo.²⁷

Assim, pode-se perceber a forma pela qual o IHGB ia construindo um discurso minimamente coeso, eliminando as ideias que destoavam das propostas que pretendiam levar a cabo os principais líderes da entidade. Alguns apontamentos

---

25 Manoel Rodrigues da Costa. "Memoria sobre a Catequeze dos Indios composta e dirigida ao Ilm.o e R.mo Sr. Conego Januario da Cunha Barboza, Primeiro Secretario do Instituto Historico e Geographico pelo Socio Honorario o P.e (...)". Manuscrito, IHGB-RJ. Lata 18, Doc. 13, 08/1840.

26 Ferretti, op. cit., p. 64-78.

27 José Silvestre Rebello. "Quais sejão as causas da espantoza extinção das familias indigenas". Manuscrito, IHGB-RJ. Lata 45, Doc. 16, 31/05/1839.

sobre a solução imigrantista também começaram a ser feitos, embora em proporção menor à forma como era tratada a questão indígena no Instituto. Em 1839 pediu-se um parecer sobre uma memória escrita em francês para a introdução de colonos no Brasil. No mesmo período, escolheu-se como ponto de discussão justamente se a introdução de estrangeiros na exploração das minas de ouro contribuiria para a civilização do Brasil.[28]

Com esses indicativos, pode-se perceber que a questão da mão-de-obra no Império estava sendo problematizada pelos homens do período, ainda que não de maneira unificada e articulada, levando em conta diversas possibilidades de resolução. Em sessão ocorrida em outubro de 1839, por exemplo, Cunha Barbosa discutiu sobre qual a melhor forma de se colonizar os indígenas. O presidente do IHGB, visconde de São Leopoldo, além do citado Rebello e do padre Encarnação concordaram com a tese, mas discordavam do meio de executá-la.[29]

Ainda assim, a opinião de Cunha Barbosa foi publicada pelo IHGB, mesmo não sendo completamente consensual. Abrindo o primeiro número da *Revista* de 1840, o artigo dele propunha-se a responder: "Qual seria hoje o melhor systema de colonizar os Indios entranhados em nossos sertões; se conviria seguir o systema dos Jesuitas, fundado principalmente na propagação do Christianismo, ou se outro do qual se esperem melhores resultados do que os actuaes".[30] Seu trabalho justificava que esse assunto era deveras importante para a prosperidade do Brasil, devido às "milhares de nações" indígenas que vagavam pelas matas. Para ele, categoricamente, a catequese era o melhor meio de trazer esses "selvagens" à civilização, sendo, portanto, completamente coerente com sua visão de religioso.

Cunha Barbosa, aproveitando a senda percorrida pelos missionários na civilização dos índios, especialmente os jesuítas, dizia que era necessário aprender com

---

28 Sobre a memória em francês, ver "17ª Sessão em 13 de Julho de 1839". In: *RIHGB*, T. 1, n. 3, 3° trimestre de 1839. Op. cit., p. 250. Sobre o tema proposto para a discussão, ver "19ª Sessão em 10 de Agosto de 1839". In: *RIHGB*, T. 1, n. 3, 3° trimestre de 1839. Op. cit., p. 255.

29 "23ª Sessão em 5 de outubro de 1839". In: *RIHGB*, T. 1, n.° 4, 4° trimestre de 1839. Op. cit., p. 359.

30 Januário da Cunha Barbosa. "Qual seria hoje o melhor systema de colonizar os Indios entranhados em nossos sertões; se conviria seguir o systema dos Jesuitas, fundado principalmente na propagação do Christianismo, ou se outro do qual se esperem melhores resultados do que os actuaes". In: *RIHGB*, T. 2, n. 5, 1° trimestre de 1840. 2ª ed. Rio de Janeiro: Typografia Imparcial, 1858, p. 3-18.

eles, embora não se devesse imitar a influência política que a Companhia de Jesus teve.³¹ Segundo o cônego, os indígenas, tendo saído das mãos da natureza, não conseguiriam chegar ao estado social em um passe de mágica. Para isso, a bondade e os bons modos de quem os convertessem eram indispensáveis, pois a maior parte das agressões praticadas pelos índios deveu-se a um revide das hostilidades por eles sofridas. A solução proposta por ele, não era, portanto, inédita: tratá-los bem, ainda que a cruz devesse ser acompanhada de armas, que seriam apenas defensivas; ensiná-los em suas línguas e por isso ensinar os idiomas indígenas aos missionários pelo Império; educação diferenciada para crianças e adultos: aquelas instruídas em primeiras letras e doutrina cristã e estes, através de ofícios.³²

Por fim, Cunha Barbosa reconheceu que o programa apresentado não se propunha a ser um plano completo para a civilização dos índios, tarefa muito mais complexa para o escopo desse texto e para suas habilidades. Obviamente que muitas questões ainda deveriam ser acordadas pelos membros do Império para se chegar num consenso sobre as estratégias de um projeto desse tipo, de cunho civilizador. No entanto, é perceptível que o autor não destoava muito do que Bonifácio propusera quase duas décadas antes e que, inclusive, se manteriam muitos desses princípios no Regulamento das Missões de 1845. Com isso, nota-se que a campanha que o cônego, como secretário perpétuo do Instituto, começou a divulgar através das páginas da *Revista*, teria uma repercussão concreta, já que a questão indígena levantada por ele seria matéria, poucos anos depois, de uma efetiva política imperial.

Ainda no ano de 1840, outros indícios visavam demonstrar que a civilização dos indígenas era uma solução necessariamente viável em termos econômicos em algumas regiões do território nacional. Assim, uma memória sobre a extinta província das Missões, que fora parte do território da província de Rio Grande de São Pedro, foi escrita por Thomaz da Costa Corrêa Rabello e Silva e oferecida ao ministro da Guerra e Negócios Estrangeiros de D. João VI, o Conde de Linhares. Nessa memória, Rabello e Silva procurou demonstrar que a melhor forma de tratar os guaranis – abandonados à própria sorte depois da destruição das Missões jesuíticas no sul do território da América portuguesa – seria engajá-los então através

---

31 *Ibidem*, p. 4-5.

32 *Ibidem*, p. 7-10.

de comunidades de trabalho. Pelo fato de ter sido publicada pelo Instituto, essas considerações ainda deveriam ser levadas em conta no presente como uma possibilidade de desenvolvimento de determinadas regiões do Império.

Assim, as comunidades de trabalho nas Missões seriam controladas por diretores e um comandante, que zelariam pelo cumprimento dos pagamentos aos índios. O autor possuía tanta clareza da pretendida eficiência desse projeto, que apresentou até mesmo uma tabela de quanto deveriam receber os indígenas e quanto pagariam de dízimo após dois anos, produzindo erva-mate, couro, cana-de-açúcar e trigo, artigos que deveriam estar inseridos no comércio da região.[33]

Logo nas páginas seguintes, um texto diretamente relacionado aos problemas do presente foi publicado. Tratava-se de um discurso proferido pelo presidente de província de Mato Grosso em 1837, João Antonio Pimenta Bueno. No texto, a principal autoridade dessa província ressaltava a enorme quantidade de indígenas "vagando" por territórios mato-grossenses:

> Muitas differentes nações de Indigenas vadeião os incultos e extensissimos sertões da Provincia, em grandes porções ainda não trilhadas por nossa parte; de algumas temos noticia; e de outras de que seguramente existem bem fundadas conjecturas: entre tanto cincoenta e tres diversas nações estão reconhecidas, e dellas sómente dez domesticadas; algumas outras apenas chegão á falla. No numero das domesticadas não incluo a soberba e intrepida nação dos Cavalleiros Guaicurús, sempre errante, e empreendedora.[34]

Para Pimenta Bueno, a solução mais premente era a adoção de catequese, a fim de ir abrindo novos caminhos à conquista dos nacionais. No entanto, não seria necessário se fazer aldeamentos, pois normalmente homens inaptos para os assuntos do sertão eram os que empreendiam essa atividade, culminando com a

---

33 Thomaz da Costa Corrêa Rabello e Silva. "Memoria sobre a Provincia de Missoes. Offerecida ao Ilm. e Exm. Sr. Conde de Linhares, Ministro e Secretario d'Estado dos Negocios Estrangeiros e da Guerra". In: *RIHGB*, T. 2, n. 6, 2° trimestre de 1840. *Op. cit.*, p. 155/67.

34 "Extracto. Do discurso do Presidente da Provincia do Mato-Grosso, o doutor José Antonio Pimenta Bueno, na abertura da Assembléa Legislativa Provincial, em o dia 1 de Março de 1837". *Idem*, p. 170.

evasão dos indígenas. Assim, para maior eficácia de sua incorporação, recomendava a utilização de homens conhecedores dos hábitos indígenas e zelosos, para lhes trazer à civilização.

Por fim, o presidente da província desaconselhava a vinda de colonos estrangeiros naquele momento para trabalharem na lavoura. Para ele, melhor seria investir na civilização dos índios e uma vez tendo pacificado-os, os colonos poderiam vir em associações coletivas, sem custo, portanto, para a administração pública.[35] Com essa fala vê-se novamente o quanto uma questão estava relacionada à outra, principalmente por que ambas eram soluções para a mão-de-obra. Mais do que isso, para os imigrantes poderem se instalar era necessário uma "limpeza de área", ou seja, não era possível que ainda houvesse indígenas errantes e hostis para ameaçarem os colonos. Nesse sentido, a proposta do presidente do Mato Grosso é paradigmática por demonstrar que, na maior parte das regiões, propor a solução da imigração passava antes pela resolução da questão indígena.

Pode-se também inferir dessas considerações o quanto a exploração da mão-de-obra indígena em determinadas regiões do território nacional, prenhes de conflitos, era uma solução economicamente viável. Normalmente inseridas em economias periféricas, tanto dentro da economia colonial, como então da economia nacional, determinadas regiões poderiam computar os custos de converter essa mão-de-obra indígena em trabalhadores nacionais como mais barata do que soluções exógenas. Dentre as soluções inviáveis tinham-se a importação de escravos africanos, cujo tráfico era cada vez mais dificultoso, e a vinda de imigrantes europeus, ainda prejudicada na medida em que não havia uma política nacional de subsídios à importação desses trabalhadores. Como tem sido frisado até aqui, esse ainda era um período de definições, em que as políticas gerais, visando resolver os problemas de trabalho e terras, ainda não tinham sido colocadas. Diversas soluções foram pensadas em vários pontos do Império e o que se pode vislumbrar é que algumas delas apontavam o interesse em utilizar-se dos indígenas como trabalhadores em regiões onde havia sérios embates entre eles e os nacionais.

Ainda dentro da questão dos índios no debate intelectual, é curioso revelar que até mesmo Francisco Adolfo de Varnhagen, um notório anti-indígena e anti-indianista

---

35 *Ibidem*, p. 173.

a partir da década de 1850, nesse período foi também contaminado pelas preocupações indigenistas de intelectuais e políticos do Império, defendendo em 1841 a necessidade de se conhecerem as línguas dos povos indígenas.[36] Para Varnhagen, conhecê-las implicaria em entender melhor a própria história do Brasil, já que muitas palavras desses idiomas foram incorporadas à língua portuguesa durante a colonização. Segundo ele, as línguas indígenas eram tão rudes quanto os próprios índios, que deveriam ser trazidos à civilização. E não haveria melhor meio de fazê-lo senão utilizando-se de tais idiomas. Por isso, defendia a premência de se ensinar idiomas, de maneira opcional, ao lado das demais línguas "civilizadas".

> Os que se inclinarem ao Francez possuirão uma lingua util na sociedade; quem preferia a vida maritima e commercial terá vantagens no Ingles; a lingua allemã esclarecerá o espírito com a sua philosophia, e offerecerá escriptos classicos pouco conhecidos a respeito do Brasil; e as linguas indigenas permittiráõ ás ordens religiosas desempenhar a sua missão, e servirão de grande auxilio ao litterato que se occupar em investigações litterarias para bem da patria, alimentando o espirito de nacionalidade, que na judiciosa opinião do Americano Ellery Channing é a literatura nacional a primeira base para se firmar a independencia e a integridade das nações.[37]

Como desdobramento dessas ideias, Varnhagen pediu vários encaminhamentos: que se solicitasse ao imperador a criação de Aulas de Línguas Indígenas; que se imprimisse o Dicionário Português e Brasileiro (ou Brasiliano e Português); por fim, no âmbito interno do Instituto, a criação de uma Sessão de Etnografia Indígena, que ficaria responsável por categorizar as diversas "nações" indígenas existentes no presente e os meios mais eficientes para catequizá-las e civilizá-las.[38]

---

36 Francisco Adolfo de Varnhagen. "Memoria sobre a necessidade do estudo e ensino das linguas indigenas do Brazil". In: *RIHG*, T. 3, n.º 9, abril de 1841. Rio de Janeiro: Typographia D. L. dos Santos, Reimpressa em 1860, p. 53-63.

37 *Ibidem*, p. 59.

38 *Ibidem*, p. 61-63.

Em consideração às propostas de Varnhagen, os membros do IHGB formaram comissões para encaminhar e melhor formular os temas que deveriam ser propostos ao governo. No que tange ao âmbito interno do Instituto, sobre a criação da Sessão de Etnografia Indígena, isso não seria possível de imediato, pois teriam de se mexer nos estatutos da entidade, procedimento possível de se apresentar como proposta somente na Sessão Aniversária do Instituto, que seria realizada ao fim daquele ano. No entanto, nessa 3ª Sessão Aniversária, realizada em novembro de 1841, a proposta de Varnhagen não apareceu. Como encaminhamento dessa Sessão, apenas a criação de duas comissões, uma para descrever todos os atos de sagração e coroação de D. Pedro II e a outra para estudar os feitos da independência no Brasil, o que por sua vez, demonstra onde estavam situados os personagens centrais da história nacional que se estava construindo.

Aliás, nessa mesma sessão, segundo falas do presidente da entidade, visconde de São Leopoldo, e do secretário perpétuo, Januário da Cunha Barbosa, buscava-se também resgatar uma possível história das civilizações gloriosas das quais teriam descendido os indígenas do Brasil. Essa tese vinha sendo sustentada pelos membros do Instituto e seus colaboradores, conforme as alegadas evidências encontradas por von Martius e pelo naturalista Vieira Couto. Von Martius iria reafirmar suas convicções de que, num passado bastante remoto, os nativos do Brasil teriam sido tão avançados quanto os impérios inca e asteca. Essa ideia circulou mais precisamente em seu texto publicado em 1845, "Como se deve escrever a história do Brasil", citado acima.[39] Já Vieira Couto pretendia provar que o território brasileiro sofrera ao longo dos séculos passados, antes da chegada dos portugueses, inúmeras transformações e revoluções geológicas, em que rios, terras e montanhas teriam mudado de lugar.

---

39 "Até agora não se descobriram no Brazil (ao menos que eu saiba) vestigios de semelhantes construcções, pois que as noticias manuscriptas, das quaes uma copia a 'Revista Trimensal' do ano de 1839, pag. 181, e que induziram ao Sr. Benigno José Carvalho e Cunha (ibid 1841, pag. 197) a suspeitar que ha uma grande antiga Cidade ao lado do Sul da Serra de Sincorá, sobre o braço esquerdo do Sincorá, são até agora os unicos que se conhecem sobre monumentos Brazileiros, que se assemelham em grandeza e solidez com os do Mexico, Cundinamarca e Bolivia. A circumstancia porem de não se terem achado ainda semelhantes construcções no Brazil certamente não basta para duvidar que também n'este paiz reinava em tempos muito remotos uma civilização superior, semelhante a dos paizes que acabo de mencionar". Martius, *op. cit.*, p. 388-389.

Cunha Barbosa concluía, em seu discurso, que muitas evidências haviam ainda de ser descobertas sobre esse território, como ruínas enterradas das civilizações que aqui existiram, bem como fatos pontuais, a exemplo do português João Ramalho ter chegado à capitania de São Vicente antes mesmo da vinda da esquadra de Cabral. Embora aos olhos do leitor de hoje essas especulações sobre a existência de civilizações mais desenvolvidas no território americano possam parecer fantasiosas, segundo os estudos e as especulações do período, essas hipóteses eram perfeitamente factíveis. Isso devido ao fato de as pesquisas arqueológicas e geológicas serem ainda incipientes e também porque essas ideias eram respaldadas por um forte viés ideológico, teimando em enxergar nesse espaço referências oriundas de um mundo europeu, tido como superior. Portanto, mais do que postulados científicos, essas afirmações apareciam como interessantes para os políticos e intelectuais do Império brasileiro na medida em que afirmavam a inferioridade cultural dos índios do presente. Como consequência disso, os nacionais teriam o dever moral de convertê-los e civilizá-los, pois deixá-los abandonados à própria miséria e fereza seria um crime maior do que usar da força para fazê-lo.

Dois anos depois dessa Sessão, na 5ª Sessão Aniversária, realizada em dezembro de 1843, Cunha Barbosa comemorava em sua fala as aquisições para o acervo do IHGB feitas durante esses cinco anos, que permitiriam agora escrever a "verdadeira" história da nação brasileira através dos inúmeros documentos coletados. Nesse espírito de vitória dos objetivos pretendidos pelo Instituto, o secretário foi bastante convicto em afirmar que a questão indígena tinha então por parte do Império dimensionada sua real importância:

> O Sr. Dr. José Baptista da Silva Bueno enviou-nos de S. Paulo a cópia de um vocabulario portuguez e brasiliano, que o Instituto aceitou com muito agrado, por conhecer o interesse que de taes obras póde resultar á catechese dos indios, de que parece occupar-se agora o governo imperial, bem convencido de que a civilisação só pode chegar ao interior do Brasil levada por missionarios, e estes sufficientemente instruídos na lingua dos indígenas.[40]

---

[40] "Relatório. Lido no acto de solemnizar o 5º anniversario do Instituto Historico e Geographico Brasileiro no dia 10 de Dezembro de 1843 pelo Secretario Perpetuo, o Conego Januario da Cunha Barbosa". In: *RIHGB*. Supplemento ao T. 5,° 3ª ed. Rio de Janeiro: Typographia Universal de Laemmert, 1885, p. 20.

Cunha Barbosa fez a defesa da missionação religiosa como estratégica para a finalidade da civilização indígena, ideia que certamente foi incorporada no Regulamento das Missões. Nesse sentido, é oportuno lembrar que uma política de importação de padres capuchinhos da Itália pelo Império havia começado alguns anos antes do Regulamento. Antes até do governo imperial deliberar sobre a vinda dos capuchinhos, o Ceará foi pioneiro sobre o tema, numa resolução provincial datada de 1842.[41] Desse modo, fosse o debate dos intelectuais do IHGB, fossem algumas providências tomadas no nível provincial, fosse ainda o empenho do governo imperial em aprovar a vinda de capuchinhos para todo o Império em 1843, todos esses movimentos indicam a volta da crença na prática missionária como o meio mais eficiente de empreender a civilização e a catequese dos indígenas. Para José Oscar Beozzo, de toda forma, os missionários capuchinhos não foram recriados na década de 40, mas se mantinham ativos há muito tempo, apesar das perseguições sofridas durante a regência de Diogo Feijó.[42]

Políticas para a consolidação da nação

Antes de se voltar para os embates discursivos que respaldavam a política indigenista, convém fazer uma breve digressão sobre os embates concretos e palpáveis existentes nos sertões do Império, considerando as estratégias que vinham sendo usadas para submeter os indígenas. O avanço e a posse sobre as terras dos índios

---

41 Foi no nível provincial, no Ceará, em 1842, que essa política se iniciou. "10/11/1842. Resolução Provincial n.º 7. Provincia do Ceará. Fica authorisado o Governo da Provincia a sollicitar Missionarios Capuchinhos Italianos, que se occupem na Catequese dos Indios". In: *LI*, p. 184-185. No Império, no ano seguinte, ela ampliou-se. "21/06/1843. N.º 285. Decreto. Autorisa o Governo para mandar vir da Italia Missionarios Capuchinos, distribuil-os pela Provincias em Missões; e concede seis Loterias para aquisição ou edificação de predios, que sirvão de hospicios aos ditos Missionarios". In: *LI*, p 185-186; "30/07/1844. N.º 373. Decreto. Fixando as regras que se devem observar na distribuição pelas Provicias dos Missionarios Capuchinhos". In: *Idem*, p. 189-190. Em São Paulo, tem-se indícios da vinda dos capuchinhos para as vilas de Palmas, Guarapuava e Paranapanema em novembro de 1844, seguindo ordem do imperador. Registros de Ofícios Diversos. Faxina, C01013, anos 1839-1850 (C-218, P-3, D-48). Manuscritos, AESP. [Doravante ROD-AESP]

42 José Oscar Beozzo. *Leis e regimentos das missões. Política indigenista no Brasil*. São Paulo: Edições Loyola, 1983, p. 75-87.

arredios e hostis ao contato eram atividades de exploração econômica e, ao mesmo tempo, de guerra, empreendidas pelos nacionais. Normalmente os moradores das regiões de conflito montavam tropas locais, às quais tinham que municiar e manter segundo suas rendas. Isso gerava alguns impasses, uma vez que esses proprietários solicitavam inúmeras vezes para serem ressarcidos pelos cofres públicos, provincial ou imperial.[43] Com relação a São Paulo, como se verá no capítulo 6, essa restituição de gastos aos moradores era realizada através de uma dotação orçamentária provincial para a Catequese e Civilização dos Índios, especialmente a partir de 1834, com a criação do cargo de Presidente de Província e a formação da Assembleia Legislativa Provincial.

No entanto, eram constantes as queixas de que essa verba não era suficiente e não chegava para as despesas feitas. Muitas vezes também se alegava que o dinheiro gasto para catequese e civilização tinha sido em vão, já que os indígenas continuavam retornando às matas, "vagando" com seus hábitos "bárbaros", segundo as falas dos presidentes da província.[44] Esse é um indício de que os índios ainda resistiam à conversão. Os políticos paulistas tinham consciência que a resolução desse impasse só seria possível através de uma efetiva política de Estado, com um plano detalhado de civilização, conforme vinham defendendo desde 1830.[45] Essa consciência advinha do fato de que, ao entregar a conversão dos indígenas a

---

[43] Não mencionarei em detalhes os documentos que relatam essa questão, uma vez que o farei mais adiante, na segunda parte do trabalho. Cabe citar que estão circunscritos aos manuscritos do ROD-AESP de Faxina (C01012, C01013) e de Itapetininga (C01054, C01055, C01056).

[44] Os problemas orçamentários e a falta de uma política melhor definida sobre os indígenas apareceram desde a vigência do Conselho de Província, de 1823 a 1834, e mantiveram-se com a implementação do Presidente da Província e da Assembleia Legislativa Provincial, a partir de 1835. *Documentos interessantes para a história e costumes de São Paulo*. Vol. 86. Atas do Conselho da Presidência da Província de São Paulo, anos de 1824-1829. São Paulo: Secretaria da Educação/Arquivo do Estado, 1961; *Boletim*. Vol. 15 (Nova Fase). Atas do Conselho da Presidência da Província de São Paulo. 1829/1832. São Paulo: Departamento do Arquivo do Estado de São Paulo/Secretaria da Educação, 1961; Eugenio Egas. *Galeria dos presidentes de São Paulo*. Periodo Monarquico, 1822/1889. 1º vol. São Paulo: Secção de obras d' "O Estado de São Paulo", 1926; *Annaes da Assembléa Legislativa Provincial de S. Paulo*. 1835-1845. São Paulo: Secção de Obras d' "O Estado de São Paulo", 1926. 6 vols.

[45] Os membros do Conselho da Província de São Paulo propuseram a criação de uma Sociedade de Catequese de Civilização dos Índios. Esse projeto pode ter até mesmo vingado, mas não se viu qual-

agentes diretamente interessados na sua exploração, só faziam aumentar as hostilidades. A necessidade de tratá-los com bons modos foi recorrente em inúmeros documentos do período, pois se tinha a noção de que pessoas probas e caridosas, como teoricamente deveriam ser os religiosos, seriam as mais aptas para exercer a conversão dos índios. Essa noção foi se tornando mais premente na medida em que não cessavam as agressões ocorridas e sofridas de lado a lado.

Esses aspectos levantados acima circunscrevem-se à relação direta entre indígenas e nacionais, focalizando especialmente o caso da província paulista. Em relação ao centro do Império, assistia-se no parlamento e no IHGB o ressurgimento de discussões envolvendo a questão indígena e os temas a ela correlatos, conforme discutido no capítulo 2: imigração, terras, escravidão. Junto com esses quatro temas, mais dois foram agregados: a vinda de missionários estrangeiros para catequizar os indígenas e o problema da soberania nacional, ameaçada por interesses ingleses em áreas onde viviam alguns grupos de índios.

Em 1836, por exemplo, um projeto oriundo de São Paulo pedia uma deliberação sobre sesmarias abandonadas e terrenos devolutos. Depois de inúmeras discussões que versavam sobre a validade dos títulos de sesmarias e as condições dos terrenos cedidos, o projeto foi aprovado, embora ainda se devessem ser discutidos mais alguns itens.[46] No bojo dessa discussão foram trazidos problemas como as condições daqueles sesmeiros em terras suscetíveis a ataques de índios, o que deveria ser levado em conta como uma dificuldade de ocupação. Esse aspecto foi desconsiderado e a questão mais geral da apropriação territorial no Império, que teria que lidar com as terras indígenas não foi nesse momento abordada. Os aspectos referentes à terra que traziam maior ponto de conflito eram as desavenças entre sesmeiros e posseiros (aqueles que tinham título da propriedade, contra aqueles que simplesmente ocupavam as terras). Esse conflito gerava um impasse na delimitação das terras como públicas e privadas, expresso

---

quer referência a ele depois de então. "13ª Sessão Ordinaria. A 25 de Outubro de 1830" e "14ª Sessão Ordinaria. A 29 de Outubro de 1830". In: *Boletim*. Vol. 15 (Nova Fase). *Op. cit.*, p. 104/6.

46 A discussão sobre representação da Assembleia Provincial de São Paulo e do respectivo parecer d Comissão de Legislação sobre essa representação – que tratava das sesmarias desaproveitadas deu-se na sessão de 30 de maio de 1836. As discussões estenderam-se pelas sessões de 3, 6, 7, 8, 1: 15, 17 de junho e 29 de agosto de 1836. *ASIB*. 1836. Brasília, Senado Federal/Subsecretaria de Anai: 1978, p. 74-75; 88-90; 94-95; 97; 99; 105-106; 109-110; 114; 317-318.

na indefinição por parte do Estado sobre a cobrança de impostos das terras particulares e sobre a finalidade das terras públicas sob a alçada do Império. A chamada Lei de Terras, aprovada em 1850 e regulamentada em 1854, foi então a primeira política geral sobre o tema no Estado brasileiro.[47] Na verdade, ela não conseguiu resolver o problema no plano imediato, já que a legalização da posse e dos títulos de terras passava por medição e pagamento de tributos. Esse mecanismo era oneroso aos proprietários, que faziam de tudo para burlar a lei. Além do que, a categorização das terras entre privadas e públicas (devolutas), fez com que os ricos proprietários buscassem expandir cada vez mais seus terrenos, ampliando suas posses em território devoluto. Esse processo se deu especialmente a partir da segunda metade do oitocentos, justamente com a Lei de Terras, o que demonstra que mesmo o projeto do Estado para disciplinar a apropriação territorial não obteve êxito nas primeiras décadas, não evitando assim a expropriação, pelos mais ricos, das terras dos menos favorecidos (homens pobres, indígenas, colonos etc.).[48]

Retrocedendo ao período que interessa mais diretamente a esse trabalho, apareceu um projeto em 1843 que foi mesmo o embrião da futura Lei de Terras. Este projeto procurava englobar três questões dentro de um mesmo problema (terras, escravidão e colonização). Oriundo da Câmara, a proposta chegou ao Senado no final deste ano e versava sobre a proibição da aquisição de terras devolutas que não fosse por compra. Além disso, este texto propunha um imposto a ser cobrado sobre essas terras para financiar a vinda de colonos "úteis para o império", "já promovendo a introdução de trabalho de braços livres que venham encher o vazio que deve deixar a falta de importação de africanos".[49] Somente dois anos depois de apresentado no Senado, tal projeto entrou na ordem dos trabalhos. Depois de ter sido discutido por cinco sessões ao longo do ano de 1845, contando, inclusive, com a presença de ministros para esclarecerem a posição do governo sobre o tema, a discussão ficou adiada.

---

47 "18/09/1850. Lei N.º 601. Dispõe sobre as terras devolutas no Império..." e "30/01/1854. Decreto n.º 1318. Manda executar a Lei n.º 601 de 18 de Setembro de 1850". In: *LI*, p. 212-213; 221-224.

48 Lígia Osório Silva. *Terras devolutas e latifúndios*. Campinas: Editora da Unicamp, 1996, p. 141-165.

49 Leitura do Parecer das Comissões de Fazenda, Agricultura e Comércio em sessão de 13 de outubro de 1843. *ASIB*. 1843, T. 9º. Brasília: Senado Federal/Subsecretaria de Anais, 1978, p. 236.

A justificativa usada para o seu adiamento foi que um senador havia proposto outro projeto para a aquisição de terras, o que inviabilizava a discussão do primeiro.[50] Se as questões da posse e propriedade territorial e do trabalho estavam entrando nas agendas parlamentares na década de 1840, a questão indígena esteve atrelada a esse movimento. Assim, os legisladores foram respondendo a essas demandas, explicitadas pelo forte debate e pela campanha em prol de um projeto civilizador dos índios por parte de Império, oriunda do IHGB. Como a solução pela via da catequese foi amplamente defendida pelos intelectuais, essa pareceu para o governo imperial como a solução mais adequada. Tal processo torna mais concreta a hipótese de que foi esse movimento de discussão e valorização dos índios a partir de 1838, desencadeado pelo IHGB, que forneceu subsídios para a elaboração da primeira lei geral do Império relativa ao tema. Assim, muitas das ideias de Januário da Cunha Barbosa, principal porta-voz das necessidades de controle das populações indígenas do Instituto, iriam figurar no espírito da lei implementada em 1845.

A questão indígena recomeçou a ser discutida no parlamento em 1843, relacionando-se com a vinda dos capuchinhos ao Brasil. A lei do orçamento desse ano previa que o governo deliberasse sobre os regulamentos que deveriam reger as missões onde os missionários atuariam. A partir de então, os parlamentares passaram a reclamar do Império sobre a ausência desses regulamentos, que deveriam cuidar de converter os indígenas a partir de então. Essa cobrança foi feita diretamente ao gabinete liberal que sucedeu o de Honório Hermeto Carneiro Leão em 1844.[51] Os liberais, por sua vez, retrucavam que esse projeto não se faria da noite para o dia, pois requeria muitas informações, como se defendeu o ministro da Fazenda, Manuel Alves Branco:

---

50 As discussões sobre o projeto de aquisição de terras devolutas deram-se nas sessões de 22 de janeiro 14, 27 e 29 de maio e 28 de agosto de 1845. Em 3 de setembro do mesmo ano, a discussão do projeto ficou adiada. *ASIB*. 1845, T. 3º. Brasília: Senado Federal/Subsecretaria de Anais, 1978.

51 Em sessão de 10 de maio de 1844, já no contexto do Ministério liberal, o senador Bernardo Vasconcelos reclamou contra a alegada inércia desse ministério, dizendo que o governo não havia nem mesmo regulado sobre a catequese e civilização dos indígenas, conforme mandara a lei. *ASIB* 1844, vol. único. Brasília, Senado Federal/Subsecretaria dos Anais, 1978, p. 136-137. Em sessão de 1 de maio do mesmo ano, o ministro da Fazenda, Alves Branco, respondeu. *Idem*, p. 214.

Também falou o nobre senador na falta de regulamentos sobre a catequese. Não sei se tal censura pode cair sobre o ministério. É objeto de muita utilidade, mas depende de muitos conhecimentos e práticas de diversas nações de índios, que habitam os sertões. Não é coisa que se faça a inventar. Como pois quer o nobre senador que um ministério de três meses já o tenha feito, e mandado executar? Não; esta censura, como as outras, é injustíssima, e mal cabida. Estou persuadido que se deve tratar deste objeto: mas também persuadido que o ministério não pode ainda ser censurado como razão pelo não ter feito.

O Sr. Vasconcelos – A lei do orçamento mandou fazer este regulamento.[52]

Os impasses sobre a questão indígena foram também um instrumento utilizado pelos políticos nos embates entre as facções opostas. Embora realmente expressando projetos de poder distintos, grupos com os conservadores puros (saquaremas), conservadores moderados (áulicos), liberais mineiros e paulistas (luzias), liberais moderados capitaneados por Holanda Cavalcanti, liberais pernambucanos (praieiros) etc., convergiam no sentido de serem formados por grupos de elites.[53] Apesar de todas as suas diferenças de interesse e projetos, sua unidade assentava-se no fato de formarem uma camada social diferenciada, em detrimento de uma massa de pobres, distanciado-se também dos escravos e indígenas. Os políticos imperiais, membros das classes abastadas da sociedade, procuravam resolver conflitos e ambiguidades existentes na sociedade imperial com vistas a garantir a separação entre sociedade civil e sociedade política. Garantia-se assim a ausência dos escravos e índios nestes dois grupos, conforme enunciado na Carta de 1824, fazendo com que as elites se digladiassem entre si para garantir o monopólio da terra e da mão-de-obra, privilégio daqueles que tinham liberdade e propriedade.[54]

---

2 Fala do ministro Alves Branco, com intervenção de Vasconcelos em sessão de 13 de maio de 1844. *Idem*, p. 214.

3 Esse tipo de categorização é algo sempre arriscado de se fazer. Como não fiz um estudo mais apurado sobre os partidos políticos da 2ª Regência, apoiei-me nos estudos de Izabel Marzon, respeitável estudiosa do tema. *Op. cit.*

4 Ilmar Rohloff Mattos. *O tempo Saquarema*. São Paulo: Hucitec/Minc, 1987, p. 109-117.

Voltando à fala do ministro Manuel Alves Branco em 1844, percebe-se que sua alegação da falta de dados específicos para se chegar às balizas gerais para a confecção de uma política indigenista não se baseava numa ideia nova. Conforme visto ao longo deste estudo, desde 1823 buscavam-se dados das diversas regiões para compor um projeto geral. O que havia mudado nesse período, que tornava possível a efetivação de uma lei para os indígenas? Segundo se depreende desse movimento político e intelectual levado a cabo a partir da década de 40, a mudança residia na necessidade do Estado de se posicionar definitivamente sobre esse tema, sem mais adiamentos. Tal movimento está logicamente atrelado à demanda por braços na lavoura, com a eminência do fim do tráfico negreiro, ligado também à vinda de imigrantes e à ocupação da terra.

Para se entender o Regulamento das Missões é preciso voltar às discussões que permitiram a vinda dos missionários capuchinhos para a civilização dos índios no ano de 1843. Muitos argumentos se colocaram contra essa importação, alegando a falta de verbas para tão custoso projeto, ou que o problema teria que ser resolvido no próprio Império, aprimorando a formação de padres no Brasil e não os trazendo de fora, dentre outras polêmicas.[55] Ao que se pode depreender das discussões, tem-se a impressão que além do tema dos capuchinhos em si, o que estava em jogo era uma demarcação do campo político, estabelecendo as diferenças entre os grupos que compunham o parlamento, como dito acima. Assim, o gabinete conservador era acusado pela oposição de viver uma política "do futuro", em que os problemas atuais não eram resolvidos, mas encaminhados para uma resolução ilusória, cujos resultados não seriam imediatos, conforme atacou o senador Holanda Cavalcanti:

> Alguns dos Srs. Ministros, e outros também apoiados pelo nobre senador inculcam-se homens do futuro; mas as suas medidas, como homens d futuro, ciframe-se em papel-moeda, escravos e frades! (...) Elas parecem-s todas umas com as outras; podem iludir um momento. Parece, à primeir

---

55 As discussões sobre o projeto de importação de capuchinhos deram-se: na Câmara, nas sessões d 11 de janeiro, 02, 06, 08, 09 e 11 de maio de 1843. *APB*. Camara dos Srs. Deputados. 1843, T. 1°, 2° e 3 Rio de Janeiro: Typographia de Hyppolito Pinto, 1881. No Senado, em 15 de maio, 07, 08, 09, 10 e 1 de junho de 1843. *ASIB*. 1843, Vols. 5 e 6. Brasília: Senado Federal/Subsecretaria de Anais, 1978.

vista, que com o papel-moeda o ministro [Honório Hermeto Carneiro Leão, Ministro da Justiça e de Estrangeiros] fica desassombrado! Os escravos, no primeiro momento, parece que dão uma riqueza enorme! Os religiosos, quando chegam, vão converter muitos índios, vão fazer grandes milagres! Mas o resultado de qualquer dessas medidas, qual é? Eis os homens do futuro, senhores![56]

Se olharmos para as falas de políticos como o senador Bernardo Vasconcelos e o ministro Honório Hermeto Carneiro Leão em 1843 pode-se inferir que os políticos conservadores estavam engajados num projeto de efetivação de uma política indigenista que, por sua vez, abriria caminho para a resolução das outras questões a ela relacionadas. No entanto, não se percebe um projeto alternativo a esse, ou seja: a oposição liberal, com suas várias facções, não propunha, necessariamente, outra política indigenista. Suas discordâncias eram pontuais e não fundamentais. O que estava em jogo era muito mais a disputa do espaço político, em que determinado grupo não queria compactuar com um projeto de seus opositores, do que uma concreta divergência de opiniões e meios de tratar a questão indígena. Isso pode ser notado quando se coloca, por exemplo, certas convergências de posições, como a de um ministro conservador como Carneiro Leão, em 1843, e outro liberal como Honório Cavalcanti, em 1845, que encamparam propostas indigenistas durante o período em que participaram de seus respectivos gabinetes ministeriais.

Também o senador paulista Paula Souza, representante da ala liberal paulista, desfiou uma série de motivos contra a importação desses frades em 1843 (disse que era um modismo usar a religião para pôr fim às desordens, que não havia fundos para bancar os capuchinhos, que melhor seria investir na formação de padres brasileiros etc.). No entanto, tinha consciência que era voto vencido, que havia naquele momento no Império um discurso homogêneo, que não seria facilmente derrubado:

---

56 Fala do senador Holanda Cavalcanti na discussão sobre emendas feitas ao orçamento de 1842 a 1843, em sessão de 24 de maio de 1843. *ASIB*. 1843, vol. 5. Brasília: Senado Federal/Subsecretaria de Anais, 1978, p. 367-368.

Não acho pois que o projeto deva ser aprovado, nem no fundo nem na forma. Sei que há de passar, não o estranho, sei que há certos tempos em que certas ideias predominam tanto, que não é possível impor-lhes diques; é preciso que elas mesmas, pelo desmoronamento que fazem à sociedade, se suicidem e morram. Eu creio que estamos nesses tempos; por isso o que hei de fazer? Resignar-me e confiar na Providência.[57]

É curioso perceber a força desse movimento, que mesmo alimentando longos debates tanto no Senado como na Câmara dos Deputados, não demoveu um ponto sequer do projeto original apresentado na Câmara.[58] Questionamentos sobre os custos do projeto, o problema de se manter através de loterias (que funcionavam como um paliativo), o desprestígio ao clero nacional que significava a vinda de padres estrangeiros e mesmo a dúvida se a discussão da proposta era realmente relevante e importante frente a outras questões, não levaram ao seu veto. Muito pelo contrário. Ele seguiu firme em sua aprovação, percebendo-se que havia realmente um projeto, por parte do Império brasileiro naquele período, de resolver efetivamente o problema da manutenção de populações indígenas autônomas. Desse modo, de acordo com Izabel Andrade Marzon, o ideal de um "Império do progresso" pretendido pelos conservadores pressupunha a preparação para o liberalismo econômico, com a superação do escravismo e a vinda de imigrantes. Dentro desse projeto, a resolução da questão indígena tinha um sentido de modernização do Estado, que numa mão previa os índios incorporados como cidadãos (ainda que num longo prazo) e, na outra vertente, promovia a retirada dessas populações de regiões estratégicas, funcionando, portanto, como um projeto de desocupação dessas áreas.

Sobre a trajetória do projeto dos capuchinhos, sua formulação deu-se no âmbito da Comissão de Assuntos Eclesiásticos da Câmara dos Deputados. O projeto foi efetivamente debatido no Senado somente a partir da terceira discussão

---

57 Fala do senador Paula Souza em sessão de 8 de junho de 1843. *ASIB*. 1843, vol. 6. Brasília: Senado Federal/Subsecretaria de Anais, 1978, p. 53.

58 O Decreto n.º 285 de 21/06/1843 foi assinado por Honório Hermeto Carneiro Leão, saído do Senado para subir à sanção imperial em 12 de junho do mesmo ano.

e, embora ponto de polêmicas tanto numa casa quanto em outra, rapidamente subiu à sanção imperial sem mais delongas.[59] A pergunta que fica quando se conhece esse processo é por que a escolha dos capuchinhos predominou, apesar de tantos argumentos contrários à sua vinda.

Conforme dito, ao que tudo indica, a proeminência da solução missionária nesse período foi fortemente influenciada pelos estudos feitos pelos intelectuais, ao apontarem que os padres haviam sido menos violentos na conversão dos índios do que outros agentes coloniais, como os sertanistas, por exemplo. Isso demonstra a visão de que a solução da catequese era a retomada de um meio que tinha sido bastante eficiente durante o período colonial. Nesse sentido, fechou-se um ciclo no que tange à questão indígena no Império, influenciado pelo papel do IHGB. Anteriormente, toda vez que se tentava aprovar uma lei geral para resolver os conflitos entre os índios e os nacionais, alegava-se a falta de estudos e conhecimentos sobre o tema e as diferentes realidades do Império. O Instituto, desde seus passos iniciais, tomou a questão indígena como uma das bandeiras de sua prática intelectual. Aliando os conhecimentos sobre a história colonial com memórias e programas escritos no presente sobre os indígenas, chegou a formular esboços do que deveria ser um projeto de Estado. Conforme visto acima, os índios como solução para a mão-de-obra nacional e a catequese com missionários como o meio para se conseguir esse objetivo, foi o balanço obtido pelos estudos do IHGB. O governo imperial, em consequência, tratou de pôr em prática tais propostas,

---

59 Esse movimento parece coadunar-se com o projeto conservador, levado a cabo por Honório a partir da maioridade que, nessa primeira fase, durou até a queda deste ministro em 1844. "Na verdade, tratava-se de um recurso político, o invólucro formal para conter o arrojado programa de reformas centralizadoras, destinadas a criar condições para o 'progresso material e moral'. O novo ritmo para a economia impunha o domínio de postos de decisão política até então gerenciados por proprietários locais, remanescentes do período colonial ou nascidos durante a sua desintegração; o imperador e todo o formalismo da Corte seriam o revestimento do poder ocupado por essa camada de proprietários ligados a financistas e mesmo banqueiros europeus. Políticos como os Otoni, Tobias de Aguiar, Feijó ou mesmo Holanda Cavalcanti, eram vistos como homens do passado, defensores de um sistema político que levava à desordem e à fragmentação do Império e preservava o 'Brasil tradicional'. Combinadas, a Lei de Interpretação, a Reforma do Código e a recomposição da Corte e do imperador-fantoche, ao abrirem espaço para a concentração de poder de magistrados e políticos fiéis e ilustrados, assentavam o terreno para a instauração do *laissez-faire*, a superação do tráfico e do próprio trabalho escravo, e a promoção da imigração estrangeira." Marzon, *op. cit.*, p. 199.

conforme se viu através das várias discussões e medidas administrativas ocorridas concomitantemente, o que, por sua vez, demonstra a articulação entre esses níveis de poder e do pensamento imperial. Esse projeto por parte do Império derrotou também questionamentos plausíveis, como, por exemplo, o de por que não usar o próprio clero nacional na conversão dos índios. Ou ainda, por que não montar no Brasil um colégio preparatório de padres para a conversão, conforme foi sugerido inclusive no interior do IHGB. Não é possível chegar a uma resposta exata, mas segundo se depreende das discussões a vinda dos clérigos estrangeiros seria a solução mais imediata para um problema que já vinha incomodando os nacionais há duas décadas. Assim, a importação dos missionários preparados pela Propaganda Fidei, órgão do Vaticano que enviava missionários para todo o mundo, parecia ser uma resposta direta e de resultados presumivelmente mais eficientes para resolver a questão indígena.[60]

Outra hipótese, aventada pela antropóloga Marta Amoroso em estudo recente, relaciona a vinda dos capuchinhos italianos ao casamento do imperador D. Pedro II com a princesa Teresa Cristina, do Reino das Duas Sicílias. Esse matrimônio selou os laços entre Brasil e Itália, inclusive com incentivo do Papa, pois a vinda de uma princesa católica para a América representava, de certa forma, a expansão da cristandade. Não por acaso, os padres capuchinhos e os trabalhadores italianos seriam algumas das grandes marcas da política do 2º Reinado.[61]

---

60 Marta Amoroso, em seu importante estudo sobre as missões capuchinhas no Império na região do Paraná, argumenta que a escolha dos padres da Ordem Menor dos Capuchinhos deu-se em virtude de essa instituição católica ser, naquele período, a que mais relevo tinha dentro de Roma para as missões de catequese. A Sagrada Congregação da Propaganda Fidei era o órgão do Vaticano incumbido de preparar missionários para a propagação da fé e os capuchinhos eram os principais missionários destinados para todo o mundo. Os decretos imperiais de 1843 a 1845 davam ao Imperador a primazia no controle desses missionários. Amoroso relata que esse fato gerou represálias por parte de Roma, que sonegava o envio dos missionários pedidos para o Brasil. Esse conflito só foi resolvido em 1862 com um acordo entre D. Pedro II e o Vaticano, no qual os padres capuchinhos teriam maior autonomia em suas missões. *Catequese e evasão*. Etnografia do aldeamento indígena de São Pedro de Alcântara, Paraná (1855-1895). Tese de Doutorado em Antropologia Social. São Paulo: FFLCH/ Universidade de São Paulo, 1998, p. 28-33.

61 Marta Amoroso. "Crânio e cachaça: coleções ameríndias e exposições no século XIX". In: *Revista de História*. n. 154. São Paulo: Departamento de História/FFLCH/USP, 1º 2006, p. 128-129.

Conforme visto, os índios estiveram no centro de importantes debates da década de 1840. Um aspecto curioso foi o levantado insistentemente pelo senador mineiro Bernardo Vasconcelos no decorrer dos anos de 1843 a 1844, o da soberania nacional. Este senador era ardoroso defensor da escravidão negra e da continuidade do mesmo tráfico, chegando à máxima de que "A África civiliza o Brasil", assumindo ele, portanto, a escravidão como a base do Império brasileiro.[62] Nesse sentido, pode-se perceber por que Vasconcelos empreendeu crítica feroz à Inglaterra, acusando-a de ferir a soberania nacional. No item específico sobre os indígenas, este senador bradava contra os contatos que a Inglaterra vinha estabelecendo com grupos nas fronteiras do Império brasileiro.[63] Para ele, a Inglaterra feria os direitos internacionais ao ter reivindicado e obtido a posse de uma área ocupada pelos índios da aldeia de Pirara, entre os rios Orenoco e Amazonas, outrora circunscrita ao território sob jurisdição do Brasil, alegando que aquele grupo havia pedido a proteção do trono inglês.

> Se passa um precedente tal, se admitimos como um ponto de nosso direito público que, todas as vezes que a Inglaterra nos disputar qualquer parte do nosso território, o recurso que nos resta é desistir de uma posse de nosso direito, qual será o território com que possamos contar? Esta mesma corte e a província do Rio de Janeiro poderão ser contestadas pelo inglês, com o mesmo direito com que ele nos contesta e usurpa o território mencionado. Ele nos dirá: -- Os índios da província do Rio de Janeiro têm implorado a proteção da rainha Vitória, por impulsos de sua filantropia, se há dignado protegê-los. (...) De acordo com este precedente, cabe ao governo brasileiro retirar-se da corte e da província, e pedir por graça especial ao inglês que as reconheça neutras![64]

---

62 Fala do senador Vasconcelos em sessão de 25 de abril de 1843. *ASIB*. 1843, vol. 4. Brasília: Senado Federal/Subsecretaria de Anais, 1978, p. 346-347.

63 Discussões em 3 de junho de 1843, 10 de e 13 de maio de 1844. Aqui se vê a posição do conservador Vasconcelos contra o gabinete liberal de Alves Branco.

64 Fala de Vasconcelos em 3 de junho de 1843. *ASIB*. 1843, vol. 6. Brasília: Senado Federal/Subsecretaria de Anais, 1978, p. 4-10.

Embora a discussão de Vasconcelos transcendesse à temática indígena e remetesse diretamente à questão da soberania nacional, ameaçada pelo que ele entendia ser interferência da Inglaterra nos interesses do país, diretamente relacionados à manutenção da escravidão, aqui ele traz a temática indígena sobre outro viés. Vasconcelos reclamava, pois, que o Estado brasileiro deveria ter pleno contato com as populações indígenas, mantendo-as necessariamente sob seu controle e assistência. Assim, com o propósito de evitar invasões inglesas em pontos de ocupação vulnerável pelo Império brasileiro em território americano, indiretamente o senador trouxe também à pauta do dia a questão indígena. Ou se resolvia essa questão, ou a soberania nacional estava seriamente ameaçada. Não porque os índios fossem uma ameaça ao Estado nacional brasileiro, mas sim porque eram porta de entrada para que a Inglaterra pudesse sê-lo. Foi nesse sentido que Vasconcelos cobrou do ministro da Fazenda, Alves Branco, em 1844 que até àquela altura o governo ainda não tivesse apresentado os regulamentos sobre as missões dos indígenas. No entanto, essa espera não iria se alongar por muito mais tempo. Um ano depois, em julho de 1845, o governo imperial deliberou sobre o funcionamento dessa lei, sem passar sequer pelo parlamento. Conforme mostrou Patrícia Melo Sampaio, o Regulamento das Missões foi aprovado no Conselho de Estado, órgão não abordado em minha pesquisa. Como estudou a autora, mesmo no âmbito interno desta instituição, o projeto não sofreu longas discussões, sendo rapidamente aprovado.[65]

Recompostos estes antecedentes torna-se possível compreender a função que teve esse projeto, implementado na forma do Decreto n.º 426, contendo o "Regulamento acerca das missões de catequese e civilização dos índios", que entrou em vigor a partir de 24 de julho de 1845.[66] O governo central conseguira, depois de 23 anos de propostas, discussões e levantamentos malogrados, impor um programa geral de conversão dos indígenas à nação brasileira. Esse regulamento deveria ser aplicado em todo território, passando por cima, portanto, das particularidades regionais. Em

---

65 Patrícia Maria Melo Sampaio. "Administração colonial e legislação indigenista na Amazônia portuguesa". In: Mary del Priore; Flávio Gomes (orgs.). *Os senhores dos rios*: Amazônia, história e margens. Rio de Janeiro: Campus, 2003, p. 123-139.

66 "24/07/1845. Decreto n.º 426. Contém o Regulamento ácerca das Missões de catechese, e civilisação dos Indios". In: *LI*, p. 191/9.

geral, grande parte das ideias lançadas anteriormente referia-se a conflitos localizados, propondo-se estratégias úteis para civilizar os índios de determinada região, mas que não necessariamente se encaixavam à realidade de outro local. Como tem sido afirmado ao longo deste livro, o Regulamento foi uma retomada de algumas leis e projetos de cunho civilizador (não somente bélico, nem exclusivamente missionário, como algumas medidas tomadas anteriormente no período colonial) no trato com os indígenas, tais como o Diretório dos Índios de Pombal e o projeto de Bonifácio, da época da independência. Como o próprio enunciado do decreto propôs, teve-se a retomada das missões religiosas como o meio escolhido para trazer os índios à convivência com os nacionais. Se o engajamento deles como trabalhadores, realizado por proprietários interessados na exploração dessa mão-de-obra e na liberação das suas terras não surtira ainda a eficácia desejada, era necessário (segundo a visão dos homens do período) voltar aos meios religiosos, que tão eficientes foram para esse fim durante o período colonial.

O Regulamento normatizava, assim, a prática missionária, que não poderia ser autônoma como fora a dos jesuítas. Ao mesmo tempo se criava uma estrutura de administração militar que deveria circunscrever os aldeamentos (ou missões) dos índios a serem civilizados. Essa estrutura militar estava representada pela figura do Diretor Geral dos Índios, com patente de brigadeiro, que cuidaria dos aldeamentos no nível provincial, sendo nomeado diretamente pelo imperador. Abaixo dele, vinha o diretor da missão, com patente de tenente coronel, escolhido no âmbito da província. Havia ainda o tesoureiro do aldeamento, com patente de capitão, que se encarregaria do recebimento das rendas, repassando-as para cobrir os gastos, de salários e compras, podendo também exercer a função de cirurgião, caso tivesse condição de fazê-lo.

Completava o quadro de agentes encarregados do trato dos indígenas o missionário, obviamente com a função catequética, ensinando a religião e alfabetizando, além de realizar funções censitárias. Conforme visto acima, a ordem religiosa escolhida criteriosamente para exercer essa função foi a dos capuchinhos italianos, que já vinham sendo trazidos para diversas regiões conflituosas pelo Império alguns anos antes.[67] O governo, nos decretos editados em 1843 e 1844 sobre a vinda e o trabalho destes religiosos já se precavera de eventuais problemas de autoridade e jurisdição,

---

67 Marta Amoroso. *Catequese e evasão*, p. 28-33.

para evitar o que mostrara a experiência colonial. O Império sustentaria as despesas eclesiásticas das missões dos capuchinhos através de uma loteria criada para esse fim.⁶⁸ Com relação à submissão deles, o Estado fora claro: estavam sujeitos às ordens do governo sobre o melhor lugar de se instalar missões; eram dependentes dos bispos e dos superiores em relação aos assuntos sacerdotais; não poderiam contar com a interferência de Roma sobre assuntos relativos à sua função nas missões.⁶⁹ Ou seja, bem diferente do projeto jesuítico de expansão da fé, que fora o braço autônomo da Igreja católica na empresa colonial ibérica. Os capuchinhos seriam nesse momento, no Império brasileiro, meros funcionários do Estado para desempenhar o serviço específico da catequese dos indígenas. As demais funções administrativas estavam nas mãos dos diretores, estes sim imbuídos de um sentido tático e econômico da exploração dos índios. É por isso que se reforça a ideia de que o Regulamento foi ao mesmo tempo uma retomada do Diretório – na medida em que voltou com o papel dos diretores – e um aproveitamento de planos anteriores, como de Bonifácio e de Januário da Cunha Barbosa – ao recolocar o missionário como indispensável na função da conversão.

No entanto, a principal estratégia do Regulamento estava nas mãos dos diretores, que tinham a função de indicar quais eram os grupos hostis, propor locais específicos para seus aldeamentos, mesmo que isso implicasse, justamente, em locomovê-los das terras onde viviam. É por isso que a historiografia, de modo geral, tem afirmado que o Regulamento significou uma preparação da política de terras do Estado, já que estava embutido nele o interesse em assenhorar-se das terras indígenas, retirando-os de lá e deixando-os sob controle nas missões.⁷⁰ Ao mesmo tempo, a função desses aldeamentos era ser um espaço para o ensino de hábitos "civilizados", através da conversão religiosa e do trabalho na lavoura. Assim, era estimulada a desagregação do modo de vida dos índios, forçando-os a novos hábitos, conforme consta das atribuições do Diretor Geral dos Índios:

---

68 Silva. *Terras devolutas, op. cit.*, p. 171.

69 "30/07/1844. N.º 373. Decreto. Fixando as regras que se devem observar na distribuição pelas Provicias dos Missionarios Capuchinhos". In: *LI*, p. 189-190.

70 *Op. cit.*, *Terras devolutas e latifúndio*. Cmapinas: Editora da Unicamp, 1996, p. 171.

Informar ao Governo Imperial ácerca daquelles Indios, que, por seu bom comportamento, e desenvolvimento industrial, mereção se lhe concedão terras separadas das da Aldêa para suas grangearias particulares. Estes Indios não adquirem a propriedade dessas terras, senão depois de doze annos, não interrompidos, de boa cultura, o que se mencionaria com especialidade nos Relatorios annuaes; e no fim delles poderão obter Carta de Sesmaria.[71]

Tal perspectiva indicava a necessidade de transformar essas pessoas, consideradas selvagens, em trabalhadores inseridos na economia nacional, o que poderia conferir-lhes, num futuro desejado, o *status* de brasileiro. A condição de cidadão já era mais dificultosa, uma vez que o princípio discriminatório ainda imperava para afastar a massa de pobres dos plenos direitos políticos no Estado nacional brasileiro. Por isso aparece como utopia a fala do senador Almeida e Albuquerque em 1831, quando disse que se os índios não estivessem sendo ainda escravizados no Império àquela altura, já poderiam estar em breve compondo até mesmo o Senado federal.[72] De todo modo, o índio, dentro do Império, só poderia ser brasileiro ou, hipoteticamente, cidadão, se deixasse, justamente de ser indígena. Somente sua incorporação, o que vale dizer, extinção de sua identidade indígena é que lhe daria direitos um pouco mais igualitários nesse Estado.

---

71 24/07/1845. Decreto n.º 426. Contém o Regulamento ácerca das Missões de catechese, e civilisação dos Indios. Art. 1º, §15". In: *LI*, p. 193.

72 Fala do senador Almeida de Albuquerque em sessão de 13 de maio de 1831, quando da discussão da revogação das guerras justas em São Paulo, conforme visto no capítulo 2. *ASIB*. 1831, 1º Tomo. Rio de Janeiro, 1914, p. 106-107.

Parte II

No palco nas disputas entre paulistas e indígenas

PARTE II

4. Cenários e personagens da província de São Paulo

Os indígenas na história paulista

Os paulistas, intrépidos bandeirantes.[1] São Paulo, terra de índios, onde até início do oitocentos, uma parcela da população espalhada por seu território falava a "língua geral".[2] Estas imagens cristalizadas sobre a capitania de São Vicente, depois capitania de São Paulo (1709), foram sendo trabalhadas ao longo do tempo pela historiografia com múltiplos sentidos. Assim, os bandeirantes teriam sido os desbravadores, ampliando as fronteiras do Brasil, numa visão anacrônica da história, que na verdade buscava construir um lastro para a valorização de São Paulo no presente, especialmente por intelectuais de final do XIX e das décadas iniciais do XX.[3] No espectro oposto, a negativação dos bandeirantes na história colonial, tachados como assassinos de indígenas, responsáveis por sua dizimação, alimentou a tônica do discurso romântico em meados do XIX e fez parte dos argumentos de políticos e intelectuais a favor da "proteção ao índio".[4]

---

[1] Autores como Paulo Prado, Teodoro Sampaio, Basílio de Magalhães e Oliveira Vianna exploraram a ideia de "raça de gigantes" (cunhada, por sua vez, por Auguste de Saint-Hilaire) para designar os antigos paulistas. Estes autores procuravam mostrar o bandeirismo como raiz do pioneirismo de São Paulo no contexto da República e do café, segundo acreditavam esses autores, firmando o mito dessa região do Brasil como a "locomotiva da nação". Ilana Blaj. *A trama das tensões. O processo de mercantilização de São Paulo colonial (1661-1721)*. São Paulo: Humanitas/Fapesp, 2002, p. 42-54; Danilo Zioni Ferretti. *A construção da paulistanidade. Identidade, historiografia e política em São Paulo (1856-1930)*. Tese de Doutorado em História Social. São Paulo: FFLCH/Universidade de São Paulo, 2004.

[2] Sérgio Buarque de Holanda. *Raízes do Brasil*. 26ª ed. São Paulo: Companhia das Letras, 1997, p. 122-133.

[3] Ferretti, *op. cit.*, cap. 4, 5, 6, e 7; Blaj, *op. cit.*, especialmente o cap. 1.

[4] Estou me referindo aos ideais de diversos setores da sociedade brasileira (como militares, padres e cientistas) que respaldaram, já no período republicano, a criação do Serviço de Proteção ao Índio (SPI) em 1910. Ver José Mauro Gagliardi. *O indígena e a República*. São Paulo: Hucitec/Ed. da USP/ Secretaria de Estado da Cultura, 1989.

Embora opostas, estas posições indicam, na verdade, a impossibilidade de se entender a história de São Paulo sem abordar a história dos nativos que viveram em seu território ao longo do período colonial. Ora, se se fala na relevância da presença indígena a ponto dos hábitos paulistas remeterem diretamente a essa cultura, não se pode negar seu papel na história da ocupação desta parte da América. Ao mesmo tempo, o bandeirante ou sertanista, em essência, se constituiu como aquele colonizador português que invadia as matas americanas em busca de riquezas. Mais do que metais preciosos – que durante quase dois séculos não passaram de achados insignificantes, não sendo capazes de motivar expedições longas e dispendiosas a locais desconhecidos – deveria haver um motivo concreto e direto que estava na base da atividade bandeirante. Aqui, novamente os índios. Assim, a necessidade de trazê-los das matas à força, utilizar sua mão-de-obra de maneira compulsória, tornando-os inclusive mercadorias no circuito interno colonial, tornou possível o sucesso da colonização em regiões desguarnecidas do tráfico negreiro, tal como o caso de São Paulo.[5]

Desse modo, estudar a economia e a sociedade paulistas nos dois primeiros séculos sem considerar a presença indígena apresenta-se como um quadro incompleto. Isso se tornou evidente depois de trabalhos como o de John Manuel Monteiro e Ilana Blaj, produzidos nas duas últimas décadas, que trouxeram a capitania vicentina inserida no Sistema Colonial, ainda que de maneira periférica, deixando de ser vista como um núcleo isolado.[6]

Em decorrência deste espaço que São Paulo ocupou durante a colonização, algumas interpretações se colocaram. Em primeiro lugar, o fato da economia paulista ser periférica durante pelo menos até o século XVIII a tornaria insignificante no conjunto da economia colonial, sendo os indígenas símbolo de algo rudimentar e atrasado.[7] Essa foi uma visão defendida por várias vertentes historiográficas, desde os autores do XIX, como Varnhagen, que louvavam a iniciativa colonizadora como vitoriosa

---

5 Luiz Felipe de Alencastro. *O trato dos viventes*. Formação no Brasil no Atlântico Sul. Sécs. XVI e XVII. São Paulo: Companhia das Letras, 2000, p. 117-127.

6 John Manuel Monteiro. *Negros da terra*. Índios e bandeirantes nas origens de São Paulo. São Paulo: Companhia das Letras, 2001; Blaj. *op. cit.*

7 Maria Luiza Marcílio. *Crescimento demográfico e evolução agrária paulista*. 1700-1836. São Paulo: Hucitec/Edusp, 2000, cap. 10.

frente à barbárie dos "selvagens", até autores envoltos com as teorias da dependência da década de 60 do século XX, que entendiam a economia paulista como subsidiária às atividades agroexportadoras das regiões centrais da colônia.[8] Ao mesmo tempo, alguns expoentes da historiografia brasileira clássica, como Caio Prado Júnior e Sérgio Buarque de Holanda, vinham desde a década de 1940 ponderando sobre as áreas periféricas da América portuguesa, demonstrando a importância dos setores que transcendiam ao binômio senhor/escravo e trazendo à luz o papel dos sertanistas, tropeiros e indígenas na empresa colonial.[9] Ainda que essa historiografia não tenha completamente deixado de lado as zonas subsidiárias da colônia e nem o papel econômico e estratégico fundamental que os índios representaram nesse processo, essa análise, invariavelmente, incorria em alguns juízos de valor. Desse modo, o próprio Sérgio Buarque não fugiu a essa regra e designou como algo depreciativo a adaptação da ação colonizadora às condições americanas, o que fez com que, na capitania vicentina, os portugueses "retrocede[ssem], ao contrário, a padrões rudes e primitivos: espécie de tributo exigido para um melhor conhecimento e para a posse final da terra."[10]

Essa noção manteve-se em estudos posteriores, que foram importantes por terem aberto muitas sendas sobre a história de São Paulo ao mostrar a relevância econômica desta capitania antes do século XIX, período em que se iniciou o predomínio da região como principal núcleo produtivo do Estado brasileiro, com a lavoura cafeeira. Maria Luiza Marcílio, por exemplo, caracterizou como um problema a adaptação do paulista à convivência com os indígenas, classificando-os

---

[8] Ilana Blaj critica o que considera uma rigidez analítica de Celso Furtado e dos estudos cepalinos: "Nesta perspectiva, as referências feitas a São Paulo colonial, são somente no prisma da débil articulação com as áreas 'dinâmicas'. Ou seja, valoriza-se o paulista apenas como o sertanista que fornece mão-de-obra indígena ao Nordeste e como responsável pelo desbravamento territorial e a consequente descoberta dos territórios metalíferos. Em relação à região mineratória, concede-se a São Paulo o papel de abastecedor das minas, mas, no decorrer do processo, teria sido ofuscado e empobrecido por aquelas. Nestas acepções, a região de São Paulo colonial é sempre vista em função das demais, ou seja, sempre 'de viés'." op. cit., p. 66.

[9] Caio Prado Júnior. *Formação do Brasil contemporâneo*. 8ª ed. São Paulo: Brasiliense, 1965, p. 151-163; 181-207 e Sérgio Buarque de Holanda. *Monções*. 3ª ed. São Paulo: Brasiliense, 2000.

[10] Holanda. *Monções, op. cit.*, p. 16.

também como primitivos, o que explicaria o atraso de sua economia. Para essa autora, foi somente com o advento das minas que as atividades desenvolvidas pelos paulistas puderam mercantilizar-se, inserindo-se na Grande Lavoura (moderna, monocultura, exportadora e intensiva), superando assim a lavoura itinerante, herança indígena. Ainda segundo ela, isso tudo foi proporcionado pelas riquezas geradas nas minas auríferas, que devido à proximidade com a região paulista, permitiu a adoção de novas técnicas agrícolas, novos produtos, dinamizando a economia desta capitania para abastecer os centros consumidores internos. Esses fatos alteraram drasticamente o modelo agrário e econômico até então vigente, com a vinda de escravos africanos, abertura de rotas de passagem e de comércio, tal como o caminho para o Sul e para o mercado de Sorocaba, que formavam o trajeto das mulas, elemento de transporte fundamental para o comércio interior.[11]

Essas ideias apontadas por Marcílio deram suporte para a demonstração de que não houve uma decadência paulista no século XVIII, com a atividade aurífera em Minas Gerais, conforme autores tão distantes no tempo como José Joaquim Machado de Oliveira (décadas de 1840/50) e Maria Thereza Schorer Petrone (década de 1960) haviam insistido. Isso não ocorreu conforme indicam as evidências por ela levantadas em termos de incremento da produção e do aumento demográfico. Além disso, a autora não concebia a ideia de decadência, se não tinha havido sequer o apogeu no período anterior.[12]

Esse é o ponto que interessa: a visão da irrelevância econômica de São Paulo antes do século XVIII. Para alguns historiadores como Thereza Petrone, que abordou a função da produção açucareira no decorrer do setecentos, houve o "nascimento" da economia paulista neste período.[13] Marcílio, conforme visto, propôs-se a superar essa visão, afirmando que a mineração não prejudicou os paulistas, antes foi motor do desenvolvimento de sua sociedade. Ilana Blaj, em trabalho escrito mais de 20 anos depois das duas autoras foi além: na verdade, a mercantilização da economia paulista vem desde o século XVII e a ligação de sua sociedade e sua produção à lógica colonial

---

11 Marcílio, *op. cit.*, cap. 11.

12 *Ibidem*, p. 189-193.

13 Maria Thereza Schorer Petrone. *A lavoura canavieira em São Paulo. Expansão e declínio (1765-1851)*. São Paulo: Difel, 1968.

foi o que permitiu a descoberta e a manutenção da região mineira.¹⁴ Blaj, na verdade, percorreu um caminho já trilhado por John Monteiro ao estudar a capitania de São Vicente no início da colonização portuguesa. Em seu trabalho, Monteiro mapeou a utilização dos indígenas em larga escala nas atividades produtivas, configurando-se mesmo como mercadorias, deixadas em testamento ou vendidas em praça pública, além da importância da atividade de apresamento dessas populações, desenvolvida pelos sertanistas, a fim de manter essa estrutura social e econômica.¹⁵

Dessa forma, se o auge da utilização da mão-de-obra indígena foi o final do século XVI, o século XVII, e a primeira metade do século XVIII, o que ocorreu depois disso no que tange à participação dos índios na história paulista? Com o incremento da lavoura canavieira, a modernização da economia paulista e a vinda de africanos, os indígenas deixaram de ter expressividade frente a esses aspectos estruturais na capitania de São Paulo. Além disso, foram dizimados por doenças transmitidas pelo contato com os luso-brasileiros, assassinados pelos "bandeirantes", ou ainda, miscigenados com estes, formando a categoria dos mestiços. Esses seriam fatores suficientes para explicar a queda demográfica dos indígenas.

No entanto, tomando como base os projetos de modernização econômica e administrativa propostos desde o reformismo ilustrado até as primeiras décadas do XIX em São Paulo, Ana Paula Medicci afirma categoricamente que os índios eram ainda importante fonte de trabalho na capitania nesse período.¹⁶ Conforme se procurará

---

14 Blaj, op. cit.

15 Monteiro. Negros da terra, op. cit.

16 O mapeamento da questão indígena na capitania paulista feita por Medicci mostra que este era um aspecto importante no período. No entanto, como as fontes analisadas pela autora (projetos e discursos de membros das elites paulistas) diferem do tipo de documento que pesquisei (registros administrativos de vilas e do centro da província) as conclusões que chegamos divergem um pouco. Assim, acredito que o que Medicci aponta para todo o espaço da capitania paulista, referia-se somente à realidade dos sertões. "Embora autores como John Monteiro e Pasquale Petrone demarquem queda no número de índios escravizados e aldeados para o início do século XVIII, quando os custos das entradas de apresamento e a queda da produção de trigo deixaram de tornar a escravização do índio economicamente viável, pensamos ser pertinente afirmar que durante todo o século XVIII, e até mesmo durante a primeira metade do século XIX, o acesso à mão-de-obra indígena foi essencial para a economia paulista, ao menos nas regiões de expansão da fronteira agrícola. Daí

demonstrar a seguir, essa argumentação é na verdade uma generalização da visão de alguns administradores que apontavam a civilização dos indígenas como *uma* das possibilidades de se modernizar a economia paulista. Ao se remontar aos impasses presentes no parlamento imperial sobre o mesmo tema (vide capítulos 2 e 3 do livro), observou-se que esse tipo de encaminhamento para a questão do trabalho e da ocupação territorial estava longe de uma posição unificada e que correspondesse a uma dimensão real dos problemas a serem solucionados pelas autoridades do Estado.

Nesse sentido, além da questão demográfica, há outro ponto que explica a diminuição da utilização dos indígenas na economia paulista. Esse aspecto reside na possibilidade dos paulistas obterem escravos africanos, uma vez inseridos nas rotas centrais na economia colonial. A escravidão africana parecia como mais rentável do que continuar escravizando índios, mercadoria marginal e menos valorizada dentro da América portuguesa.[17] Esse aspecto, que será retomado ao longo do trabalho, é chave para entender por que os indígenas deixaram de ser amplamente utilizados, além da explicação evidenciada por sua redução quantitativa. Isso devido ao fato de que, embora sua população tenha diminuído, ela não deixou de existir em alguns pontos do território paulista, como se verá a seguir.

a preocupação que burocratas e autoridades portuguesas, e depois brasileiras, lhes dispensaram." Medicci. p. 138-139.

17 Fernando A. Novais aborda que os indígenas só foram escravizados onde não foi possível implementar o tráfico negreiro. A preferência pela utilização dos africanos pode ser explicada por seu comércio, que contribuía para o incremento do capitalismo comercial, enriquecendo os comerciantes envolvidos na empresa colonial. *Op. cit.*, p. 103-106. Luiz Felipe de Alencastro aponta momentos diversos na utilização dos nativos. Em um deles, quando os bandeirantes atuavam diretamente na busca de indígenas para abastecer suas lavouras, tal qual na destruição das missões jesuítas no Guairá, em 1630. Num outro momento, estes sertanistas iam simplesmente trucidar os índios, já que ameaçavam a expansão da colonização, tal como na "Guerra dos Bárbaros" do Nordeste, entre 1650 a 1720. *O trato dos viventes*, p. 190-199; 204-209; 238-246. Pedro Puntoni mostra com maiores detalhes esse último processo. *A guerra dos bárbaros*. Povos indígenas e a colonização do sertão nordeste do Brasil, 1650-1720. São Paulo: Hucitec/Edusp 2002.

Nos sertões da província de São Paulo: terra de "bugres"

Quando se olha para os números relativos à população paulista entre final do século XVIII e no decorrer do século XIX, tem-se a impressão de que os povos indígenas que ainda existiam deveriam realmente estar com seus dias contados, dada a pouca expressividade numérica dessa população. Assim, conforme se pode ver pelos Quadros 3, 4 e 5, referentes a alguns levantamentos demográficos, a quantidade de escravos africanos esteve próxima da casa dos 30% da população total, enquanto a parcela dos livres, incluindo brancos, pardos e até alguns africanos, praticamente completava os 70% restantes da população. Nesse contexto, os indígenas não chegavam a representar nem mesmo 1% do total de 326.902 indivíduos.[18]

Numa primeira impressão sobre esses números parece realmente que o estudo aqui empreendido torna-se infundado, pois qual seria a importância dessa população frente à realidade paulista daquele período? No entanto, não será pelo aspecto demográfico que se poderá mapear a questão indígena na província de São Paulo. Isso se dá por um motivo simples: não eram os índios quantificados e controlados que naquele momento mais importavam aos paulistas, mas sim os arredios, ditos selvagens. E estes, como é sabido, não eram contabilizados nos recenseamentos.

Ao mesmo tempo, ao se analisar mais detidamente estes dados, percebe-se uma alta porcentagem de pessoas pardas livres (18%). Dentro deste contingente, haja visto o processo histórico de formação da população paulista, pode-se inferir que a maior parte dele fosse formado por indígenas já misturados à sociedade ocidental, processo que se acelerou depois da promulgação do Diretório dos Índios na metade do século XVIII. Esses fatos impedem que seja possível realmente identificar quantos e como eram aqueles pardos com fortes traços e características indígenas, trazendo obstáculos para problematizar a questão indígena no século XIX pelo ângulo daqueles que foram miscigenados.

---

18 Pasquale Petrone aponta através de seus levantamentos que a população indígena em São Paulo no começo do século XIX era de mais de 2.000 indivíduos, caindo para cerca de 700 em 1836 devido aos projetos de miscigenação, que levavam muitos nativos a serem identificados como "pardos". *Aldeamentos paulistas*. São Paulo: Edusp, 1995, p. 353-379.

Quadro 3
Dados demográficos sobre a população paulista – séculos XVI a XIX

Datas	Pop. Paulista	% escravos	Pop. Brasil	% SP no Brasil
1592	2.500 *			
1600	6.000 *			
1690	15.000 *			
1765	78.855			
1772	100.537		2.566.000	3,92 %
1776	122.049		2.700.000	4,52 %
1778	124.825		2.770.000	4,50 %
1788	130.586		3.144.000	4,15 %
1798	162.345	23%	3.569.000	4,55 %
1800	169.544		3.660.000	4,63 %
1808	196.206	22%	4.051.000	4,84 %
1818	221.634	24%	4.599.000	4,82 %
1822	244.405		4.838.000	5,05 %
1828	287.645	29%	5.220.000	5,51 %
1836	326.902	27%	5.867.000	5,57 %
1854	480.608		7.711.000	6,23 %

* Dados baseados em estimativas levantadas pela autora, com referências em outros estudos.

Fonte: adaptado de Maria Luiza Marcílio. *Crescimento demográfico e evolução agrária paulista. 1700-1836*. São Paulo: Hucitec/Edusp, 2000. p. 71; 105.

Quadro 4
População paulista em 1836

Separação por etnia ou condição jurídica	Quantidade	Porcentagem
Brancos	172.879	52,88 %
Pardos, pretos crioulos e pretos africanos livres	66.265	20,27 %
Pardos livres	59.454	18,19 %
Pretos crioulos livres	4.517	1,38 %
Pretos africanos livres	2.294	0,70 %
Pardos, pretos crioulos e pretos africanos escravos	86.933	26,60 %
Pardos escravos	14.722	4,50 %
Pretos crioulos escravos	34.210	10,46 %
Pretos africanos escravos	38.001	11,62%
Indígenas	825	0,25%
TOTAL	326.902	100,00 %

Fonte: adaptado de Daniel Pedro Müller. *Ensaio d'um quadro estatistico da Provincia de S. Paulo*. São Paulo, Reedição literal Seção de Obras d' "O Estado de S. Paulo", 1923 [1838], p. 169.

Desse modo, pode-se perceber que a economia paulista do período era sustentada primordialmente pelo trabalho de indivíduos pardos livres e de escravos. Isso fez com que essa economia deixasse de gravitar em torno da mão-de-obra indígena, pois o número de africanos em sua lavoura era expressivo, embora não hegemônico, como se tornaria futuramente em regiões como o Vale do Paraíba na produção cafeeira.[19] No início do século XIX, a balança comercial da capitania indicava o predomínio da produção açucareira, além de gêneros alimentícios como farinha de mandioca, milho e feijão, que eram exportados principalmente para outras regiões americanas, como Rio de Janeiro e Pernambuco, além de uma parte que era mandada para mercados portugueses.[20]

Esses eram os setores dinâmicos e mais rentáveis da economia paulista, cultivados em regiões como o Vale do Paraíba e o Oeste velho paulista, em vilas tais como Campinas, Piracicaba, Itu e Porto Feliz.[21] Nessas regiões da província de ocupação mais antiga – ampliando o raio do planalto paulista, além de grande parte da zona litorânea – não havia possibilidade nem interesse em utilizar os índios nas lavouras agroexportadoras. Em primeiro lugar, porque nessas regiões os indígenas já haviam sido dominados por séculos de ocupação, ou teriam migrado para zonas ainda não atingidas pelos outrora colonizadores. Em segundo lugar, conforme argumentado antes, a rentabilidade dessa lavoura exportadora e a lógica produtiva do escravismo faziam com que a preferência pelo escravo africano fosse uma opção mais valorizada e lucrativa.

A população indígena listada nos levantamentos oficiais referia-se majoritariamente àquelas pessoas que ainda viviam nos aldeamentos do entorno da cidade de São Paulo, conforme se pode ver no Quadro 5. Áreas desses antigos aldeamentos e locais de congregações religiosas como Santa Ifigênia e a capela de M'Boy poderiam comportar

---

19 "Se é que houve elementos indígenas nas fazendas de cana paulistas, seriam sempre em número pequeno, pois na época do grande desenvolvimento da cultura da cana, a fronteira do ecúmeno indígena já se encontrava bastante recuada para o interior, não só pelas expedições dos bandeirantes, mas pela própria ação dos colonos estabelecidos no planalto. (...) Quaisquer que fossem as ideias sobre as vantagens ou desvantagens da escravidão, o fato era que a lavoura canavieira, em São Paulo, como nas outras áreas do Brasil, não podia prescindir do braço escravo nessa época. Todo um conjunto de circunstâncias e de atitudes mentais tornavam impossível o trabalho agrícola, principalmente, na grande lavoura comercial sem o auxílio do escravo." Maria Petrone, *op. cit.*, p. 118-9.

20 Um resumo dos principais produtos que circularam entre os anos de 1800 e 1814 na capitania de São Paulo, arrolados pelos estrangeiros Spix e Martius: Exportação = açúcar, aguardente, café, farinha de mandioca, milho, feijão, arroz; saindo em direção a Bahia, Rio de Janeiro, Porto, Lisboa. Importação = vinho, aguardente portuguesa, vinagre, sal; vindos do Rio de Janeiro, Porto, Bahia e Pernambuco. *Viagem pelo Brasil*. 1817-1820. Vol. 1. Belo Horizonte/São Paulo: Itatiaia/Ed. USP, 1981, p.148/54.

21 Maria Theresa Schorer Petrone. *A lavoura canavieira paulista. Op. cit.*, p. 166.

ainda poucas centenas de índios. No entanto, os números indicam justamente que esses indígenas eram uma população residual nesses locais, que talvez ainda fornecessem parte do abastecimento alimentício para a capital. De toda forma, sua produção não tinha mais um sentido mercantil de longo alcance, tal como se deu com a triticultura do século XVII, por exemplo.[22] Assim, frente a outras áreas centrais para o sucesso econômico da província, a permanência destes aldeamentos e dos índios que ali viviam apareciam como um resquício do passado.[23]

Quadro 5
Distribuição dos indígenas na província de São Paulo – 1836

Comarcas	Cidade/Vilas/Freguesias		Indígenas
	Cidade São Paulo		445
2ª	Freguesias	Sé	1
		Santa Ifigênia	62
		Cotia	1
		Capela Curada M'Boy	381
	Santo Amaro		128
	Paranaíba		131
4ª	Itu		5
	Porto Feliz		5
	Constituição		1
	Araraquara		3
5ª	Castro (Freguesia Guarapuava)		82
	Curitiba		2
	Nova do Príncipe		1
			850

Fonte: adaptado de Daniel Pedro Müller. *Ensaio d'um quadro estatistico da Provincia de S. Paulo*. São Paulo, Reedição literal Seção de Obras d' "O Estado de S. Paulo", 1923 [1838].

---

22 Monteiro. *Negros da terra*, op. cit., p. 113-128.

23 "O início do processo de dissolução dos aldeamentos, que bem ou mal até então haviam mantido uma personalidade própria, estava consumado. Tratava-se antes de mais nada, convém insistir, das consequências normais do desaparecimento do interesse na utilização dos indígenas. Paradoxalmente, o fim do processo de exploração do indígena aldeado acabou por significar o início do processo de desaparecimento dos aldeamentos como unidades tipicamente indígenas. A documentação, já não mais abundante, e os testemunhos relativos aos aldeamentos nas primeiras décadas do século XIX expressam mais ou menos nitidamente a intensidade do processo." Pasquale Petrone, *op. cit.*

Dimensionar a real importância dos aldeamentos paulistas do entorno da capital entre final do século XVIII e os primeiros anos do século XIX é algo controverso, pois várias interpretações sobre essas povoações foram dadas pelas fontes coevas e pela bibliografia. Assim, Pasquale Petrone acredita que, ainda nas primeiras décadas do século XIX, a população indígena fosse expressiva em relação à população total da capital da província, pois entre 1798 e 1799 havia cerca de 3.000 índios frente a uma população de 8.647 indivíduos.[24] Para este autor, o levantamento de Müller em 1836 na verdade evidenciou o processo de miscigenação da população indígena com os paulistas, acelerado desde as políticas propostas pelo tenente Rendon.

Já os estudos de John Monteiro procuraram mostrar que desde a segunda metade do século XVII houve tentativas de desestabilizar os aldeamentos, levadas a cabo por particulares, que queriam se apropriar de suas terras e principalmente utilizar-se dos índios ali existentes, que até então haviam ficado sob controle do Padroado Real ou dos jesuítas.[25]

De toda forma, deve-se enquadrar esse processo de dissolução dos aldeamentos no processo vigente a partir da política pombalina, conforme visto no capítulo 2. Essa problematização é que dota de sentido as práticas do tenente José Arouche de Toledo Rendon, tantas vezes citado em outros pontos deste livro. Essa figura da administração paulista, influente e poderosa, teve um

---

24 "Pelo Quadro A [1798-1799] percebe-se, antes de mais nada, que os aldeamentos somavam um total não descurável de habitantes, dado que se aproximavam dos 3.000. Para se ter uma ideia da importância desse total, é preciso lembrar que em 1816 São Paulo, abrangendo somente a parte central, teria 5.382 habitantes. Com a Freguesia do Ó, Penha e Santana, o total seria de 8.647. Não é exagerado, portanto, falar em um 'cinturão indígena' em torno de São Paulo, dado que a maior parte dos aldeamentos se dispunham em volta da cidade". Petrone. Os *aldeamentos paulistas. Op. cit.*, p. 261.

25 "A partir de 1640, com a expulsão dos jesuítas e a crise de mão-de-obra indígena, todas as aldeias sofreram um rápido declínio de população. Dois processos entrelaçados contribuíram para a transferência de índios aldeados para as fazendas de particulares. Primeiro, os moradores apropriaram-se desses índios através da força ou da prática de casá-los com índias de suas administrações. E, em segundo lugar, os moradores começaram a invadir as melhores terras indígenas, muitas vezes com gado, o que impedia a plantação de roças para o sustento das aldeias". John Manuel Monteiro. "Vida e morte do índio: São Paulo colonial". In: _____ et al. *Índios no Estado de São Paulo: Resistência e transfiguração*. São Paulo: Yankatu/Comissão Pró-Índio de São Paulo, 1984, p. 39.

papel de destaque também em relação à problemática indígena, após ter sido nomeado Diretor Geral das Aldeias em 1798. Como já discutido, o Diretório dos Índios visava eliminar os aldeamentos, vistos como um instrumento que protelava a inserção dos indígenas, já que, em vez de funcionarem como um mecanismo de sua incorporação à sociedade ocidental, serviam para mantê-los separados e à parte dessa sociedade. Esse paulista, coadunado com tais princípios, escrevera em 1798 – no processo de revogação do Diretório e com a sua nomeação para o cargo de Diretor Geral das aldeias da capitania – uma memória sobre os aldeamentos, apontando os erros que culminaram no seu fracasso.[26] Em 1823, tendo em curso o processo constitucional brasileiro, Rendon reescreveu seu texto, acreditando que as "hordas errantes de índios" contribuiriam para a formação dos súditos do Império, uma vez que fossem civilizados.

Diferentemente do auge do período colonial, em que os aldeamentos eram um dos principais núcleos econômicos e de povoação da capitania vicentina, Rendon enxergava nas atuais habitações fonte de atraso e inoperância a respeito do tratamento dos índios:

> Não se póde negar que em regra geral é necessario aldear as hordas de Indios, que vem dos matos procurar o nosso abrigo. (...) Mas tudo isto só deve ter lugar temporariamente; porque logo que o índio é civilizado, não tem necessidade de tutor; e sobretudo logo que elle se acha em circumstancias de não haver receio de que volte á vida selvagem, convém muito separal-os por meios brandos, sujeitando-os á familias brancas, que os acostumem a trabalhar, e que os tratem como livres, até que possam ter os seus estabelecimentos particulares. De outro modo, quero dizer em quanto viverem juntos, com muita difficuldade, e muito tarde, perderão os seus barbaros costumes.[27]

---

[26] José Arouche de Toledo Rendon. "Memoria sobre as aldeas de indios da Provincia de S. Paulo, segundo as observações feitas no anno de 1798". In: *RIHGB*, 1842, T. 4. 2ª ed. Rio de Janeiro: Typographia João Ignacio da Silva, 1863, p. 295-317.

[27] Ibidem, p. 315.

Essa proposta de Rendon indica primeiramente um tipo de visão sobre a melhor forma de tratar os índios que propunha uma correção das propostas pombalinas.[28] Como um segundo ponto, aparece o processo vigente já no final do século XVIII da perda de importância econômica destas antigas áreas coloniais, situação que se manteve no decorrer do século XIX, conforme se verá a seguir. O capitão general da capitania de São Paulo tentou a todo custo acelerar esse processo de dissolução dos aldeamentos, ordenando em 1802 que eles fossem extintos, proibindo a nomeação de novos diretores dos índios e delimitando também que os índios fossem utilizados nas tropas de ordenanças. Para obter êxito em seus intentos ainda rogou ao Conselho Ultramarino que suas deliberações fossem cumpridas. Conforme levantou Medicci, não houve realmente mais nenhuma menção ao cargo dos diretores dos índios na província até 1845, quando o Regulamento das Missões mudaria a configuração da política indigenista. No entanto, mesmo assim, os termos "aldeias" e "índios aldeados" não deixaram de constar dos relatos administrativos paulistas, o que se conclui que o projeto de Arouche foi ao menos em parte malogrado.[29]

---

28 "Todavia, tendo-se em vista o discurso dos memorialistas e governantes adiante analisado, é pertinente questionar se a questão indígena realmente teria perdido importância ou se o que aconteceu foi uma modificação na forma como o acesso a esta mão-de-obra passou a ser feito, provavelmente favorecendo alguns grupos. Por outro lado, uma maior intervenção de agentes do governo na administração dos aldeamentos indígenas a partir da promulgação do *Diretório* também poderia significar perdas ou dificuldades para os particulares que viam no acesso a esta população uma forma de diminuir gastos com a produção agrícola ou com o transporte de mercadorias a Santos." Medicci, *op. cit.*, p. 124-125.

29 Sobre encaminhamento feito pelo capitão general da capitania em 1802 a respeito do plano de Arouche Rendon, afirma Medicci: "(...) segundo o relatado em seu ofício, o general teria mandado extinguir os aldeamentos, destituir seus diretores e sujeitar os indígenas às ordenanças, logo, às autoridades das freguesias e vilas, mesmo sem autorização da Coroa, a fim de livrar os índios das 'opressões' que sofriam e de promover as povoações e a agricultura. Em seguida, o mesmo general rogou ao Conselho Ultramarino a aprovação do Plano que, aliás, já tinha colocado em prática. Depois desta data, não constam mais entre a documentação governamental as nomeações de diretores para aldeamentos, entretanto os termos 'aldeia' e 'índios aldeados' continuaram a ser usados, e os mesmos índios continuaram a ser listados em separados nas freguesias onde habitavam." *Ibidem*, p. 131.

Ainda que Pasquale Petrone tenha levantado números expressivos sobre a população aldeada no começo do XIX, todos os indícios levantados por essa pesquisa demonstram um movimento das autoridades públicas em gradualmente "modernizar" sua estrutura segundo os parâmetros da época, transformando os indígenas em paulistas e transferindo suas terras para trabalhadores mais "produtivos" sob a ótica mercantil. Sobre os aldeamentos da capital, por exemplo, em 1829 um projeto para instalação de colonos alemães em algumas dessas terras indígenas, levado a cabo pelo Conselho Geral da Província, demonstra a visão que os políticos paulistas tinham sobre a desejada superação dessas áreas:

> Se pois assim parecendo acertado elles [os colonos alemães] devem ser mandados para o Sertão proximo á Freguizia de Santo Amaro, que aponta o Director, ou se para evitar-se maior despeza de transporte, e sustentação pelo tempo indispensável até que formem os seus arranchamentos, e consigão tornar-se independentes pelo seu trabalho, convirá mais, que fiquem nas terras, que estiverem desocupadas no Destricto das Aldêas de Itapecerica, Mboy e Carapecuyba, como já fora deliberado pelo Ex.mo Conselho, bem como nas que se acharem em iguais circunstancias nas Fazenda de Arassariguama, visto que assim também cessará o motivo da queixa, que consta ter dado lugar a mandar S. M. I. suspender o removimento dos referidos colonos para outro lugar fora das Aldeas.[30]

Os aldeamentos da capital foram definhando devido à falta de interesse econômico que suscitavam nos administradores e fazendeiros paulistas. Nos projetos de desenvolvimento provincial implementados principalmente a partir de 1835, o incentivo à lavoura de exportação e ampliação da rede viária foram as principais estratégias do poder público, conforme apontou Miriam Dolhnikoff.[31] Frente a

---

[30] 97ª sessão extraordinária em 24 de Janeiro de 1829. *Documentos interessantes para a História e os Costumes de São Paulo*. Vol. 86. São Paulo: Secretaria da Educação/Arquivo do Estado, 1961, p. 217-218.

[31] Miriam Dolhnikoff. *Caminhos da conciliação*. O poder provincial em São Paulo (1835-1850). Dissertação de Mestrado em História Econômica. São Paulo: FFLCH/Universidade de São Paulo, 1993, p. 95-99.

este processo, o interesse na utilização dos indígenas esvaía-se no nível imediato, pois os aldeamentos antigos traziam uma população mestiça pobre, considerada indolente e vadia, num discurso pela desvalorização dessa categoria social. Já os índios bravios do interior eram vistos como um obstáculo à ocupação. Numa etapa mais avançada até se poderia pensar na transformação destes "selvagens" em mão-de-obra nacional, como idealizara Bonifácio em 1823 e até mesmo Rendon em 1798. No entanto, é perceptível que num primeiro momento eles apareciam como um estorvo, um obstáculo a ser removido. Os tempos eram outros, diferentes do ápice da prática bandeirante e dos ricos plantéis de escravos indígenas nas lavouras vicentinas.[32] Os aldeamentos, outrora fonte da riqueza dos paulistas, eram agora algo obsoleto para os fins do desenvolvimento da província.

Ao longo dos séculos, os terrenos destes aldeamentos do planalto paulista foram sendo invadidos pelas populações vizinhas e os índios, misturando-se à população em geral, foram migrando para outras vilas, já que suas povoações não se configuravam mais como áreas autônomas e autossuficientes.[33]

O fato é que, administrativamente, os aldeamentos da capital foram persistindo pelo menos até a primeira metade do século XIX, o que não impediu encaminhamentos no sentido de os transformarem paulatinamente em freguesias ou vilas. Assim, em 1831, por exemplo, deliberou-se pela extinção das paróquias que haviam sido criadas em alguns destes aldeamentos no século XVIII, culminando com a transferência dos párocos colados que ali estavam desempenhando suas funções religiosas. Depois de se referir aos aldeamentos de Escada (localizado nos arredores de Mogi das Cruzes), Itaquaquecetuba, São Miguel, Pinheiros, Santa Ifigênia (localizados na própria capital ou no seu entorno) uma autoridade paulista justificou em 1825 a transferência dos religiosos dessas povoações devido à perda de sua funcionalidade

> A Sesta e ultima d'estas Aldêas hé a de Nossa Senhora dos Prazeres de Itapecerica que foi Missão dos Religiosos da extinta Ordem da Companhia de Jesus esta Aldêa está nas mesmas circunstancias em que estão as de São Miguel, e Pinheiros pela nenhuma utilidade que de sua existencia rezulta. Resta-me poi.

32 Monteiro. *Negros da terra, op. cit.*

33 Ferreira, *op. cit*, p. 73-84.

indicar o destino que devem têr os Parochos das três Aldêas supra, huma que vez que Sua Magestade Imperial assim o haja de ordenar.³⁴

A maior parte destes aldeamentos havia sido fundada entre os séculos XVI e XVII, sendo muitos de origem jesuítica. Havia também aqueles controlados por particulares ou por outras ordens religiosas. Os aldeamentos que não estavam sob controle dos jesuítas passaram a ser administrados pelo Padroado Régio em 1611. Dessa forma, os de Pinheiros, Barueri, São Miguel, Guarulhos, Escada e Peruíbe estiveram sob controle real, sofrendo as transições características das administrações régias ao longo do tempo. Já os aldeamentos de São José, Itaquaquecetuba, Embu, Carapicuíba e Itapecerica foram administrados pelos jesuítas, que era um outro modelo de controle dos índios.³⁵ A evangelização dos infiéis e dos gentios, através do papel do missionário como "soldado de Deus", foi um dos pilares da fundação da Companhia em 1539/40.³⁶ No Império português, esse trabalho durou pouco mais de duzentos anos. A partir da expulsão dessa instituição e de todos os seus representantes dos domínios lusos em 1759, houve na América a política de secularização da conversão dos povos. Conforme visto, isso culminou, com relação aos aldeamentos, na proposta de emancipá-los, promovendo-os à condição de freguesias ou vilas.

No entanto, em São Paulo esse processo não foi tão acelerado e ocorreu apenas com a elevação de São José à condição de vila em 1767.³⁷ Em decorrência dessas medidas, no final do século XVIII, os demais aldeamentos permaneceram assistidos por párocos colados, que eram titulados e se fixavam definitivamente nas paróquias para as quais tinham sido designados. Pela hierarquia eclesiástica, abaixo dos colados, havia os párocos encomendados, que só assumiam uma paróquia em

---

34 FCGP-ES31.00, C-22. Extinção de paróquias coladas em aldeias de índios e criação de outras. São Miguel, Itapecerica, Jacareí, Mogi das Cruzes, São Paulo (ES 31.6.6, 30/04/1825, assinado por Manoel Joaquim Gonçalves de Andrade). Manuscrito, AH-ALESP.

35 Pasquale Petrone, *op. cit.*, p. 159-177.

36 Serafim Leite. *História da Companhia de Jesus no Brasil*. T. 1. Rio de Janeiro: Civilização Brasileira, 1938.

37 Ferreira, *Os aldeamentos paulistas no fim do período colonial*. *Op. cit.*, p. 56-58.

substituição a um titulado, tendo, portanto, um caráter instável.[38] Esses dados esclarecem que a destituição dos clérigos titulares dos aldeamentos espelhou a perda de importância dessas povoações.

Portanto, o cerne da questão indígena neste período nas principais regiões econômicas da província de São Paulo residia num processo de desocupação de área e expulsão ou aniquilamento dos índios que incomodavam os paulistas. Isso ocorreu com relação aos puris do Vale do Paraíba em 1800, que fizeram parte do primeiro aldeamento fundado naquele século. O estabelecimento em questão foi o de São João de Queluz, fundado na vila de Areias, próxima à divisa com o sul de Minas e o território fluminense. Foi instalado em terras particulares pelo governador geral da capitania, visando confinar a etnia puri que vivia na região.[39] Nessa ocasião, as terras do aldeamento foram divididas entre aquelas suficientes para a manutenção dos índios e para o patrimônio da igreja, tendo por limites os ribeirões das Cruzes e Entupido, que ficavam além do rio Paraíba. No entanto, como em 1822 estes índios não ocupavam as terras segundo a perspectiva dos colonizadores, o que implicaria

---

38 Ibidem, p. 58-67.

39 As descrições feitas por Spix e Martius ajudam a mapear a necessidade da retirada dos puris não só da região paulista, mas como de suas adjacências: "Na vizinhança de Areias acha-se ainda atualmente uma insignificante aldeia de índios, resto de numerosas tribos, que, antes de os paulistas se apossarem da Serra do Mar, habitavam em toda a extensão da mata, nesta montanha; esses índios, agora em parte exterminados, ou misturados com negros e mulatos, vivem meio incultos, espalhados entre os colonos. Eles se destacam, ainda, pela indolência e a quase invencível obstinação de seus antepassados, mantendo poucas relações com os colonos, cujas roças e gado têm de sofrer às vezes as depredações desses maus vizinhos. Os habitantes designam estes índios com o nome geral de *caboclos*, e distinguem-nos assim dos outros não civilizados e selvagens, *gentios, bugres, índios bravos*. É provável que estes restantes, que habitam ao longo da costa, pertençam a diversas tribos, cujos nomes em parte se perderam. Não sabendo os portugueses distingui-los uns dos outros, deram-lhes o nome geral de *Coroados*, porque eles costumam raspar o topo da cabeça, só deixando uma coroa de cabelo, em volta das têmporas. Atualmente, a sede dos Coroados é a nas margens do rio Pomba, um tributário do Paraíba, e como os índios costumam fazer as suas migrações sempre ao longo dos rios parece que eles originariamente se espalharam pelo litoral, vindo do interior. Restos da mesma nação são também os que moram, juntos, na aldeia de Valença, não distante do caminho do Rio para Vila Rica, entre o rio Paraíba e o rio Preto. Este lugar era ainda, há poucos anos, o único, na capitania do Rio de Janeiro, onde vivia considerável número de índios, quer batizados, quer pagãos." *op. cit.*, p. 119.

num cultivo comercial das lavouras, os terrenos a cargo dos indígenas começaram a ser arrendados, sendo que alguns foram negociados pelos próprios puris.[40] A situação deles foi piorando cada vez mais. Conforme foi visto no capítulo 2, em 1833, com o novo Código do Processo, a responsabilidade dos bens dos indígenas, antes sob a alçada dos Ouvidores de Comarca (cargo extinto), passou ao controle dos Juízes de Órfãos. Assim, o Juiz de Órfãos da vila de Areias, ao analisar neste mesmo ano a situação dos puris de Queluz descobriu que "seos direitos forão todos postergados, e elles expostos a vagarem errantes sem terem onde se abrigarem das inclemencias do tempo, e sogeitos a toda sorte de desgraças." [41]

Não bastasse o processo de destruição do modo de vida dos índios por parte dos paulistas, desqualificando suas formas de interagirem com o meio e lutarem pela sua sobrevivência, tachando-os de errantes, vadios, indolentes e ébrios, o desdobramento da denúncia deste Juiz de Órfãos foi ainda mais danoso aos puris. Foi somente dois anos depois, em 1835, já com a instalação da Assembleia Provincial, que as autoridades do centro da província deliberaram sobre o caso. Ao descobrirem que as terras destes "índios incorrigíveis", que eram incapazes de cultivarem os terrenos que tinham à sua disposição, estavam rendendo dividendos graças à presença de "intrusos", deliberou-se que fossem colocados em hasta pública para quem melhor pudesse dar pelas terras. Os deputados provinciais ao mesmo tempo, levando em consideração, segundo seus princípios, a desumanidade que seria despojar os índios de suas posses, também autorizaram a repartição de uma parte do terreno a eles inicialmente reservado, fazendo uma divisão dos lotes para cada chefe de família indígena ali existente.[42]

Esses passos indicam realmente o processo de aniquilação dos aldeamentos e sua população, considerando-se que em três décadas Queluz havia sido fundado e já se encontrava num franco esquema de desmontagem, expresso no desin-

---

40 IO35.010, 324. Concessão de terreno aos índios da freguesia de Queluz, São Miguel de Areias (IO 35.103, 17/02/1835, assinado por Joaquim Floriano de Toledo). Manuscrito, AH-ALESP.

41 IO35.010, 324. Concessão de terreno aos índios da freguesia de Queluz, São Miguel de Areias (IO 35.10, 17/12/1833, assinado por José Álvares Leite, Juiz de Órfãos). Manuscrito, AH-ALESP.

42 Sessão em 20 de Fevereiro de 1835, com a aprovação do parecer da Comissão de Indústria sobre as terras dos índios de Queluz. *Annaes da Assembléa Legislativa Provincial de S. Paulo*. 1835-1836. São Paulo: Secção de Obras d' "O Estado de S. Paulo", 1926, p. 68-69.

teresse pela sua manutenção enquanto "aldeia de índios". Comparativamente, alguns aldeamentos coloniais, que inclusive, sobreviveram até o Império, haviam durado mais de duzentos anos, tais como Pinheiros, Carapicuíba etc.[43] No levantamento de Daniel Pedro Müller realizado em 1836 (conforme o Quadro 5) não houve referência aos índios de Queluz, o que demonstra que a maior parte destes teria se miscigenado com os brasileiros ou se deslocado para outras partes do território, em locais que já tinham ocupado em outras épocas, ou onde os paulistas e mineiros ainda não haviam atingido. Já em 1842, quando São João de Queluz foi elevada à condição de vila, contabilizava uma população de mais de mil indivíduos, sendo identificadas algumas poucas dezenas de "bugres", "caboclos" ou "índios do mato" nesta povoação.[44]

Em vista deste caso, pode-se perceber que não havia um interesse direto na exploração da mão-de-obra indígena nas regiões onde estavam instaladas as principais atividades produtivas da província. Havia, pelo contrário, o interesse em retirar os índios desses locais estratégicos. Assim, os puris deveriam permanecer num espaço específico, sob controle dos paulistas, de forma a não impor obstáculos à ocupação do Vale do Paraíba, região com um sentido tático fundamental, uma vez que fazia limite com a Corte e com a capitania de Minas Gerais.[45] Portanto, afastar os puris, único grupo que ainda se mantinha autônomo nesta região, era necessário tanto como uma forma de construir e manter estradas, quanto para instalar fazendas de cultivo, tais como as de café, que já começavam a despontar no Vale.

Ao mesmo tempo, em outras regiões da província, onde os indígenas ainda eram vistos com um interesse econômico e onde a prática missionária ainda não obtivera êxito para apaziguar as hostilidades de lado a lado, as contendas envolvendo os índios e os paulistas adquiririam outra proporção. Esse processo ocorreu durante a

---

43 As datas de fundação de alguns aldeamentos paulistas no período colonial: São Miguel, Itaquaquecetuba e Pinheiros: 1560; Conceição de Guarulhos: 1580. John Manuel Monteiro. "Vida e morte do índio: colonial". p. 29/30.

44 Ferreira, *op. cit.*, p. 67/73.

45 Para conhecer em profundidade este processo de aniquilação dos puris do Vale do Paraíba, no caso em território fluminense, ver Marcelo Sant'Ana Lemos. *O índio virou pó de café? A resistência dos índios Coroados de Valença frente à expansão cafeeira no Vale do Paraíba (1788-1836)*. Dissertação de Mestrado em História. Rio de Janeiro: Universidade do Estado do Rio de Janeiro, 2004.

primeira metade do século XIX em áreas localizadas especialmente no extremo oeste paulista, conforme se pode observar nos mapas 1 e 2. Foi a esse espaço geográfico que as Cartas Régias de 05/11/1808 e 01/04/1809 se referiram, trazendo a autorização das guerras justas contra os índios hostis da região.[46] Conforme analisado no capítulo 2, essa tática colonial, longe de prever um processo de assimilação dos indígenas à sociedade ocidental, tinha por base sua aniquilação e a desocupação dos seus territórios, tal como fora recorrente ao longo dos séculos da colonização lusa.[47]

Conforme se pode observar através desses mapas, a descrição geográfica aqui feita não tem contornos precisos, pois envolvia regiões de matas não dominadas pelos brancos, que tinham dificuldades em especificar exatamente onde começavam e terminavam os territórios indígenas. No levantamento feito por essa pesquisa, ao se percorrer a província de São Paulo, encontraram-se evidências de forte presença de índios nas regiões da 4ª, 5ª e 6ª comarcas (em conformidade com a divisão política de São Paulo em 1836). A 4ª comarca tinha as vilas de Itu, Sorocaba, Constituição (Piracicaba) e Itapetininga como cabeças de termo. Nessa região, os grupos indígenas estavam localizados especialmente nas vilas de Itapetininga e Faxina, no extremo sudoeste da comarca. A 5ª comarca, por sua vez, veio a formar a província do Paraná a partir de 1853 e antes dessa data tinha como cabeças de termo Curitiba, Paranaguá e Castro. Nesta última vila, habitadas por índios a oeste e a norte, tinha-se a freguesia de Nossa Senhora do Belém de Guarapuava, que se constituiu em 1820 como um aldeamento de indígenas camés e votorons, subgrupos da etnia kaingang. Por fim, a 6ª comarca paulista que se formava de vilas e freguesias litorâneas, possuía três cabeças de termo: Santos, São Sebastião e Iguape. Nesta última vila, composta também pela freguesia de Xiririca, tinham-se populações indígenas em conflitos com os paulistas, especialmente nas matas em direção a Itapetininga.[48]

---

46 *LI*, p. 62-72.

47 Pedro Puntoni mostrou esse processo de aniquilação dos índios durante o século XVII na região nordestina da América portuguesa. No processo de expansão para o interior do território, os indígenas não eram mais necessários à empresa colonial, antes eram um obstáculo a ser eliminado. Puntoni. *Guerra dos bárbaros*, op. cit.

48 Estou usando como marcos políticos na divisão das comarcas, municípios, vilas e freguesias o ano base de 1836, período do levantamento de Daniel Pedro Müller, por ser uma data intermediária

O mapeamento das populações indígenas desse período foi obtido através da consulta à documentação das autoridades provinciais, tais como Atas do Conselho Geral da Província de São Paulo, Atas da Assembleia Provincial e Discursos e Falas dos Presidentes da província. Ao mesmo tempo, em consulta aos documentos das vilas de diversas regiões paulistas, através de correspondências entre os poderes locais e o centro do poder provincial, chegou-se à delimitação da região do sudoeste paulista, conforme elencado acima. Outro conjunto documental que trouxe elementos sobre as populações indígenas, inclusive com a pretensão de algumas descrições etnológicas, são os relatos de viajantes estrangeiros, missionários, sertanistas e demais homens interessados no conhecimento dos hábitos dos índios, fosse por propósitos científicos, fosse para melhor dominá-los. Portanto, o levantamento de onde viviam os povos indígenas não foi baseado em dados demográficos e etnológicos precisos, mas tomando por referência os corpos documentais citados, que apresentaram recorrentemente a existência dos índios nestes locais. É certo também que uma importante bibliografia, referente ao processo de ocupação da província vista sob a ótica da relação entre paulistas e indígenas, serviu para respaldar e ajudar a refletir sobre esses indícios encontrados.[49]

Percorrendo cada uma das comarcas, será iniciado este trajeto em sentido leste/oeste, como quem parte da capital da província em direção ao interior, tal qual o caminho trilhado por alguns viajantes estrangeiros do XIX que fizeram a travessia do território paulista. Para entender como se distribuíam as áreas econômicas paulistas através da geografia da província, convém utilizar uma descrição feita por um homem do período, o já referido marechal Müller:

> O terreno para Leste, para onde corre o rio Parahyba, e seus confluentes, é uma grande parte de mattos; n'este além dos generos que plantão para alimento, como milho, feijão, arroz e mandioca, fazem a força do seu commercio na cultura do Café, assim também em Aguardente, Tabaco, creação de Porcos, e Gado Vaccum. Na Cidade [São Paulo],

---

dentro do período aqui estudado. Daniel Pedro Müller. *Ensaio d'um quadro estatistico da Provincia de S. Paulo*. São Paulo: Reedição literal. Seção de obras d'"O estado de S. Paulo", 1923.

49 Essa bibliografia está referida no corpo do livro e em notas de rodapé, especialmente no presente capítulo.

e seu districto, se planta e se colhe para alimento de seus habitantes; porém começa a ser de grande interesse a cultura do Chá. Nas Villas ao Occidente da Capital, de Jundiahy, S. Carlos [Campinas], Ytu, Capivary, Porto-feliz, Sorocaba, e Constituição [Piracicaba], é o Assucar a sua principal cultura, e ramo de commercio. As Povoações ao Norte, Bragança, Atibaia, e Nazareth são, por assim dizer, os celleiros da Capital, cultivão o feijão, milho, e arroz, e crião Porcos. As Villas mais distantes para o Sul da Provincia fundão-se na cultura de algum trigo, arroz, feijão, e milho para seu consumo, e na criação de muito gado vaccum, e cavallar. Servem-se igualmente de alimento dos pinhões que abundão nos muitos Pinheraes espontaneos n'aquelle territorio, e colhem muita erva matte, indigena do paiz com que fazem seu commercio; não são (pelos ultimos motivos expendidos) grandes Agricultores. Nos campos regados pelos Rios Tieté, Mogiguassú, Rio Pardo, e confluentes, para o Norte da Provincia, se cria muito gado vaccum e cavallar.[50]

Em síntese, no Vale do Paraíba, além de gêneros alimentícios – o que se justificava por ser área de passagem para o Rio de Janeiro e Minas Gerais – tinha-se o despontar da produção cafeeira. Na região da capital paulista e das vilas dos arredores (Atibaia, Bragança etc.) produziam-se gêneros alimentícios para abastecer a própria região e comercialização, além das vilas a noroeste (Campinas, Jundiaí, Piracicaba) que produziam o açúcar, exportado para outras regiões do Império. Na zona litorânea tinham-se como produções principais de suas vilas arroz e aguardente de cana, além da vila de Ubatuba despontar como produtora cafeeira.[51] Já a parte oeste da província era pródiga no cultivo de gêneros alimentícios para próprio consumo, como milho, trigo e feijão, sendo o forte de sua atividade econômica, no entanto, a criação de animais, como bois e cavalos. Conforme se pode perceber pela observação dos mapas e das descrições feitas acima, a região oeste era zona fronteiriça com os territórios indígenas. Especialmente no período analisado aqui, os maiores pontos de conflito estabeleceram-se no sudoeste paulista, dentro de um processo de avanço das fronteiras paulistas sobre os índios. Já

---

50 Müller, op. cit., p. 25.

51 Ibidem, p. 131/2.

o devassamento das terras do noroeste paulista seria um processo levado a cabo na segunda metade do século XIX, quando o avanço da lavoura cafeeira exigiria a desocupação e a aniquilação dos grupos que ali viviam.[52] Nos limites desta pesquisa, interessa mapear os conflitos no sudoeste paulista, terra dos kaingangs, xoklengs, guaranis e kaiowás. Apesar dos dados coletados pela etnologia, arqueologia, linguística e antropologia, com instrumentos para desenhar esse quadro, a definição do processo não é de todo preciso. Isso porque os grupos indígenas que apareceram nesses relatos não representaram a si mesmos, mas foram mostrados através dos olhares de seus opositores. Além do que, os padrões de ocupação e exploração das terras pelas diversas etnias diferem da percepção que os ditos civilizados tinham do processo vivido por ambos os lados.

Iniciando o trajeto em direção ao interior da província, na 4ª Comarca, tinha-se a vila de Itu, uma das mais antigas e ricas povoações paulistas. Foi fundada em 1654 por colonos em busca de novas fontes de mão-de-obra indígena, superando a região planaltina, num movimento levado a cabo no decorrer do século XVII.[53] Em 1811 passou a ser sede de comarca, sendo em 1833 classificada como de a número 4. Em 1839 as vilas de Porto Feliz, Sorocaba, Itapeva, Itapetininga, Apiaí, Capivari, Constituição, Araraquara e São Roque estavam sob sua jurisdição administrativa. A produção ituana de açúcar era uma das principais fontes de renda da província, sendo enviada para a cidade de São Paulo e para o porto de Santos.[54]

Dois pontos que tornaram estratégico o território desta comarca, além da existência de solos férteis e da produção mercantilizada (escravista e agroexportadora), eram as rotas de acesso por rio e por terra, representadas, respectivamente, pelas

---

52 Maria do Carmo Sampaio di Creddo. *A propriedade da terra no Vale do Paranapanema. A Fazenda Taquaral (1850-1910)*. Tese de Doutorado em História. São Paulo: FFLCH/Universidade de São Paulo, 1987 (2 vols); João Francisco Tidei Lima. *A ocupação da terra e a destruição dos índios na região de Bauru*. Dissertação de Mestrado em História. São Paulo, FFLCH/Universidade de São Paulo, 1978.

53 Monteiro. *Negros da terra, op. cit.*, p. 81-82."

54 Auguste de Saint-Hilaire. *Viagem à província de São Paulo*. Belo Horizonte/São Paulo: Itatiaia/Ed. da USP, 1976, p.167/82. Embora o viajante tenha realizado sua viagem em 1820, quando foi publicada a edição de sua viagem, no final da década de 1830, Saint-Hilaire atualizou os dados, mesclando a situação por ele vista 20 anos antes com os aspectos administrativos e quantitativos coevos.

vilas de Porto Feliz e Sorocaba. Assim, Porto Feliz, uma vila fundada em 1797, havia sido já uma povoação antes desta data, o que indica que a proximidade com o rio, além de torná-la porto, deve ter facilitado a vida dos índios que viveram nos seus arredores em períodos anteriores, por ser também fonte de alimentos. Porto Feliz, portanto, constituía-se num porto interior, ficando às margens do rio Tietê. Seguindo o fluxo deste rio, no sentido oeste se ligava ao rio Paraná, chegando ao rio da Prata, e no sentido norte desaguava no rio Cuiabá. Durante o período colonial, essa rota foi muito utilizada pelos paulistas rumo ao norte do continente americano, enfrentando os indígenas hostis a eles e os acidentes naturais dos rios. De Porto Feliz até a foz do rio Tietê demorava-se cerca de 25 dias. Chegando ao rio Paraná e percorrendo-o até o rio Pardo levava-se dois meses. A distância de Porto Feliz até Cuiabá era mais longa ainda: levava-se cinco meses para se percorrer esse caminho fluvial. Trilhar essa rota durante o século XVIII invariavelmente significava encontrar indígenas como os caiapós e os guaicurus:

> As hordas de índios, que a princípio assaltavam os viajantes nos rios, retiravam-se desde então quase todas para regiões mais afastadas, ou tornaram-se mansas e só vão de quando em quando ao rio, para negociar com os viajantes. Oferecem, em troca de artigos europeus, mel, cera, copal e frutos de diversas palmeiras. São sobretudo *caiapós* os que procuram as canoas no caminho do Tietê até o Taquari, e *guaicurus* os que as visitam na parte restante da viagem. Os *caiapós*, também chamados *caipós*, são a tribo mais poderosa da província de Goiás. Os *guaicurus* ou *quaicurus*, também chamados pelos portugueses índios cavaleiros, habitam, em grande parte, as planícies abertas e cobertas de capim, em ambas as margens do Paraguai, e particularmente na parte leste, entre os rios Taquari e Ipané, e na parte oeste ao sul da serra de Albuquerque. Eles formam a mais numerosa nação em Mato Grosso e são temidos por todos os seus vizinhos.[55]

O contato com os índios de outras regiões foi característica marcante no período colonial, durante o auge do sertanismo e no momento em que essas rotas fluviais

---

55 Spix ; Martius, *Viagem pelo Brasil. Op. cit.*, p. 168.

eram mais utilizadas. Já no século XIX, o estabelecimento das rotas das mulas, fez com que o meio de transporte terrestre fosse priorizado. O porto desta vila passou a ser utilizado basicamente para levar socorros militares ao Mato Grosso, como tropas e munições de guerra.[56] Pode-se assim perceber o quanto era difícil percorrer as rotas internas do Império, ainda mal definidas e sem controle, mostrando que esses socorros demoravam a chegar a seu destino pela via fluvial (5 meses). Em Porto Feliz, a principal atividade agrária era a lavoura canavieira. No entanto, essa vila não estava completamente ocupada por seus moradores, havendo terrenos devolutos e desconhecidos dos paulistas no "sertão" das margens do Tietê.[57]

A preponderância das rotas de transporte e passagem terrestres aponta, então, para a preferência da região de Sorocaba como um ponto de entroncamento. A vila foi fundada em 1670 e, tornou-se, a partir do século XVIII, ponto de parada e negociação de tropas de mulas, cavalos, bois e vacas, sendo esta a origem de suas riquezas. Também a Fábrica de Ferro de Ipanema complementava a especificidade da região. A Fábrica, localizada às margens do rio de mesmo nome, produzia armamentos, ferramentas e utensílios de ferro, tendo sido fundada por D. João VI.[58] A posição geográfica da vila permitia-lhe funcionar como pouso das tropas de animais que vinham do Sul. Pela praça comercial sorocabana chegavam a passar cerca de 30.000 mulas por ano, segundo Spix e Martius. Era circundada pelas principais vilas da 4ª comarca: Itu, Porto Feliz, São Roque e Itapetininga, sendo que "Ao sul comprehende a extensão que fica aquem da serra do mar, ignora-se a distancia por serem ermos aquelles lugares, e montanhas cobertas de mattos; por essas paragens deve confinar com o districto da Villa de Iguape."[59]

Conforme se pode observar pelas descrições acima, havia pontos do terreno das vilas mais importantes da 4ª comarca, como Porto Feliz e Sorocaba, que eram lugares de contornos incertos, sem a presença efetiva de moradores paulistas. Nesse trecho evidencia-se a distância que separava Sorocaba de Iguape como um local "vazio", composto por matas. Justamente esse tipo de local era propício à existência

---

56 Saint-Hilaire, *Viagem à província de São Paulo. op. cit.*, p. 167-182.

57 Müller, *Ensaio de um quadro estatistico da Provincia de S. Paulo. Op. cit.*, p. 63-65.

58 Saint-Hilaire, *op. cit.*, p. 183-196.

59 Müller, *op. cit.*, p. 68.

dos índios que se mantinham afastados dos brasileiros. Na medida em que estes iam se aproximando dessas regiões, ou quando insistiam mesmo em adentrar as matas desconhecidas, os conflitos com os indígenas eram inevitáveis.

Esse processo tornava-se evidente nas vilas localizadas mais ao sudoeste da província. Tal se dava com a vila de Itapetininga. Esta localidade foi fundada em 1770, no mesmo movimento que levou à fundação de Porto Feliz e Itapeva, com os projetos de alargamento das fronteiras internas e externas da capitania levados a cabo pelo Morgado de Mateus.[60] Havia plantações de açúcar e alguns gêneros alimentícios, como milho e feijão, que vendiam para Sorocaba, e também lavouras de algodão, que exportavam para o Sul. Além disso, uma pequena criação de mulas e gados completava as atividades produtivas desta vila, cuja principal função era mesmo servir de pouso às tropas que rumavam a Sorocaba. Ali os tropeiros realizavam as invernadas, acampamentos para pouso dos homens e dos animais, que permaneciam durante certo tempo no local para seu reabastecimento.[61]

O fato de Itapetininga fazer divisa com a vila de Iguape deveria facilitar o comércio através do porto marítimo desta vila, mas o estado das estradas impedia esse intento, do qual se ressentiam os moradores de Itapetininga, reclamando às autoridades provinciais.[62] A precariedade dos caminhos, em terrenos formados

---

60 Marcílio demonstra o crescimento demográfico da capitania na segunda metade do XVIII, com a criação de quatorze vilas, cuja expansão se dava em dois sentidos: para o caminho do Sul e do Vale do Paraíba para a capital. Marcilio, *op. cit.*, p. 131-152. "Em 1765, quando foi restaurada a capitania de São Paulo e confiada ao governo de D. Luis Antonio de Souza e Mourão, Morgado de Matheus. A preocupação desse governo foi povoar os sertões e abrir vilas. Assim, mandou abrir em 1772 uma estrada ou picada em direção do rio Paranapanema, começando pela serra de Botucatu. A picada foi finalmente aberta por gente de Sorocaba, auxiliada por indígenas. O ponto de partida foi o alto da serra de Botucatu, o que demonstra o conhecimento que se possuía da região e a importância que a mesma tinha para o processo de penetração rumo ao 'sertão desconhecido'. Em 1776, o Morgado de Matheus tem um plano referente às seis povoações que julgava necessário fundar, compondo com elas um alongado semi-círculo, como um caminho para a conquista definitiva para o povoamento do sertão." Creddo, *op. cit.*, p. 33.

61 Saint-Hilaire, *op. cit.*, p. 197-205.

62 Inúmeros documentos fazem referência à construção da Estrada de Juquiá, que ligaria as vilas de Itapetininga a Iguape, sendo fundamental para a primeira o porto da segunda. ROD-AESP. Itapetininga. C01054, anos 1822-1833 (P-1, D43, D47, D49, D50, D50A, D56, D56, D61, D63, D78,

por matas densas e de contorno indefinidos, tornava difícil o estabelecimento de rotas de comércio. Em alguns destes pontos, inclusive, como em direção ao rio Paranapanema (onde ficava a freguesia de mesmo nome, pertencente a esta vila) e nos imprecisos limites do território paulista, a realidade dos moradores daquelas paragens era extremamente instável:

> À época em que passei por Itapetininga, seu distrito e sua paróquia, cujos limites são os mesmos, estendiam-se de leste a oeste por cerca de 14 léguas, desde o rio Sarapuú, que os separava de Sorocaba, até o rio Paranapanema, onde tinha início o território de Itapeva. No norte e no sul as fronteiras eram imprecisas. Na direção do mar, que não dista mais de 20 léguas da cidade, logo se encontravam vastas matas despovoadas, e do lado oposto, onde há descampados, também não se podia ir muito longe, por causa da presença nas proximidades de índios ainda selvagens, que causavam grande terror. Em 1839 os limites do distrito ainda eram os mesmos, mas a paróquia, outrora única, tinha sido dividida, e além da que pertencia à igreja da cidade havia ainda duas outras, as de Tatuí e a de Paranapanema, ambas situadas ao sul de Itapetininga, entre essa cidade e o mar, ou, melhor dizendo, o pequeno porto de Iguape.[63]

Além de Itapetininga e Sorocaba, nas matas ao sul em direção a Itapeva (Faxina) e Iguape, a situação para os paulistas se complicava. Muitas vezes, das fazendas onde viviam, conseguiam visualizar o território dos indígenas. Na perspectiva dos nacionais, a área em que suas propriedades estavam situadas era de ocupação perigosa, pois na eventualidade da ausência dos fazendeiros, os índios poderiam atacar seus empregados e sua família, destruindo também as instalações das fazendas. Essa situação de insegurança por parte dos moradores do sertão tinha uma dimensão real. No entanto, há que se considerar que muitas vezes alguns homens

---

D82). Especialmente sobre a necessidade de se utilizar o porto de Iguape, tanto por Itapetininga quanto por Faxina: ROD-AESP. Itapetininga. C01055, anos 1834-1840 (P-2, D-23, 17/08/1844). ROD-AESP. Faxina. C01012, anos 1823-1838 (P-1, D-86, s. d.)

63 Saint-Hilaire, *op. cit.*, p. 202.

utilizavam-se desse argumento para escapar do recrutamento, outro terror dos cidadãos do Império brasileiro.⁶⁴

No entanto, os ataques indiretos não eram a única estratégia utilizada pelos índios, ainda que fosse a mais recorrente. Eles também vinham pura e simplesmente nos pontos extremos dessas vilas, como o bairro de Guareí em Itapeva, por exemplo, em enfrentamentos que muitas vezes resultavam em ferimento ou morte de paulistas.

Adentrando ainda mais o interior paulista, tinha-se então a vila de Faxina, também denominada Itapeva da Faxina, que deu origem ao atual município paulista de Itapeva. Foi fundada em 1769, tendo como principal atividade econômica a criação de gado vacum e cavalar, além do cultivo de açúcar, que era inexpressivo frente à produção de outras vilas melhores localizadas e maiores. Saint-Hilaire considerou esta a menor vila que encontrou em território paulista, atribuindo-lhe aspectos rudes e devastados, o que se encaixaria no sentido que ele deu para a palavra "faxina": feixe e destruição. Por isso lhe pareceu coerente considerar esta região como "terra dos índios destruidores". Na aquarela de Jean Baptiste Debret, pintada em 1827, tem-se também uma representação desta área pouco urbanizada (Ver Figura 1).

De fato, essa era uma das vilas (depois da freguesia de Guarapuava, como se verá a seguir) onde havia mais índios nas matas não exploradas pelos paulistas. O que ajuda a explicar essa condição talvez seja o menor avanço da sociedade ocidental ali, visto que o tipo de economia desenvolvida era menos agressiva, em virtude da grande quantidade de pequenos lavradores que ocupavam terras pertencentes a ricos estancieiros, criando animais e cultivando lavouras de subsistência. Nessas áreas, as lavouras cultivadas para autoconsumo dessa população e para infraestrutura das invernadas coadunavam-se com o cenário de pobreza e "maus costumes", tal como Saint-Hilaire descreveu:

> As fazendas de Perituva, Rio Verde e S. Pedro formavam, juntas, um território mais extenso do que o de muitos principados. Mais de duzentas pessoas tinham obtido permissão do proprietário para morar em suas terras; ali eles plantavam e criavam animais sem nada pagar ao dono. É bom dizer, porém, que a qualidade do solo tornava esse ato de bondade menos meritório do que poderia

---

64 ROD-AESP. Faxina. C01012, 1823-1838 (C-217, P-1, D- 51, 51A, 51B, 51C, 51D e 51E, 1828).

parecer a um europeu que desconhece as condições da região. Seja como for, os homens que se aproveitavam da complacência do dono de Perituva levavam uma existência bastante precária; um novo proprietário poderia expulsá-los das terras ou impor-lhes duras condições. Se eles caminhassem algumas léguas na direção do mar poderiam encontrar terras ainda sem dono e onde jamais apareciam selvagens; eram, porém, demasiadamente desprovidos de energia para que fizessem qualquer esforço, por menor que fosse.[65]

Este autor também se deteve a analisar rapidamente os índios desta região, afirmando serem eles do grupo dos ganhanãs. Segundo ele, este grupo era diferente dos chamados bugres, que viviam em direção à divisa com a província de Santa Catarina. Ainda para o viajante, os ganhanãs também não seriam coroados, malalis, monoxós, macunis, botocudos, maxacalis, caiapós ou xicriabas, ou seja, nenhum dos grupos que viviam no território de Minas Gerais. Eles eram um grupo hostil e diferente dos demais, cultivavam lavouras de milho e feijão, sendo que os homens andavam nus e as mulheres com as genitálias cobertas. Uma outra etnia, dócil, instalou-se num rio próximo à vila, trocando mel e cera por roupas e ferramentas trazidas pelos brancos. Esse outro grupo mantinha relações cordiais com os moradores, ao mesmo tempo em que funcionava como uma proteção aos ferozes ganhanãs.[66]

Obviamente que essas descrições são um tanto quanto imprecisas, na medida em que a nomenclatura usada pelos homens daquela época muitas vezes não confere com os dados levantados pelos etnólogos. No entanto, algumas aproximações e inferências são possíveis de serem feitas, o que leva a afirmar que o grupo hostil apontado seria o dos kaingangs, também chamados no período de guaianás ou guaianãs.[67] Em oposição, o grupo afável que se instalou nos arredores da vila da década de 1820 provavelmente seria da etnia guarani ou kaiowá, conforme será melhor discutido à frente.

Rumando mais ao sudoeste da província, na parte do território que foi desmembrada em 1853 para formar a província do Paraná, a população indígena era

---

65 Saint-Hilaire, *op. cit.*, p. 223.

66 *Ibidem*, p. 219-229.

67 John Manuel Monteiro. "Tupis, tapuias e a história de São Paulo. Revisitando a velha questão guaianã". In: *Novos Estudos CEBRAP*. São Paulo, n. 34, Novembro de 1992, p. 125-135.

numerosa. Nesta região, que formava a 5ª comarca, a ocupação paulista foi se efetivando no final do século XVIII, numa ofensiva contra os índios dos arredores, ocupando suas terras. A povoação mais antiga, Paranaguá, foi fundada em 1640, sendo a única vila marítima da região. Posteriormente, os colonizadores, ao adentrarem o território, acabaram fundando Curitiba em 1654, que competia em termos de importância estratégica com o porto de Paranaguá. Já as demais vilas (Castro, Guaratuba, Antonina e Nova do Príncipe) foram fundadas mais de um século depois, a partir das investidas do Morgado de Mateus em direção ao sertão oeste da capitania paulista na segunda metade do XVIII, processo que adentrou os primeiros anos do XIX. Foi especialmente na vila de Castro, fundada em 1788, a mais extrema localidade paulista no sentido oeste, que se iniciaram os contatos, conflitos e "pacificação" dos indígenas. Nesse processo, a freguesia de Guarapuava teria papel decisivo.[68] Na vila de Castro, a principal atividade produtiva era a criação de gado. Nas demais vilas da 5ª Comarca, além da criação de animais, destacavam-se também destilarias de aguardente e fábricas de erva mate.[69] Esta era importante planta nativa que abastecia os mercados do entorno, cujas populações tinham por hábito o consumo de bebida à base do mate.

Avançando sobre a vila de Castro, tinha-se a região dos campos do terceiro planalto da 5ª comarca, que no idioma kaingang era denominada como Coranbang-rê e foi batizada posteriormente como Guarapuava pelos paulistas. Foram malogradas as expedições para a conquista desses campos desde a década de 1770, projetados como local estratégico para a instalação de fazendas de criação de gado, bem como para as rotas de passagem para a província de Rio Grande de São Pedro. Assim, acompanhando uma expedição militar e de civis contabilizando o total de três centenas de homens, o padre Francisco de Chagas Lima abençoou a conquista militar comandada por Diogo Pinto de Azevedo Portugal, rezando missa em junho de 1810. Esse foi o marco da fundação da povoação de Atalaia, núcleo composto por militares, estancieiros e seus escravos, trabalhadores livres e clérigos, para

---

68 Müller, *op. cit.*, p. 72-79.

69 *Ibidem*, p. 72-80.

atração dos índios da região.⁷⁰ Em 1812, segundo o missionário Chagas Lima, os indígenas que haviam estabelecido relação com os moradores estavam, aos poucos, aceitando o processo de sua "pacificação", efetuado pelos paulistas:

> Os Indios, apezar de sua rusticidade, e de terem sido bem tratados e mimoseados com pannos de algodão, algumas ferramentas e quinquilharias, mostravam-se simultaneamente lhanos, porêm de difficil tracto, por não haver conhecimento da sua linguagem; todavia, nos primeiros dois annos e meio, que vinham e iam da aldêa, apezar de alguns conflictos, e um principalmente em que durante seis horas puzeram cerco a Atalaia, se aproveitaram de alguma maneira os esforços que se fizeram para os domiciliar e civilisar, isto é, até o anno de 1812.⁷¹

Por fim, em 1819 foi fundada uma freguesia, que funcionava também como aldeamento, distante cerca de uma légua e meia de Atalaia. Esta freguesia/aldeamento foi denominada de Nossa Senhora do Belém de Guarapuava e tinha a função de expandir os limites da ocupação paulista para além de Atalaia. Os kaingangs, que a partir de 1812 aceitaram a permanência dos conquistadores na região, eram liderados pelo chefe Pahy, um líder do subgrupo kaingang votoron. Este líder foi fundamental no sucesso e na ampliação dessa povoação, já que conseguiu convencer o principal dos votorons, o Pahy-bang, a trazer todos os votorons por ele chefiados para viverem em Atalaia. Juntaram-se a estes também o subgrupo dos kamés, perfazendo uma população kaingang de mais de 300 pessoas vivendo em Atalaia em 1812.⁷²

---

70 Kimiye Tommasino. *A história dos Kaingáng da Bacia do Tibagi*: uma sociedade Jê meridional em movimento. Tese de Doutorado em Antropologia. São Paulo: FFLCH/Universidade de São Paulo, 1995, p. 76-83.

71 Francisco das Chagas Lima. "Memoria sobre o descobrimento e colonia de Guarapuava". In: Ana Luisa Fayet Sallas (org.). *Documentação sobre os povos indígenas. Séculos XVIII e XIX*. Curitiba: Aos Quatro Ventos, 2000, p. 59.

72 Tommasino, *op. cit.*, p. 82-87.

Como se pode ver, Guarapuava representava nesse período o local em que as relações entre os indígenas aguerridos e os paulistas mais haviam avançado, sendo que a retomada dos aldeamentos foi o instrumento encontrado para se levar a cabo a conquista da região. No entanto, diferentemente do período colonial, a ocupação dos Campos gerais era uma exceção no território paulista naquele período, não sendo um modelo comum nas regiões mais centrais da província, onde as populações indígenas eram insignificantes, do ponto de vista numérico, ou mesmo inexistentes. Aqui, o controle dos índios se deu em duas frentes, como típico do processo de colonização e conquista que ocorrera na América portuguesa. Primeiramente, confinar os indígenas nos aldeamentos, a fim de que os fazendeiros ocupassem os vastos campos com seus escravos e trabalhadores livres. Ao mesmo tempo, os índios de Guarapuava foram utilizados em atividades econômicas a serviço dos paulistas, ainda que essa utilização não fosse predominante nos primeiros tempos da conquista dessas terras, visto que havia outros tipos de mão-de-obra ali, como referido acima. Ao que se depreende dos levantamentos feitos pelo capitão responsável pela freguesia de Guarapuava, a partir da década de 1840, ou seja, duas décadas depois de sua fundação, os proprietários que lá viviam já usavam mais amplamente os indígenas em suas lavouras.[73]

A luta inicial dos administradores de Guarapuava foi manter os índios aldeados e disponíveis para o trabalho a particulares,[74] cerceando suas práticas de transitar

---

73 ROD-AESP. Guarapuava. C01025, 1824-1853 (C-230, P-1, D-15, D-16, D-18 e D-46A). O conteúdo destes documentos será detalhado no capítulo seguinte. Marta Amoroso, estudando os aldeamentos de outras regiões paranaenses a partir de 1855, evidencia que os indígenas aldeados não eram usados amplamente nas lavouras de particulares, mas eventualmente trabalhando por jornadas. *Catequese e evasão*. Etnografia do aldeamento indígena de São Pedro de Alcântara, Paraná (1855-1895). Tese de Doutorado em Antropologia Social. São Paulo: FFLCH/Universidade de São Paulo, 1998, p. 125-129. Já o trabalho Rosângela Ferreira Leite esmiúça o papel das populações indígenas na formação da classe trabalhadora de Guarapuava no decorrer do século XIX. *Nos limites da colonização*: Ocupação territorial, organização econômica e populações livres pobres (Guarapuava, 1808-1878). Tese de Doutorado em História Econômica. São Paulo: FFLCH/Universidade de São Paulo, 2006. Agradeço ao diálogo sempre aberto com Leite, inclusive, ter me propiciado a leitura de parte de seu trabalho quando inédito, que me ajudou a entender Guarapuava.

74 "Quatro anos após a fundação do aldeamento, os aldeados circulavam entre os espaços da moradia (Atalaia), da roça e do campo de criação. O sistema de organização da redução não visava ao aprisionamento dos nativos, ao contrário, as instruções, a catequização e as punições tinham

livremente pelas matas, ocasião em que os aldeados promoviam escaramuças contra aqueles indígenas que viviam nas matas, como os subgrupos kaingangs inimigos ou contra índios de outras etnias, como os kaiowás ou guaranis. As dificuldades em sujeitar os índios às normas de confinamento e trabalho nas roças, além da resistência natural que estes tinham em abraçar esse tipo de vida, eram também agravadas pelo insucesso da manutenção dessas lavouras do aldeamento, que precisavam constantemente de incentivos governamentais para conseguir progredir, como será visto nos capítulos seguintes.

Antes de aprofundar-nos nos dados sobre a organização dos diversos grupos indígenas apresentados aqui de passagem, convém encerrar esse trajeto em direção ao interior da província. Chega-se, então, à 6ª comarca, onde ficava a vila litorânea de Iguape. O litoral paulista, por uma questão geográfica evidente, foi a primeira zona de contato dos invasores europeus com as populações indígenas. Depois disso, a preponderância da região do planalto de Piratininga demonstra que essa região perdeu importância econômica frente às atividades planaltinas, o que indicaria também a queda demográfica das populações indígenas litorâneas, ou mesmo o fato de que, nessa parte do território americano, não haveria uma maciça presença nativa antes da chegada dos portugueses.[75] As vilas litorâneas que formavam a 6ª comarca estavam entre as mais antigas fundadas, datadas do século

---

como função prepará-los para o trabalho, seguindo recomendações do governo central. A rotina de trabalho ia ao encontro da catequese na perspectiva civilizatória dos colonizadores. Um misto de missas, procissões, batismos, castigos e trabalho compunha o cotidiano dos aldeados. Alguns nativos permaneciam no espaço do aldeamento, outros, afastados da tutela do pároco, viviam próximos aos adventícios, em suas próprias roças ou em propriedades particulares." Rosângela Ferreira Leite. *Nos limites da colonização*. São Paulo: FFLCH, 2006, p. 38. Segundo as constantes queixas das autoridades locais e provinciais relativos à "decadência" do aldeamento de Guarapuava, parece-me que a submissão dos indígenas aos paulistas não foi realmente um processo tão imediato.

75 "Mais sugestivas, e de certa forma mais conclusivas, entretanto, são as repetidas vezes que os jesuítas, aqui chegados nos primórdios do povoamento, em suas cartas referem-se ao planalto e aos *Campos de Piratininga* em particular, às suas condições, aos seus habitantes, às suas aldeias. Contrastando com a sistemática referência a essas áreas, as informações sobre os possíveis habitantes do litoral são sempre parcas, e de modo a raramente possibilitar a crença na presença de uma ou mais aldeias". Esta é a hipótese colocada por Pasquale Petrone. *Aldeamentos paulistas*. São Paulo: Edusp, 1995, p. 33. Desconheço se há estudos recentes que comprovem tal possibilidade. De qualquer forma, é inte-

XVI. Sobre a vila de Iguape não houve um registro exato de sua fundação, sendo calculada por volta de 1570.⁷⁶ A presença indígena nela foi bem esporádica e localizada no século XIX. Nas matas ao sul de Iguape, em direção a Itapetininga, houve encontros de paulistas com indígenas no ano de 1835. Nesta ocasião, os índios feriram alguns moradores da vila nas margens do rio Itariri. Após as tentativas de contato e controle destes indivíduos pelas autoridades da vila, conseguiu-se estabelecer um aldeamento, ao que tudo indica, formado por guaranis.⁷⁷

Em Iguape essa presença indígena foi bem circunscrita e controlada, embora seja surpreendente que mais de 250 anos de ocupação pelos colonizadores ainda não tivesse conseguido efetivamente dominar, afastar ou dizimar a população ameríndia. Nessa vila – que tinha sua importância por ser zona portuária, além de produzir gêneros para exportação interprovincial, como farinha de mandioca e aguardente – vestígios de grupos indígenas autônomos e fora do controle dos paulistas fizeram-se presentes, em matas obscuras ao seu entendimento.

O trajeto percorrido, partindo de Itu em direção a Porto Feliz, Sorocaba, Itapetininga, Itapeva, Guarapuava e Iguape, referiu-se, portanto, ao cenário em que se colocaram muitos conflitos entre os nacionais e os indígenas. Mapeada a estrutura econômica da província, bem como a distribuição espacial dos paulistas pelo território, cabe agora algumas referências sobre os diversos grupos indígenas presentes nessas áreas, ainda que nesse período não se tivesse estabelecido um contato pleno e definitivo entre os dois mundos, vivendo-se um processo de avanços e recuos de ambos os lados. É, inclusive, pelo fato de esses dois universos estarem apartados um do outro até aquele momento, que se optou pela descrição desses personagens e cenários de maneira separada, fazendo a interrelação entre esses dois universos no capítulo seguinte.

---

ressante matéria de pesquisa desvendar qual era a distribuição espacial dos indígenas do litoral da capitania vicentina no século XVI e se estes foram utilizados nas atividades coloniais do período.

76 Müller, *op. cit.*, p. 79-81.

77 Dora Shellard Corrêa. *Paisagens sobrepostas*. Índios, posseiros e fazendeiros nas matas de Itapeva (1723-1930). Tese de Doutorado em História Econômica. São Paulo: FFLCH/Universidade de São Paulo, 1997, p. 184-187.

Primeiramente convém nos referirmos com maiores detalhes sobre a etnia dos kaingangs, que foi a mais abordada acima. De fato, esse grupo étnico, pertencente ao tronco linguístico macro jê (divisão que engloba vários povos de línguas diversas entre si) foi um dos mais aguerridos inimigos dos paulistas nessa época. Eram também chamados pelos conquistadores de coroados, devido à forma como os guerreiros dispunham seus longos cabelos, levantados como espetos ao alto da cabeça, o que se assemelhava à forma de coroa. Não devem ser confundidos com os puris da região de Minas Gerais na divisa com o Vale do Paraíba paulista e fluminense, que também eram chamados de coroados. Os kaingangs eram ainda denominados de guaianás (guaianãs ou outros derivados), o que foi motivo de muitas polêmicas entre os intelectuais e etnólogos de várias gerações, quando alguns deles pretendiam provar que os guaianás do início da colonização eram da linhagem tupi.

Essa polêmica foi instaurada no processo de construção da identidade paulista, levado a cabo a partir da segunda metade do século XIX. Dentro dessa discussão, era mais nobre descender dos "românticos tupis" – visto que o paulista era em essência fruto da miscigenação entre portugueses e indígenas desde os primeiros tempos da ocupação da capitania vicentina – do que ser aparentado dos "selvagens guaianás", que no presente aterrorizavam os paulistas e impediam o "avanço da civilização" pela província.[78]

No entanto, afora essas dúvidas, fundamentadas muito mais em questões ideológicas do que em dados etnográficos, não restam dúvidas que os guaianás do século XIX eram realmente os kaingangs. Conforme definiu Kimiye Tommasino esse seria um povo "jê meridional em movimento". Baseando-se em levantamentos arqueológicos e linguísticos, essa autora afirma que os povos jês (que formam uma família linguística específica, dentro do tronco macro jê) teriam uma origem comum, no centro do território da América portuguesa há milhares de anos atrás. Um grupo deles teria migrado em direção ao sul do continente há aproximadamente 3.000 anos atrás, tornando-se, assim, uma etnia jê meridional. No decorrer desse processo, estes jês se separaram em dois grupos, os kaingangs e os xoklengs, que se distanciaram geográfica e etnicamente, constituindo-se como duas facções opostas. Essa dualidade é base para entender a cultura kaingang (baseada na

---

78 Monteiro. Tupis, tapuias e a história de São Paulo, op. cit.

língua de mesmo nome) que se separou ainda muitas vezes em dois bandos, sendo que cada um desses grupos se portava como contrário, complementar e inimigo em relação ao outro. Esses povos, através do processo migratório, devem ter se aproximado da região litorânea e da Serra do Mar, segundo depreenderam os etnólogos ao analisarem sua mitologia. No entanto, com a chegada dos portugueses 2.500 anos depois de sua permanência neste território, teriam migrado mais para o interior, distanciando-se do contato com os invasores.[79] Isso talvez explique a referência dos cronistas coloniais aos guaianás (ou guaianases) que viviam no planalto paulista e adjacências, tendo sido identificados como um povo não tupi.

A perpetuação desse processo de separação dos kaingangs em metades opostas e equivalentes gerou novas levas de grupos espalhados pelo território sul da América portuguesa. Assim, um dos grupos atravessou o rio Paranapanema em direção ao Paraná e não teve mais contato com os demais, sendo esta a raiz do fato de grupos dessa mesma etnia falarem dialetos diversos. Eram povos que não dominavam técnicas de navegação, nem eram bons nadadores, motivo pelo qual os rios acabavam por funcionar como limites territoriais aos subgrupos kaingangs. Assim, os afluentes do rio Paraná (Paranapanema, Piquiri, Ivaí e Iguaçu) foram se constituindo em fator limitante na interligação entre os diversos kaingangs.[80]

Esse processo de separação dos kaingangs em metades explica por que conseguiram espalhar-se por tão amplos territórios. Isso lança luz também ao fato de tantos subgrupos kaingangs terem feito parte da história dos cronistas da conquista, nos relatos em que kamés, votorons, dorins apareceram como seus personagens.[81] Nas lutas que esses grupos da mesma etnia travavam entre si, eles seriam capazes de se

---

[79] Tommasino, *op. cit.*, p. 34-45.

[80] O alto contingente populacional destes povos, além da amplitude de seus territórios, foram fatos ressaltados pela antropologia. Assim, nos dias de hoje, parte dos kaingangs sobreviveram aos projetos de aniquilação perpetrados contra eles ao longo dos séculos, via miscigenação ou chacinas. Os kaingangs, mantendo-se em constante reprodução biológica e cultural, atualmente ocupam os estados de São Paulo, Paraná, Santa Catarina e Rio Grande do Sul (além de parte do território argentino) contabilizando uma população de cerca de 20.000 pessoas, uma das mais numerosas etnias indígenas do Brasil atual. *Ibidem*, p. 43.

[81] O exemplo mais evidente dessa presença foi deixado pelo padre que primeiramente os aldeou, Francisco das Chagas Lima. "Memória sobre o descobrimento e colonia de Guarapuava".

aliar com seus inimigos históricos, do grupo guarani, para se sobreporem a uma das metades. Dentro dessa lógica, aliaram-se até mesmo com os conquistadores brancos, aceitando aldear-se em Atalaia. Esse foi o caso dos votorons e camés nas décadas iniciais da ocupação de Guarapuava, que, vivendo entre os conquistadores, iam esporadicamente às matas fazer guerras aos seus inimigos dorins, outro subgrupo kaingang.[82] A tática de aliança de indígenas com colonizadores para combater outra etnia, compostas de inimigos ancestrais, deu-se desde os primeiros tempos da colonização. Um dos mais famosos exemplos dessa composição de alianças ocorreu entre os portugueses e temiminós contra os franceses e tamoios no Rio de Janeiro entre as décadas de 1540 e 1560.[83]

A organização social dos kaingangs era de tal forma que eles se reuniam em comunidades de no máximo 100 indivíduos, comandados por um líder. As habitações não eram dispostas de forma circular, mas espalhadas pelo terreno, numa forma espacial desagregada. Estas habitações eram instaladas normalmente à beira de rios, sendo destruídas por fogo após seu abandono pelos kaingangs.[84] Tinham por moradias casas de palhas, precárias e provisórias, que duravam o tempo que suas lavouras de milho lhes forneciam gêneros. As portas das casas eram baixas, de forma a evitar

---

82 "Estes Indios (os dorins) eram com effeito os mesmos que em 1825 fizeram o destroço na aldêa, pois assim o confessavam, dando em satisfação d'isso, e desculpando-se porque se viam perseguidos pelos aldeados Cames e Votorões, e que por causa d'isso já haviam por duas vezes mudado de domicilio." *Ibidem*, p. 65.

83 "Essa aliança, típica dos primórdios da colonização nas Américas portuguesa e espanhola, expressa a mútua dependência entre os grupos envolvidos e os diferentes interesses que os motivaram ao acordo, cada qual relacionado à dinâmica de suas respectivas organizações sociais. Se os portugueses viam a conquista da Guanabara como possibilidade de estender a administração lusa nas terras da América, para os índios temiminós ela devia significar a grande oportunidade de regressar às suas terras e combater os inimigos." Maria Regina Celestino de Almeida. *Metamorfoses indígenas*. Identidade e cultura nas aldeias coloniais do Rio de Janeiro. Rio de Janeiro: Arquivo Nacional, 2003, p. 45.

84 "Eram marcantes as características de mobilidade do grupo. Neste sentido, as habitações eram construídas em lugares onde a caça, pesca e coleta eram abundantes; quando esses recursos escasseavam e os ranchos apresentavam condições precárias, os índios trocavam a aldeia de lugar, queimando as antigas habitações e partindo para novo lugar." Sandra Helena Simões Borelli. "Os Kaingang no Estado de São Paulo: constantes históricas e violência deliberada". In: John Monteiro *et al*. *Índios em São Paulo*. Resistência e transfiguração. São Paulo: Yankatu Comissão Pró-Índio de São Paulo, 1984, p. 52.

a entrada de mosquitos e demais bichos nocivos ao ser humano. Dormiam sob um tipo de casca de árvore fina que se assemelhava aos tapetes dos ocidentais.[85]

Algumas outras características desse povo que permite distingui-los dos demais eram os trançados que usavam nos calcanhares para se protegerem de picadas de cobras e os curus, espécie de mantas, feitas com fibras de urtiga e decorados com fios tingidos e costurados em ziguezague. Seus enfeites eram basicamente inúmeras miçangas brancas amarradas ao pescoço e pinturas corporais de dois tipos, para deixar bem evidente a existência das metades, característica básica de sua unidade cultural. Praticavam a guerra com um ato de resistência e força, prova da valentia de seus guerreiros.

Por fim convém algumas considerações sobre os hábitos alimentares dos kaingangs, o que ajuda explicar sua ocupação territorial e o sentido de suas instalações. A base de sua dieta eram a coleta, a caça e a pesca, além do milho e do pinhão. Esses dois elementos misturados e fermentados compunham uma bebida utilizada em ritual. A menor dependência destes índios com relação a suas roças resultou também em sua menor sedentarização.[86]

Em oposição e paralelamente a esta etnia, vivia outro grupo denominado de guarani. Na verdade, os guaranis não eram um único povo, mas vários subgrupos, que foram classificados com um só devido ao fato de terem um mesmo idioma, embora expresso através de dialetos diferentes. Faziam parte do grande tronco linguístico denominado tupi, especificamente da família tupi-guarani, língua guarani. Os subgrupos guaranis, que se dividiam em três dialetos, eram os kaiowás (da região do rio Dourados, no período colonial), nhandeva (da região de Bauru, São Paulo e sul-matogrossense, chamados de guaranis para os diferenciar dos kaiowás) e os mbyás (da região sul do Brasil, Paraguai e Misiones na Argentina). Estes subgrupos não conviviam entre si, embora, com as tentativas de pacificação, chegassem a ser confinados numa mesma área; o que não serviu para apagar as diferenças evidentes na autodefinição de cada uma das culturas.[87]

---

[85] Amoroso. *Catequese e evasão, op. cit.*, p. 136-142.

[86] Hermann von Ihering. "A anthropologia do Estado de São Paulo". In: *Revista do Museu Paulista*. n. 7. São Paulo: Typografia Cardozo, Filho & Cia, 1907, p. 210-112.

[87] Amoroso. *Catequese e evasão, op. cit.*, p. 122-124.

Ao que tudo indica, seriam os construtores de um importante caminho pré-colonial na América, denominado de Peabiru.[88] Através dessa rota, partia-se do litoral vicentino, às margens do oceano Atlântico, num caminho que percorria o território americano pelo interior paulista, atravessando o Paraná, chegando até o Paraguai. Esse caminho pré-cabralino teria sido fundamental para a penetração dessa parte do território americano. Como a região do litoral atlântico era ocupada em sua maioria por grupos tupis, acredita-se que esse caminho fora utilizado esporadicamente pelos guaranis em busca de alimentos à beira-mar, ou em suas peregrinações atrás da "terra sem mal", elemento fundante de sua religião.[89]

Em seus estudos mais recentes, Lúcio Tadeu Mota, baseado em evidências arqueológicas, afirma que os guaranis seriam originários da região sudoeste amazônica e teriam expandido seus territórios em direção ao Mato Grosso do Sul e à bacia do Paraná há 2.500 anos atrás. Nesse processo, ao que parece, teriam expulsado os kaingangs que já ali viviam. Os povos guaranis sofreram uma brutal diminuição demográfica após terem sido levados para as reduções jesuíticas do Guairá, além de terem sido amplamente escravizados pelos paulistas.[90]

Esse recuo da população guarani a partir do século XVI permitiu que os kaingangs ampliassem seus territórios entre os afluentes do Paraná. Para Mota, a conquista dessa região pelos paulistas no século XIX ocorria concomitantemente à disputa territorial entre kaiowás e kaingangs, que também se aliaram aos novos invasores para obterem vantagens na disputa de territórios que ambos os grupos consideravam de posse ancestral.[91]

---

88 Creddo, *op. cit.*, p. 27/46.

89 Tommasino, *op. cit.*, p. 97-107.

90 Lúcio Tadeu Mota. "Relações interculturais na bacia dos rios Paranapanema/Tibagi no século XIX". In XXIII Simpósio Nacional de História. Londrina: ANPUH, 2005, www.ifch.unicamp.br/ihb, p. 4-7.

91 "Dessa forma, podemos afirmar que as etnias indígenas que ocuparam o vale do rio Paranapanema sustentaram com um fenomenal esforço e também de forma militarizada, os diversos tipos de ações bélicas que impuseram os conquistadores. Mas também percebemos que fizeram alianças com determinados brancos e guerra com etnias distintas pela reconquista e manutenção de territórios que consideravam seus. Assim a história dos grupos indígenas na região está repleta de guerras intertribais, guerras contra os brancos invasores de suas terras, bem como de alianças e acordos entre etnias e autoridades e potentados locais visando a retomada/posse de largas extensões dos ricos

Sintetizando as principais características dos subgrupos guaranis, chegamos aos principais aspectos dessa etnia. O fato de serem inimigos seculares dos kaingangs deve ser entendido dentro do papel que a guerra representava na organização dos povos indígenas, definindo e ressignificando a sua própria cultura, dentro de um movimento de resgate das lutas passadas para a reconstrução da identidade presente.[92]

Os guaranis moravam em grandes casas, alicerçadas com troncos firmes, vedadas com madeira entrelaçada de cordas e cobertas por palha. Cultivavam roças de feijão, algodão e alguns outros gêneros, o que explica a sua maior sedentarização e melhor estrutura de suas moradias. O milho era um importante alimento cultivado pelos guaranis, sendo produzidas diversas qualidades do produto (diferentemente dos kaingangs, que cultivavam somente um tipo desse alimento). O milho para os guaranis possuía também valor ritual quando preparado na forma de uma bebida fermentada, denominada de chicha.[93]

No interior das grandes malocas, onde estes indígenas dormiam em redes, a delimitação do espaço de cada família era definida pelos fogos. A divisão do trabalho era de forma que as mulheres cultivavam as roças, ao tempo em que os homens iam à caça, na qual utilizavam a engenhosidade de suas armadilhas com cordas. Esse tipo de produção sobre os artefatos que os guaranis usavam demonstra que se

---

territórios banhados pelos rios Paranapanema, Tibagi e seus afluentes. Configurando assim uma rica história de relações interculturais que vai além da simples polaridade índios versus brancos." *Ibidem*, p. 29.

92 Essa análise feita pela etnologia está presente desde o estudo de Florestan Fernandes sobre os tupinambás, no qual dota de um sentido simbólico e identitário as práticas guerreiras dentro desse modelo de sociedade. *Organização social dos Tupinambá*. 2ª ed. São Paulo: Difel, 1963, p. 111-126. Já Eduardo Viveiros de Castro, numa análise que se propõe avançar sobre as considerações feitas pelos outros autores, dá um sentido mais complexo às atividades de vingança dos tupinambás: "Pois não se tratava de haver vingança *porque* as pessoas morrem e precisam ser resgatadas do fluxo destruidor do devir; tratava-se de morrer (em mãos inimigas de preferência) *para* haver vingança, e assim haver futuro. Os mortos do grupo eram o nexo de ligação com os inimigos, e não o inverso. A vingança não era um retorno, mas um impulso adiante; a memória das mortes passadas, próprias e alheias, servia à produção do devir. A guerra não era uma serva da religião, mas o contrário." "O mármore e a murta: sobre a inconstância da alma selvagem". In: _____ *A inconstância da alma selvagem e outros ensaios de antropologia*. São Paulo: Cosacnaify, 2002, p. 240.

93 Amoroso. *Catequese e evasão, op. cit.*, p. 143-144

preocupavam em vencer seus inimigos pela destreza e paciência e não pela força de porretes, tal como os kaingangs.[94]

Com relação à aparência desses índios, é interessante apontar que os homens kaiowás utilizavam um ornato no lábio inferior, denominado tembetá, em forma cilíndrica, confeccionado com uma resina transparente.[95] Essa característica física, que embelezava os homens segundo a cultura guarani, culminava com a transformação de seu lábio, sendo um dos aspectos que permitia distinguir esses homens dos de outras etnias.

Um aspecto bastante importante da cultura guarani referia-se à sua crença religiosa, que se baseava na busca da "terra sem mal", Ivy marãey, no idioma guarani. Esse lugar seria uma espécie de paraíso no mundo dos vivos, prometido por seus deuses. Os índios, de tempos em tempos ao longo das gerações, migraram para regiões mais aprazíveis, normalmente em direção ao litoral ao leste, em busca desse local idílico. Tommasino esclarece que muitos grupos kaiowás e guaranis acabaram sendo aldeados entre os anos de 1830 e 1870 justamente num novo surto mileranista que povoara os ideais desses povos na época. Para eles, o esgotamento das terras onde viviam ao sul do território paulista e no território matogrossense, além das constantes guerras contra os kaingangs, fizeram com que eles considerassem uma alternativa viável aldearem-se em terras que se prometiam produtivas, protegidos pelos paulistas contra seus inimigos indígenas.[96] Pensar os limites dessa aliança com os conquistadores e as consequências nefas-

---

94 Ibidem, p. 143-149.

95 Ihering. Op. cit., p. 204.

96 Analisando o relato do sertanista João Henrique Elliot sobre expedição feita com os kaiowás em 1847, Kimiye Tommasino afirma: "O relato ainda fala da chegada da expedição trazendo panos, ferramentas, miçangas e outros objetos que foram distribuídos aos Kaiyoá por ordem do Barão de Antonina, traduzido pelos linguarás como Pay Guassú. Como se pode observar, essa migração é vivida/interpretada por duas sociedades/culturas em intersecção. De um lado, o inglês tem a missão de levar os Kayoá para o Tibagi, cumprindo objetivos calculados pelo Barão de Antonina, a serviço do Império. Todas as suas ações e reflexões vão nesse sentido. De outro lado, os índios Kayoá se propõem a migrar para o leste, no Tibagi, onde um Pay Guassú branco [Antonina] prometera segurança e proteção, num território onde poderão realizar um objetivo mítico: encontrar uma terra com as características do Ivy marãey, a terra sem mal dos Guarani." Op. cit., p. 104.

tas que tiveram para os índios, fossem guaranis ou kaingangs, não é matéria de discussão deste ponto do trabalho.

Enfim, as características elencadas, vistas de maneira panorâmica, foram retiradas de coletas de importantes etnólogos e antropólogos, que muito contribuíram para que os grupos indígenas pudessem reconstruir sua cultura e sua identidade e, no caso de grupos efetivamente extintos, auxiliaram no resgate de sua história.

Nos limites deste livro, interessa conhecer algumas das características dos grupos que ocupavam as regiões estudadas, para poder identificar, ou pelo menos intuir, a quais etnias os contemporâneos se referiam, podendo entender também o modo como cada etnia agia e se relacionava com os paulistas.

Por fim, cabe apontar alguns outros grupos indígenas, que eventualmente estiveram presentes no território, mas sobre os quais não se obteve efetivos registros de sua presença nesta região no período analisado. Assim, os xoklengs, conforme citado, ocupavam o território sul do Brasil no período, podendo ter ocorrido de transitarem pelas adjacências do território paulista na época, já que, para os povos indígenas, a divisão administrativa feita pelos conquistadores não tinha a lógica seguida por eles. Obviamente que essa divisão acabava tendo implicações diretas ou indiretas, visto que no caso dos xoklengs, as guerras justas foram decretadas contra os "bugres" existentes entre as vilas de Faxina (da 4ª comarca, conforme se viu) até a vila de Lages (pertencente à Santa Catarina).[97] Essa era uma ampla região descontrolada pelos paulistas e nem todos os índios ali existentes eram estes "bugres" ou "botocudos" mencionados na Carta Régia.

Os xoklengs, pertencentes à família jê, seriam uma dissidência dos kaingangs ocorrida há milhares de anos. Eram também denominados de xocren, bugres ou botocudos, em razão dos enfeites em forma de disco utilizados pelos homens para alargar o lábio inferior. Não devem, no entanto, ser confundidos com os botocudos de Minas. Essa confusão dos nomes dos grupos indígenas deve-se muito mais ao desconhecimento e preconceito dos colonizadores do que a uma confluência de hábitos entre etnias distintas. Esse processo de denominação

---

97 *LI*, p. 62-64.

equivocada ocorreu também, conforme visto acima, com a identificação de coroados para grupos de São Paulo (os kaingangs) e de Minas Gerais (os puris). Alguns estudos apontaram também a presença de oti-xavantes e caiapós meridionais em outras partes do território paulista no século XIX. Embora os dados etnológicos levantados sejam imprecisos, fica aqui a indicação que estes povos teriam sido esmagados pelo avanço da presença paulista ao noroeste paulista, em direção ao Mato Grosso entre a segunda metade do século XIX e os primeiros anos do século seguinte. Esse processo teria levado à extinção dessas duas etnias.[98]

---

98 João Lima, *op. cit.*, p. 33-45. Hermann von Ihering, etnólogo que ocupou a direção do Museu Paulista na década de 1910, defendeu a ideia de que havia um grupo de xavantes, em número reduzido, vivendo entre os rios Paranapanema e Tietê no começo do século XX. Esse grupo não poderia ser confundido com os kaingangs e nem com os xavantes de Mato Grosso e Minas Gerais, sendo denominados pelo autor de eoxavantes. "A anthropologia do Estado de São Paulo". *Op. cit.*, p. 214/5.

5. Vestígios de uma sociedade colonial

No dia 2 de junho de 1830 um grupo de indígenas adentrou o terreno da casa da fazenda de Pirituba, na vila de Itapeva da Faxina. Essa aparição não causou muita surpresa para os moradores da vila, pois os índios já estavam sendo notados havia mais de um mês. Sabia-se que eles andavam pelas redondezas de Pirituba e São Pedro, sustentando-se de mantimentos e roças dessas fazendas.

Nesse dia, às 4 horas da tarde, aproveitando-se da ausência do fazendeiro e dos demais homens que lá viviam, os índios entraram diretamente na propriedade. Era um grupo de poucas dezenas de guerreiros (os números levantados variam de 21 a 32 indivíduos). Na fazenda, estavam apenas as mulheres e o camarada Luciano Pereira. Este, temendo por eventuais perigos que os indígenas pudessem causar aos habitantes de Pirituba, mandou avisar aos vizinhos dos terrenos contíguos que viessem em seu socorro.

Mesmo assim, Luciano não se manteve estático. Pegou sua arma, montou a cavalo e aproximou-se do grupo desconhecido. Estes, por sua vez, cercaram o camarada, formando um círculo em volta dele. No entanto, apesar do momento tenso, a situação parecia não inspirar muitos perigos. Um dos indígenas se postou ao centro do círculo, aproximou-se de Luciano, depôs suas armas (arco e flechas) e falou-lhe por um longo período. O camarada nada pôde compreender, pois não entendia a língua deles. Mesmo sem entendimento verbal, percebeu que estava sendo ofertado a ele uma porção de cera e duas mantas trazidas pelo grupo. Também foi pedido que o camarada desse algo que estava em sua posse em troca dos presentes. No entanto, ele se negou a aceitar a oferta pois, segundo sua concepção, os indígenas seriam traiçoeiros, não se devendo confiar nos seus ardis e falsas promessas de alianças, que muitas vezes eram usadas para assassinar seus inimigos.

Nesse ínterim, os vizinhos, chamados para acudir, chegaram. Ato contínuo, os índios recolheram seus pertences e se puseram no caminho de volta, sem assumir postura de ataque, nem causar dano a ninguém. Apenas se colocaram em atitude defensiva, atirando algumas flechas em sua partida, não atingindo nenhum alvo específico.

Segundo essa história contada ao Conselho Geral da Província de São Paulo por diferentes autoridades da vila (sargento das Ordenanças, comandante do Quarteirão e juiz de paz), essa presença dos indígenas em Pirituba fora um bom sinal, uma vez que se entendia o movimento desse grupo como tendente a um contato pacífico.[1] O evento narrado serve como ponto de partida para iniciar a discussão sobre a vivência dos índios e dos paulistas nos extremos da província. Inúmeros aspectos podem ser levantados dessa descrição. Um deles é que a convivência entre estes dois mundos não era algo novo para nenhuma das partes. Nesse caso específico, os indígenas já estavam nas redondezas da fazenda fazia algumas semanas. Num primeiro momento, nem os paulistas nem eles procuraram aproximar-se. Os índios permaneceram nas matas, sem avançar mais, e os paulistas não tentaram removê-los de lá.

A partir dessa situação, os indígenas procuraram ir à fazenda num momento oportuno a eles, em que não corressem muito risco de serem atacados pelo proprietário e seus funcionários. Esperaram pela ausência desses homens para adentrarem as dependências do terreno de Pirituba. Apesar disso, não deixaram de compor uma expedição guerreira, formada somente por homens, armados de arcos e flechas. O intuito de sua incursão, como se viu, não tinha fins ofensivos, era uma missão de paz. Eles vinham oferecer presentes, o que demonstra sua intenção de aliança. Ao mesmo tempo, pediram um pertence do camarada, que não foi possível identificar através dos manuscritos (algo como "surtum"[2]), o que indica que já tinham conhecimento sobre os hábitos ocidentais, sinalizando, portanto, que se tratava de dois mundos cujo contato não se dera naquele momento, ainda que um não pudesse entender o idioma do outro.

---

[1] ROD-AESP. Faxina: C01012, anos 1823-1838 (C-217, P-1: D-98, D-99 e D-100; P-2: D-4).

[2] No dicionário do padre Raphael Bluteau, datado do início do século XVIII, encontra-se o seguinte vocábulo, que se assemelha à forma encontrada em diversos documentos do período estudado. Fica aqui, portanto, uma inferência de que talvez se trate do mesmo termo. "SURTÛ- He tomado do Francez *surtout*, que he hua casaca larga, que se veste sobre outra. Esta palavra, ainda que nova em Portugal, na sua origem he muito antiga. Nos Estatutos da Ordem de S. Bento, na Província de Narbona em França, feytos anno de 1226. Está *Illas quidem vestes, quas vulgò Balandranæ, & Supertoti vocantur, & fellas rubeas, & c. penitùs amputamus*. Chamãolhe em Castella *Sobretodo*." *Vocabulario portugues & latino (Q-SYS)*. Coimbra: Officina de Pascoal da Sylva, 1720, p. 799.

Também os moradores de Itapeva, ao que se depreende desta descrição, procuraram não agir de maneira hostil. Essa postura vai desde o camarada que, embora em evidente desvantagem tática, não procurou tratá-los agressivamente, até os vizinhos que vieram acudir os moradores de Pirituba e não foram no encalço dos indígenas, não procurando espantá-los, matá-los ou escravizá-los. Por fim, a própria descrição desse evento feita pelas autoridades denota uma preocupação em ressaltar a amabilidade desses índios, o que provaria sua predisposição em "civilizar-se", ou seja, aceitar a lógica do mundo ocidental.

Essas são somente algumas inferências feitas de maneira isolada, não analisando esse evento num contexto mais amplo, com base em outros elementos levantados sobre a situação de contato entre os colonizadores e os indígenas. Uma análise mais pormenorizada será feita no decorrer deste capítulo. Interessa aqui marcar esse momento, a partir da década de 1830, como o início da superação de um tipo de relação eminentemente agressiva e conflituosa entre estes mundos. Conforme se verá a seguir, nos primeiros anos analisados por esta pesquisa, a manutenção de práticas coloniais, como escravização de índios, montagem de entradas pelo sertão etc., era recorrente. A partir de 1830, houve uma mudança nessa relação, seja por parte dos indígenas na busca do estabelecimento de alianças com os paulistas, seja por parte destes na tentativa de submeter as populações indígenas de maneira menos agressiva e mais pactuada.

Acredita-se que estas duas espécies de procedimento tenham ocorrido simultaneamente, pois as alianças e os conflitos sempre fizeram parte do contato entre europeus e ameríndios ao longo dos séculos. No entanto, consegui perceber algumas distinções entre dois momentos, em que uma dessas táticas foi predominante. O marco que se estabelece aqui, grosso modo, é o ano de 1831, que inclusive foi um referencial na política indigenista imperial ao revogar as Cartas Régias de 1808, que permitiam escravizar os índios. Como se verá aqui, muitos dos casos ocorridos em Itapetininga e Faxina a partir de 1830 (como o evento descrito acima) motivaram debates entre os membros do Conselho Geral da Província. Estes, por sua vez, como se viu no capítulo 2, buscaram do governo imperial uma solução para os problemas enfrentados no âmbito provincial. Isso culminou com o fim da escravização dos indígenas no Império do Brasil, que já durava 23 anos, se contada ainda durante o Império português (1808-1831).

Serão vistas, a seguir, as diferentes estratégias usadas por índios e brasileiros na ocupação do território paulista, nas vilas da 4ª, 5ª e 6ª comarcas, conforme explicadas no capítulo anterior.

Nas vilas mais povoadas e ricas da 4ª Comarca (Itu, Sorocaba e Porto Feliz) assistia-se na década de 1820 alguns resquícios do que teria sido uma sociedade com expressiva presença indígena. Conforme visto no capítulo 4, a ocupação da capitania vicentina foi baseada na forte participação do elemento indígena na composição de sua sociedade, utilizado como força de trabalho.

Em Itu (fundada em 1654), no ano de 1825, o cidadão Francisco Xavier de Lara Góes solicitou às autoridades provinciais que intercedessem junto ao imperador para obtenção de mercês para ele e seu filho, em virtude dos bons serviços prestados por seu pai. Este, falecido aos 76 anos, havia desempenhado funções como juiz de medições, juiz ordinário e capitão-mor. O requerente remontava às práticas de seu pai, em curso na segunda metade do século XVIII, nas quais fizera "combater e destruir m.tos quilombos de captivos transfugas, e alguns libertos, q' acoitados nos incultos certões infestavão a navegação do Cuyabá, e todo este contorno, e fazendo-os conduzir a esta V.a e Prov.a de S. P.lo recolheo ao gremio da Igreja m.tas Almas pagãns, nascidas nos m.mos certoens".[3]

Com a descrição dessas atividades do capitão-mor e juiz de Itu, remete-se à prática de controle de escravos africanos, já que nesta região sua presença fora das mais expressivas na então capitania paulista. Mas se pode aventar também que as almas pagãs nascidas nos sertões das margens do rio Paraná deveriam ser de indígenas, já que era neste local que viviam algumas dessas etnias, como os caiapós. Segundo descreveu uma autoridade de Itu, os índios deste grupo em outros tempos haviam se aldeado e no presente vinham estabelecendo relações de comércio e amizade com os brancos, pretendendo agora se aldearem nos caminhos do rio Paraná.[4]

Infelizmente não foi possível captar os movimentos e as características da relação entre os paulistas e os caiapós no período, já que a documentação não conseguiu registrar isso de maneira efetiva. Segundo a memória escrita em 1860 por José Joaquim Machado de Oliveira, os caiapós no começo do século XIX viviam às margens do rio

---

3 ROD-AESP. Itu: C01067, anos 1823-1828 (C-272, P-2, D-98, D-36, 04/11/1825).

4 ROD-AESP. Itu: C01067, anos 1823-1828 (C-272, P-2, D-74, s. d.).

Paraná, em confluência com o rio Tietê.⁵ Encontraram-se apenas alguns elementos dispersos e pontuais referentes a essa etnia, cujo contato foi fruto da ocupação colonial. Nesse processo, a partir da década de 1830 constava haver apenas cinco "índios selvagens" na vila de Itu. Eles estavam em poder de particulares, tendo sido alguns, inclusive, comprados de terceiros que os trouxeram "das matas", pagando por cada "peça" indígena cerca de 50 mil réis. Todos foram descritos como estando bem tratados, ocupando a condição de livres, o que chega a ser contraditório, já que estavam em poder de moradores da vila. Isso demonstra, na verdade, os limites dessa liberdade. A descrição dos indígenas como livres remonta, por sua vez, ao contexto pós-1831, com a proibição da escravização dos mesmos.

Porto Feliz (cuja origem data de 1797) era uma vila de ocupação mais recente e, como discutido, que estabelecia contato com os índios através do rio Tietê. Ali constava na década de 20, entre os homens enviados para o recrutamento na província, "índios vadios", dentre eles alguns caiapós.⁶ A presença de indígenas nos arredores de Porto Feliz fez-se sentir de maneira mais marcante, já que existiam ainda muitos terrenos devolutos que, segundo concepção herdada do período colonial, eram aquelas áreas não ocupadas pelos outrora colonizadores e que, por consequência, pertenciam ao soberano.⁷ Esse processo de apropriação territorial não levava em consideração o fato das terras devolutas serem eventualmente habitadas por índios.

Muitos deles viviam nestas matas ao redor de Porto Feliz, ou lá se refugiavam, na luta contra sua escravização e submissão aos paulistas. Foi por conta disso que, em 1824, uma moradora de Itu requereu que se fizessem diligências para se encontrar naquelas paragens os "índios Manoel, Antonio, Joaquim, Leandro e Francisco". O comandante-mor de Porto Feliz atendeu a este pedido, conseguindo encontrar apenas o último dos homens listados, mandando-o de volta à requerente, escoltado por soldados de ordenanças.⁸

---

5 José Joaquim Machado de Oliveira. "Os Caiapós". In: *RIHGB*, T. 24, 1861. Rio de Janeiro: Typographia D. Luiz dos Santos, 1861, p. 521-522.

6 ROD-AESP. Porto Feliz: C01176, anos 1823-1831 (17/02/1824; 10/03/1824).

7 Lígia Osório Silva. *Terras devolutas e latifúndio*. Efeitos da lei de 1850. Campinas: Ed. Unicamp, 1996, p. 37-56.

8 ROD-AESP. Porto Feliz: C01176, anos 1823-1831 (10/08/1824).

Nesta vila, além dos caiapós acima indicados, também se fez referência à existência de xavantes, que ocupavam terras sem controle do Estado na região indicada como sertão do Tietê:

> (...) a Camara informa a V. Ex.a que pelo Tiete abacho existe hú imenso certão de terras devolutas, e de m.to boa qualidade p.a cultura, principalmente na paragem denominada Potenduba; porem alem de ser hum sertão q' hé m.to avizinhado aos gentios chavantes q' andão quaze exclusivamente de corso p.r esse certão; o que tem motivado q' até mesmo alguns sesmeiros não tem se atrevido a morar em suas sesmarias. E por tanto parese a Camera q' em seus districtos não há terrenos devolutos, q' sejão susceptíveis de huma colonia q' interesse e p.r q' V. Ex.a tão bem exige.[9]

Na vila de Sorocaba (originária de 1670), um quadro semelhante. Ali apareceram indicações sobre a presença indígena, que embora não fosse hegemônica, chama a atenção e aponta a região da 4ª comarca como ponto de interseção com territórios de várias etnias, como os xavantes e os caiapós, conforme se viu, e os kaingangs e kaiowás, como se verá.

Assim, em 1826, o capitão-mor de Sorocaba, Manuel Fabiano de Madureira, enviou às autoridades provinciais um indígena aprisionado nas matas da vila e que poderia, segundo ele, ser utilizado nos serviços da Marinha.[10] Este índio, conforme se depreende das outras narrativas acima, deveria ser caiapó, dadas suas habilidades com navegação, conforme indicado por Madureira. Quatro meses depois, o mesmo capitão solicitava ao vice-presidente provincial intervenção nas fazendas distantes vinte léguas da vila de Itapetininga, a fim de impedir que os indígenas tomassem conta destas propriedades, das quais, uma, inclusive, era sua. Só nas terras controladas pelo capitão Madureira havia 1.700 animais, entre gado e éguas, que começavam a ser abandonados, visto que o "gentio" havia matado dois escravos e um homem branco.[11]

---

9 ROD-AESP. Porto Feliz: C01176, anos 1823-1831 (26/08/1829).

10 ROD-AESP. Sorocaba: C01294, anos 1822-1828 (12/02/1826).

11 ROD-AESP. Sorocaba: C01294, anos 1822-1828 (19/06/1826).

Aqui se percebe a apreensão dos estancieiros, que não necessariamente residiam em suas propriedades no sertão, mas que tinham poder de influência para solicitar intervenção das autoridades provinciais no sentido de pressionar os indígenas a saírem de suas fazendas. Essa pressão era feita com a montagem de tropas de combate, envio de pólvora e chumbo para munição, instalação de quartéis em pontos de conflito. Essas estratégias foram recorrentes neste período especialmente nas vilas ao interior da comarca.

Ainda em Sorocaba, em 1829, foi mandado como recrutado para compor as forças provinciais um homem de nome Antonio, identificado como oriundo do "gentio da terra" e filho de um morador da vila.[12] Esse fato demonstra que havia indígenas morando na vila há gerações. No entanto, essa população era numericamente insignificante, talvez pelo fato de ser área de ocupação mais antiga e, portanto, a maior parte dos índios já se encontrava miscigenada com os paulistas.

Em 1830, atendendo ao pedido do Conselho da Província para um levantamento sobre a população indígena, chegou-se ao número de três "índios selvagens" existentes na vila de Sorocaba, que eram libertos e se encontravam em serviço na lavoura.[13] Dois anos depois, achavam-se apenas dois outros indígenas na vila, já tendo cumprido o cativeiro de quinze anos, prescrito pela lei de 1808. Dos dois existentes, um encontrava-se casado com uma escrava e outra casada com um agregado,[14] indicando o processo em curso de incorporação dos índios da vila à sociedade imperial, compondo a camada pobre da população. Em 1834, essa aniquilação dos indígenas através do processo de assimilação estava praticamente completo em Sorocaba. Foi isso que fez constar o juiz de paz da vila, atendendo à solicitação do Código do Processo, recém-implantado, que delimitava aos juízes de paz e de órfãos a responsabilidade sobre os bens dos índios:

> Passo a informar a V. Ex.a que n'este Districto não contem Bugres, que estejão já sendo em captiveiro, só existem dois que já completarão os quinze annos, a saber, um em poder do Alf.s Bernardino José de Barros,

---

2 ROD-AESP. Sorocaba: C01294, anos 1822-1828 (24/04/1829).

3 ROD-AESP. Sorocaba: C01294, anos 1822-1828 (22/12/1830).

4 ROD-AESP. Sorocaba: C01294, anos 1822-1828 (05/05/1832).

e uma bugra em poder da viuva do falecido José Alves de Av.o, o Juis de Orphaos já os pôs em liberdade; visto terem completado o tempo. O Bugre ainda existe em poder do Alf.es por se achar casado com uma Escr.a do mesmo, e a Bugra, consta-me que já não existe na casa da dita viuva.[15]

Isso posto, na região "central" da 4ª Comarca, com suas vilas mais interligadas à economia agroexportadora paulista, a presença indígena remetia-se a alguns casos individuais, circunscritos ao recrutamento, às áreas de terras devolutas às margens do Tietê e aos eventuais índios que moravam em algumas das vilas, servindo como cativos. Está sendo levado em consideração que, por motivos óbvios, o levantamento feito por esta pesquisa é apenas a apreensão de parte da realidade das vilas paulistas no período. No entanto, acredita-se que essa amostra traz indícios sobre um quadro mais amplo, o que permite afirmar que a população indígena em Itu, Sorocaba e Porto Feliz, embora existente, era de caráter esparso e residual.

Usando o mesmo critério, pode-se afirmar o contrário sobre as vilas periféricas da 4ª comarca. Em Itapetininga e Faxina, os indícios encontrados apontam para uma expressiva população indígena ainda não controlada pelos conquistadores em termos quantitativos, cuja presença era qualitativamente mais marcante, pois se colocava como um desafio para a sobrevivência das propriedades paulistas em terras de índios.

Ainda em 1823, depois de cinco décadas da fundação de Itapetininga (1770), os moradores viviam em proximidade com os indígenas nos bairros mais extremos dessa vila. Nessa situação, muitas vezes as autoridades locais relatavam ao poder provincial os riscos em que estavam os moradores da vila, com ameaça às suas propriedades e até mesmo às suas vidas. Apesar disso, para fugirem do recrutamento, alguns homens não hesitavam em adentrar as matas, onde antes se temia o "gentio" escapando do controle das autoridades públicas.[16]

Neste ponto, um aspecto extremamente interessante de se notar. As populações pobres que viviam como agregadas ou arrendadas nas propriedades dos estancieiros, conforme relato de Saint-Hilaire feito no capítulo 4, embora representantes da

---

15 ROD-AESP. Sorocaba: C01294, anos 1822-1828 (10/03/1834).

16 ROD-AESP. Itapetininga: C01054, anos 1822-1833 (C-259, P-1, D-10A, 14/05/1823).

sociedade brasileira, dependendo das circunstâncias, poderiam até conviver com as populações indígenas nas matas descontroladas pelos paulistas, já que ambos os povos, embora portadores de culturas completamente diferentes, poderiam convergir na repulsa ao controle pelo Estado nacional.[17]

Isso pode ser evidenciado na ocasião em que Antonio Roiz, morador de Paranapanema, freguesia de Itapetininga, alegou que não podia ser recrutado devido às incursões do "gentio". O capitão-mor informou às autoridades provinciais, então, que essa justificativa era uma desculpa para fugir ao recrutamento, já que os indígenas haviam sido silenciados naquele local fazia dezesseis anos. Assim, ainda que os recrutados alegassem a ameaça dos "selvagens" e a pobreza em que viviam para conseguirem convencer as autoridades a não os retirarem de suas plantações, isso nem sempre surtia efeito.

> Porem quaze todos os mais habitantes deste destricto são pobres que vivem do seo trabalho, mas apenas lhes consta q' hê necessario huma semelhante delig.ca se afugentão com as suas familias aos certoens sem q' temão o gentio, que p.a qualq.r remessa de recruta dão hum numeroso trabalho, o colhetor.[18]

Na verdade, não se encontraram informações sobre a convivência entre os povos indígenas hostis e as populações paulistas pobres dessas regiões. De toda forma, fica aqui essa inferência, que poderia ter unido, em algumas ocasiões, grupos de culturas tão diversas na fuga ao controle do Império brasileiro.

O que se conseguiu mapear é que, independentemente da classe social, os paulistas durante a década de 1820 mantinham uma estratégia de guerra contra os índios, com tropas, capturas e mortes de ambos os lados. Assim, em 1823 o

---

17 Segundo Dora Shellard Correa na região de Itapeva houve avanços e recuos para a instalação dos paulistas, que foram queimando a mata, plantando e construindo suas instalações. Os indígenas, revidavam, destruindo colheitas e matando animais, símbolos da ocupação. Nas décadas de 1830 e 40, a autora aponta que foram inicialmente os ricos proprietários que ocuparam as terras. Os moradores pobres só viriam para a região depois que a ocupação estivesse minimamente consolidada. Correa, op. cit, p. 147-151. No entanto, pelos dados levantados em minha pesquisa, acredito que este modelo de ocupação não foi tão rígido assim.

18 ROD-AESP. Itapetininga: C01054, anos 1822-1833 (C-259, P-1, D-10A, 14/05/1823).

coronel Luciano Carneiro Lobo, proprietário da fazenda de Jaguaraíva, no sertão de Itapetininga, disse que os "bugres" estavam excessivamente perto de sua propriedade, a um quarto de légua (1.500 m.). Para eliminar o alegado pânico dos moradores ante essa proximidade, o coronel solicitava autorização para montar uma escolta com 25 homens, munidos devidamente de pólvora e chumbo. A escolta poderia ao menos duas vezes ao ano percorrer as terras até os rios Itararé e Tibagi, nos extremos da província, devendo estes homens ficar isentos de quaisquer outros serviços que lhes cumpria prestar ao bem público, pois a tarefa para a qual estavam incumbidos já era suficientemente trabalhosa.[19]

Não se sabe qual foi a resposta dada pelo Conselho Geral da Província sobre esse pedido mas, ao que tudo indica, teria sido atendido ou, ao menos, nada se fez para impedir que os moradores destas paragens assim agissem. Tanto foi que alguns meses depois, o mesmo coronel Luciano, respondendo a um ofício que lhe pedira maiores informações, forneceu as minúcias sobre a forma mais eficiente de funcionamento dessas tropas de ataque aos indígenas:

> O meu pareçer aeste respeito, penço será milhor fazerçe esta diligencia pella corporassão das Ordenansas desta Villa com expesealidade os abitantes do Bairro, não só por serem moradores, e estes saberem já por donde devem entrar e sahirem, em the darse com elles; como tão bem por serem os mais entereçados na concervação das suas propriedades do que os Melecianos, que vindo longe, e constrangidos por largarem as suas casas, não poderão entrar no matto com aquella atividade, que estes outros; e athe sendo por esta maneira poupa as dispezas a Fazenda Nacional. Outro sim me ocorre levar á respeitavel presença de V. V. Ex.as, que avendo nestes destrictos huma comp.a denominada de Aventureiros de qual inda há parte cujo compito hera de trinta homens, desta se poderia tirar parte para juntos com a Ordenanssa fazerem as entradas.[20]

---

19 ROD-AESP. Itapetininga: C01054, anos 1822-1833 (C-259, P-1, D-16, 18/09/1823).

20 ROD-AESP. Itapetininga: C01054, anos 1822-1833 (C-259, P-1, D-19, 17/12/1823).

Para se entender a utilização dos principais interessados no controle dos indígenas na composição das tropas de combate a eles, não se pode esquecer que aqueles que assim lutassem, poderiam aprisionar índios por até quinze anos, conforme ordenara as Cartas Régias de D. João em 1808 e 1809.[21] Assim, os moradores de Itapetininga não queriam ser apenas benevolentes com os milicianos que viriam de longe para lutarem em suas terras, mas estavam garantindo para si os privilégios estabelecidos àqueles que empreendessem guerra justa aos indígenas. Ou seja, os moradores, além de garantirem a integridade e ampliação de suas propriedades, também buscavam cativos.

O próprio Conselho Provincial de São Paulo deu o exemplo, estimulando a escravização indígena como recompensa aos serviços prestados pelos conquistadores de novas terras para o Império em 1824. Isso se deu no caso específico daqueles povoadores que fossem trabalhar na abertura da Estrada da Mata, entre as vilas de Curitiba e Castro, na 5ª comarca. Esta rota seria importante para consolidar o transporte de animais não só da província de São Paulo, como das demais províncias que dependiam destes animais. Para a atração de pessoas àquelas partes do território paulista, propunha-se que "se convidasse primeiro por todas as Villas do Sul as famílias, que ali quizessem hir estabelecer, gozando dos privilegios conferidos aos novos Povoadores dos lugares infestados pelos Indios barbaros pela Carta régia de 13 de Maio de 1808."[22]

Conforme se viu sobre essa lei, tornar-se-iam prisioneiros os índios hostis, que ficariam sob a responsabilidade dos comandantes da expedição durante dez anos. Além disso, incentivavam-se a produção e o comércio nos terrenos recém-conquistados, oferecendo isenção de dízimos à Fazenda relativos às terras cultivadas e livre exportação e importação de gêneros de comércio."[23]

As táticas de guerra foram predominantes neste período, expressas desde as leis gerais mantidas pelo Império brasileiro, como através da relação direta entre os moradores das vilas com os indígenas. Estes eram retratados invariavelmente como destruidores, perigosos, que não ofereciam outra alternativa aos paulistas

---

21 *LI*, p. 62-72.

22 Sessão do Conselho da Província de São Paulo em 10 de novembro de 1824. *Documentos interessantes para a história e costumes de São Paulo*. Vol. 86 (Atas do Conselho da Presidência da Província de São Paulo, anos 1824-1829). São Paulo: Secretaria da Educação/Arquivo do Estado, 1961, p. 19.

23 *LI*, p. 57-60.

senão o revide das agressões, montando expedições para os aniquilar ou fazê-los recuar. Do ponto de vista dos índios, percebe-se sua prática de trânsito constante por amplos territórios, que consideravam como de seu domínio. Nestes locais, as diferentes etnias praticavam a coleta de víveres, a caça e a realização de eventuais plantações, conforme se viu no capítulo 4. Desse modo, ao perceberem em suas terras a presença de invasores, com lavouras e animais, nada mais natural para os índios do que fazerem uso desses bens, ali instalados pelos intrusos. Portanto, além do conflito direto com relação à posse territorial, havia também esse choque de interesses, em que os paulistas sentiam-se esbulhados por terem sua produção subtraída, ao passo que os indígenas, segundo sua concepção, estavam apenas usufruindo dos benefícios colocados em seus terrenos.

É sobre essa ótica que se devem enxergar as inúmeras escaramuças vivenciadas entre os dois lados. Nesse sentido, os conflitos foram iminentes na vila de Itapeva da Faxina (fundada em 1769) ao longo do período estudado, especialmente no bairro de Guareí, o ponto mais extremo desta vila, na fronteira com os terrenos habitados pelos indígenas.

Assim, no ano de 1823, muitos "vestígios de selvagens" foram encontrados neste bairro. Na verdade, fazia já muitos anos eles vinham trazendo prejuízos e mortes aos moradores do Guareí, segundo relatavam as autoridades locais às provinciais. Essa foi a justificativa dada para a mobilização de 50 homens daquele bairro, que andavam armados, lutando contra os indígenas, aprisionando-os, desarmando-os e catequizando-os. Curiosamente, a despeito dessa mobilização, alguns moradores fugiam para o sertão, conforme se mostrou acima. No caso específico de Guareí em 1823, a fuga era para escapar da composição da companhia de milicianos. Independentemente dessas deserções, as autoridades de Itapeva lembravam que as munições de pólvora e chumbo para as entradas deveriam ser remetidas pelas autoridades provinciais, como fora costume entre os antigos generais governadores.[24]

Os moradores de locais como este pintavam os conflitos com os indígenas com cores aterradoras, num retrato unilateral do problema, com vistas a convencer o Conselho Geral da Província a apoiarem suas práticas, fornecendo-lhes recursos materiais e financeiros e respaldando política e ideologicamente suas pretensões.

---

24 ROD-AESP. Faxina: C01012, anos 1823-1838 (C-217, P-1, D-2, 20/03/1823).

Assim, relatou-se que no ano de 1824 os índios haviam atacado de maneira cruel três mulheres e uma criança num paiol no rio Verde, assinando três deles. No dia seguinte, 25 homens do local foram no encalço de seus inimigos e não os encontraram, depois de procurarem por quinze dias. Mais tarde, outra escolta, desta vez mais reforçada, embrenhou-se pelos sertões do Guareí por 19 dias. No entanto, também não se encontrou com os índios, "os quaes depois de baterem, matarem e roubarem como Costumão enveredar pelos Certoens, e não aparecem. As Escoltas q' vão sobre estes gentios acaba a munição de mantim.tos q' podem conduzir nos hombros se constituem na precizão de regressarem."²⁵

O Conselho Provincial, por sua vez, receoso dos alegados perigos que os moradores dessas regiões distantes sofriam, deliberavam pelo aumento das guarnições militares, com o envio de mais tropas de combate, conforme pediam os comandantes das forças instaladas nestas vilas e freguesias. Tal se deu de maneira muito mais visível em Guarapuava, já que o contato com os indígenas era efetivo, por conta do aldeamento, que propiciava uma convivência direta deles com os paulistas. No entanto, isso não indicava uma submissão dos índios aos colonizadores, conforme fica evidente através das queixas de inadequação dos indígenas aos padrões estabelecidos pelos conquistadores. Assim, em 1825, registrou-se uma destruição em Guarapuava, com um enfrentamento entre índios e paulistas em Atalaia e como resposta o Conselho deliberou "que se devia recommendar todas as cautellas, e providencias, para evitar-se a reincidencia de hum semelhante attentado, reforçando-se o destacamento, á cuja testa se poria hum habil Official com as competentes munições, afim de poderem servir as peças, que ali existirão."²⁶ O caso de Guarapuava deve, portanto, ser analisado como um modelo específico de ocupação naquela época no território paulista, que diferia das vilas de Itapeva e Itapetininga em seus conflitos com os índios, que tinham contatos mais pontuais, ao passo que em Guarapuava a convivência era plena.

Com relação aos habitantes dos sertões da 4ª comarca, muitos ajustes precisavam ser feitos, pois os moradores e as autoridades locais divergiam bastante sobre

---

25 ROD-AESP. Faxina: C01012, anos 1823-1838 (P-217, P-1, D-10A e D-12, 24/01/1824).

26 Sessão do Conselho Geral em 30 de Julho de 1825. *Documentos interessantes para a história e costumes de São Paulo. Op. cit.*, p. 47/8.

a dimensão dos conflitos e sobre a quem cabia a responsabilidade de colaborar com essas tropas de combate aos indígenas. As discordâncias se davam sobre quais pessoas comporiam as tropas e como elas seriam providas com mantimentos, armamentos e munição. Aqueles que compunham as entradas contra os índios obtinham dividendos nessa empreitada, conforme se viu acima, através da conquista de novas terras e de escravos indígenas. Ao mesmo tempo, a questão do recrutamento acabava vitimando as populações pobres, que não podiam e nem queriam abandonar suas plantações para servirem ao governo. Como forma de minimizar esses conflitos, o capitão das ordenanças de 1824 afirmou que não utilizava, nas tropas para atacar os índios, nenhum homem empregado na administração de fazendas e outras ocupações.[27] Apesar dessa justificativa dada pelo capitão, os homens continuavam fugindo para o sertão, o que causava prejuízos, pois a vila ficava desguarnecida no caso do "ataque dos índios".[28]

Assim sendo, essa justificativa dos "perigos dos selvagens" não deve ser tomada ao pé da letra, já que não havia consenso sobre a real dimensão desse perigo entre os próprios moradores dos locais onde eles ocorriam. Entre 1825 e 1827 em Itapeva, por exemplo, conflitos de opiniões e interesses envolvendo o capitão-mor Manuel de Rego Mello, o cônego Jerônimo Paes de Almeida e outras autoridades da Câmara municipal colocaram em xeque a hipótese desses conflitos serem tão ameaçadores assim aos paulistas. A alegada "ameaça dos bugres" poderia funcionar como uma estratégia para fugir às prestações de serviços ao Império, como o recrutamento, e também como uma justificativa para atacar os índios em suas terras, às custas dos cofres públicos.

O morador Albino Antonio de Oliveira conseguiu um depoimento a seu favor, questionando a medida tomada pelo capitão-mor da vila, acusado de persegui-lo. Este cidadão era um criador de gado em Guareí, que tinha uma situação bastante delicada: com dívidas para pagar, não havia quem cuidasse de suas criações e ele precisava sustentar suas irmãs órfãs, que não conseguiam se casar porque um outro irmão deles tinha o "mal de lázaro". Para piorar a dramática vida desse fazendeiro, ainda " vivi o Sup.e em hum sertão remoto, sojeito a invasão dos Gentios p.a cujas entradas elle sempre esteve pronto as cuais são necessarias,

---

27 ROD-AESP. Faxina: C01012, anos 1823-1838 (C-217, P-1, D-17B, 12/09/1824).

28 ROD-AESP. Faxina: C01012, anos 1823-1838 (C-217, P-1, D-18, 20/09/1824).

todas as vezes q' há vestigios, afim de se defender as fazendas q' há naquelas fronteiras e os demais povos moradores".[29]

Não se sabe qual o fim da história, se a justificativa dada foi aceita ou não, mas este é um exemplo importante de uma situação que se repetiria ainda com muitos outros sujeitos. Tal foi o caso de Pedro Leite Pedroso, também morador do Guareí. No entanto, ele possuía amigos mais influentes e sua defesa suscitou maiores debates. De qualquer forma, o argumento principal era que ele, por ser um dos mais distantes moradores deste bairro, não poderia de maneira nenhuma afastar-se de sua propriedade, que ficaria sujeita aos "ataques dos silvestres" ou "bugres do sertão", dentre outras denominações semelhantes. Assim, em sua defesa, saíram o governador das Armas do Mato Grosso, o juiz ordinário de Itapeva e o cônego Jerônimo Paes de Almeida.[30]

Pedro Leite era um homem de 60 anos, com uma família numerosa, ocupando faxinais com gado no bairro de Guareí, distante quinze léguas de Itapeva. Ele era o último morador antes dos alojamentos dos "bugres" no rio Paranapanema, contra os quais sempre fizera "entradas pela paz com os índios". Agora que se encontrava doente, mandava seu filho assistir a essas entradas com "municio". Apesar de tudo isso, seus filhos e ele foram presos porque faltaram à convocação de uma "escolta contra os gentios". Com tantas defesas, muito provavelmente Pedro Leite e seus familiares devem ter sido libertados, ficando isentos da prestação destes serviços.

O capitão-mor Mello Rego, por sua vez, não gostou deste privilégio e queixou-se às autoridades provinciais pelo fato dos moradores de Guareí ficarem isentos dos serviços, devido aos ataques dos indígenas.

> O mesmo Sr. Vise Presid.te em sobred.o offi.o ordena que o Bairro de Guarei tr.o desta villa fiquem izentos de todos os serv.os a excepção de entradas sobre os Gentios por ser aquelle bairro sugeito as invazoens de tais Gentios porque não há nesta villa territorio algum que não esteja em igoal risco tomão m.to amatos [sic] moradores desta villa a recahir sobre elles o serviço dos moradores daquelle Bairro hum dos melhores desta Villa

---

29 ROD-AESP. Faxina: C01012, anos 1823-1838 (C-217, P-1, D-22B, 20/05/1825).

30 ROD-AESP. Faxina: C01012, anos 1823-1838 (C-217, P-1, D-51A, 51B, 51C, 51D e 51E, 20 a 26/09/1826).

e me rogão representar a V. Ex.a q' não há razão algua daquelle bairro ficar privilegiado e creçendo sem razão algum serv.o aos mais moradores.³¹

Tanto para Mello Rego quanto para a Câmara municipal de Itapeva essa isenção era injusta, pois alegavam que somente três moradores iam fazer diligências contra os índios em Guareí e os demais ficam isentos. O capitão-mor alegava que as intrigas com o cônego Jerônimo Pais de Almeida foram geradas porque este o acusava de vender indígenas em leilão. Mello Rego refutou essas acusações, notando que a maioria dos índios capturados ficava com os praças que compunham as entradas e que o cônego não reclamou quando o capitão lhe dera pólvora e chumbo para ele catequizar os indígenas.³² Também questionaram a decisão do Conselho de 05/11/1827 que ordenara a supressão das entradas. Para eles, a utilização deste expediente era o meio dos "gentios" conhecerem a civilização e de serem batizados. Por fim, pediram o envio de pólvora, chumbo e tecidos grosseiros para acolher os índios.³³

Como se pode notar através de todos estes desentendimentos, envolvendo favores e interesses particulares de cada grupo, a questão dos indígenas ecoava no centro dos conflitos. Isso permite inferir que este era um aspecto importantíssimo na ocupação e consolidação daquela parte do Império. Os grupos indígenas, por sua vez, até este ponto da narrativa não apareceram com nenhuma característica específica, afora sua "selvageria", os vestígios de sua presença que deixavam nas matas, as mortes ou ferimentos que faziam nos paulistas, ou a devastação de roças e gados que eventualmente efetuavam. Mais à frente, algumas outras características apareceriam, inclusive identificando as "nações" às quais pertenciam alguns dos indígenas contatados, como os ditos botocudos ou os goianãs, por exemplo.

Além disso, a captura de alguns destes índios e sua utilização como escravos fica tanto subentendida através da realização de entradas, quanto foi mesmo explicitada através de listas de "gentios aprisionados". Assim, em Itapeva, no ano de 1827, apresentou-se uma relação dos indígenas feitos cativos a partir das duas últimas diligências que haviam sido realizadas sobre eles. Doze índios haviam sido aprisionados, entre

---

31 ROD-AESP. Faxina: C01012, anos 1823-1838 (C-217, P-1, D-35, 03/02/1827).

32 ROD-AESP. Faxina: C01012, Anos 1823-1838 (C-217, P-1, D-35, 03/02/1827 E D-41, 14/05/1827).

33 ROD-AESP. Faxina: C01012, anos 1823-1838 (C-217, P-1, D-51, 19/01/1828).

homens e mulheres, que acabaram vendidos por valores entre 9 mil réis (criança) e 70 mil réis (adulto). Apenas quatro não foram comercializados: três ficaram em poder dos que os capturaram e um ficou com o comandante da expedição.[34]

Nesse ponto, chega-se à questão da escravização dos índios, que àquela época era autorizada por lei. Além de praticada amplamente em locais de fronteira com as populações indígenas, distantes, portanto, das grandes rotas comerciais e do acesso à mão-de-obra africana, era também incentivada pelas autoridades provinciais como um meio de povoar e desenvolver essas distantes regiões, fiando-se em estratégias utilizadas ainda durante o período colonial. Há que se considerar, por outro lado, que a escravização indígena tinha suas particularidades. Isso pode ser verificado através do caso de um indígena de Rio Claro que requereu diretamente ao Conselho Provincial por sua liberdade em 1826. Esse índio, de nome Antonio Guaienen, reclamou também dos maus tratos que sofria através de seu senhor. O Conselho, por sua vez, apoiando-se na Carta Régia de 1º/04/1809 comunicou-o que ele ainda deveria servir por mais quatro anos, a fim de completar os quinze que lhe eram obrigatórios. No entanto, Guaienen não poderia ser maltratado, pois "em quanto elle não entra[sse] no gozo de sua plena liberdade, dever[ia] lembrar-se para o tratar com humanidade de que há muita disparidade entre hum verdadeiro escravo, e hum indio prisioneiro de guerra obrigado tão sómente a prestar serviços pelo prazo determinado."[35]

Outro aspecto a se observar é que dentro da 4ª comarca foi especialmente na vila de Itapeva onde as relações entre paulistas e indígenas se tornaram mais frequentes e turbulentas. Quando nos sertões de Itapetininga, nos chamados campos novos do Rio Claro, começaram a ocorrer inúmeros conflitos com os indígenas, os homens experientes de Itapeva foram imediatamente convocados para auxiliar nas lutas contra os "bugres".

Eram nas matas das fazendas de Antonio de Almeida Leite e José Gomes Pinheiro nos campos novos do Rio Claro – bairro distante quinze léguas da vila de Itapetininga – que os indígenas costumavam aparecer de ano em ano. Segundo o capitão-mor de Itapetininga, em junho de 1826, os "selvagens" estavam fazendo

---

34 ROD-AESP. Faxina: C01012, anos 1823-1838 (C-217, P-1, D-40, 14/05/1827)

35 Sessão do Conselho Geral em 6 de Outubro de 1826. *Documentos interessantes para a história e costumes de São Paulo. Op. cit.*, p. 145.

"estragos" e queriam matar os vigias das fazendas. Para responder a esta ofensiva, pedia-se mandar homens de Itapeva aptos neste serviço e enviar mais pólvora e chumbo. A munição mandada há 20 anos havia ido toda para Itapeva e naquela ocasião era necessário mais.[36] Estes dois proprietários dos campos novos do Rio Claro tinham fazendas de criar naquela região. Há sete anos haviam obtido autorização do Conselho da província para o capitão da vila "expedir escoltas aos mencionados campos p.a se apanhar e afugentar os Indios Selvagens q' nelles continuamente [ilegível] com grande prejuiso dos Estancieiros, já matando a gente da goarnição já os animais."[37]

No entanto, as autoridades da Itapetininga reclamavam que os fazendeiros dos campos novos não estavam dispostos a contribuir com mantimentos e munição para as expedições, pois os "bugres prisioneiros" não ficavam com eles, mas com os "indivíduos das entradas". Diziam também que os indígenas mataram algumas pessoas, destruindo as propriedades dos fazendeiros, atacando seus escravos e gados. Sugeriu-se, portanto, a criação pelo poder provincial de duas esquadras com 20 homens cada uma, estando isentas dos demais serviços. Se nenhuma atitude fosse tomada, alertavam as autoridades desta vila, os estancieiros iriam perder seus escravos e os campos do Rio Claro tornar-se-iam a ficar "desertos".[38]

Sem esperar maiores deliberações, montou-se em agosto de 1826 uma diligência com 34 homens para os campos novos. No entanto, a expedição fracassou, pois não havia homens "práticos", já que os de Itapeva ainda não tinham vindo, conforme solicitado.[39] Os homens de Itapeva, por sua vez, tinham demanda semelhante para resolver naquela parte do território e não vieram porque estavam ocupados com os "gentios" de lá.

Em Itapeva, no dia 15 de junho de 1826 partira uma escolta atrás dos "índios bárbaros", seguindo vestígios frescos deixados pelos mesmos e notados pelos moradores. Os tais dos homens práticos nas guerras aos indígenas chegaram ao

---

36 ROD-AESP. Itapetininga: C01054, anos 1822-1833 (C-259, P-1, D-65, 19/06/1826).

37 ROD-AESP. Itapetininga: C01054, anos 1822-1833 (C-259, P-1, D-65A, s. d.).

38 ROD-AESP. Itapetininga: C01054, anos 1822-1833 (C-259, P-1, D-65A, 65B e D-66, 19/06/1826 e 1º/07/1826).

39 ROD-AESP. Itapetininga: C01054, anos 1822-1833 (C-259, P-1, D-66, 08/08/1826).

alojamento dos mesmos, capturaram quatorze deles ("oito machos e seis fêmeas"), destruindo seus armamentos e três casas, localizadas bem próximas da fazenda de Pirituba. Essa escolta regressou das matas no dia 1º de julho.

O capitão-mor de Itapeva, Manuel de Mello Rego, disse que estava ciente da ordem do presidente do Conselho da Província para que ele enviasse a Itapetininga peritos em entradas. Mas, como os "práticos" tinham acabado de chegar, estavam cansados e enfermos. Além do que, os que estavam sadios haviam ido para o bairro de Taquamirim, onde apareceram outros "selvagens". O capitão-mor queria saber também quem iria arcar com as despesas dos veteranos que iriam a Itapetininga, pois em outros tempos o governo da província havia ordenado que essas pessoas recebessem por seus serviços.[40]

Conforme se pode perceber, as guerras continuavam, tanto em Itapetininga, quanto em Itapeva. Nesta última, conforme dito por Mello Rego, os ataques indígenas não ocorriam somente em Guareí, mas também em Pirituba e Taquamirim, segundo informou acima. Esses eventos criavam obstáculo ao intento de socorrer os campos novos, na outra vila, pois nos meses seguintes as batalhas entre indígenas e paulistas prosseguiram em Itapeva.

> No dia 26 de 7br.o do corr.te anno achando se Manoel de Pontes no bairro de Pirituba bem perto desta villa trabalhando em suas lavouras com sua m.er e duas familias (sic) pequenas, pello meo dia forão assaltados por hum grande numero de gentios selvagens, em q.to matarão e assassinarão ao d.to Pontes podi fugir a m.er com os dois f.os pequenos que escaparão, estou aprontando hua Escolta p.a ir atras dos d.os Gentios, q' sem temor algum se vão reanimando e atacando os moradores desta, não restando quaze Faz.das ou moradas que não estejão arriscadas a simelhantes prejuizos. Neste continuo giro de trabalhos p.a evitar maiores prejuizos, não tem tido bastante o povo p.a trabalharem em sua lavoiras, e sustentarem suas familias, e por isso em tempo mais oportuno he q' poderei mandar alguns retiramos a Villa de Itapetininga sobre os gentios que lá tem aparecido como V. Ex.a me determina.[41]

---

40 ROD-AESP. Faxina: C01012, anos 1823-1838 (C-217, P-1, D-30, 17/07/1826).
41 ROD-AESP. Faxina: C01012, anos 1823-1838 (C-217, P-1, D-33, 08/10/1826).

Não houve mais informações sobre quais homens se engajaram efetivamente nos embates dos campos de Rio Claro. O fato é que dois anos depois deste ocorrido, em 1828, o próprio Conselho de Província deliberou sobre o assunto. Assim, mandava que voluntários fossem para estes campos atuarem como povoadores. Estes povoadores, por sua vez, além de simplesmente ocuparem a região, tinham a função principal de lutarem contra os indígenas que ali incomodavam os nacionais.[42] Até mesmo uma autoridade da vila de Sorocaba pronunciou-se sobre esse assunto, aconselhando que o destacamento dos campos de Rio Claro deveria ser estacionado além do rio Turvo, depois das fazendas do capitão Antonio de Almeida Leite e Raimundo de Godói Moreira. Este local deveria se tornar ponto de atração para muitos povoadores, ficando ao alcance das ditas fazendas para socorrê-las quando fossem ameaçadas pelos "selvagens".[43]

Em vista de todos estes eventos, convém fazer algumas considerações. Conforme dito de maneira reiterada ao longo deste trabalho, não se pode assumir práticas ou discursos como únicos ao se analisarem as políticas para os indígenas e os conflitos com eles. Assim, ao adentrar esse cenário de guerras, ataques e violências, cabe enunciar também alguns movimentos contrários, no sentido da preservação da vida dos índios, ainda que isso não implicasse, naquele momento, que eles não devessem ser "civilizados". Desse modo, em 1828, na vila de Itapeva, em meio a esse quadro sanguinário, o juiz de órfãos assumiu o seu papel e pôs-se a denunciar abusos com relação à escravização dos índios. Isso não significa que este juiz impedisse essa prática (o que seria impensável, segundo a lei), mas que mostrasse que os indígenas não poderiam ser colocados em cativeiro perpétuo, vendidos nem marcados a ferro como se fazia com os escravos africanos. Assim, ele denunciou uma moradora de nome Luiza Angélica que casou Antonia, uma "bugra" que tinha junto de si, com um escravo seu. O comandante que capturou a indígena disse que isso ocorrera havia quinze anos e dois meses e que Luiza não apareceu à convocação feita

---

42 Sessões do Conselho da província em 04 de outubro de 1828, 27 de julho e 1º de outubro de 1829. *Documentos interessantes para a história e costumes de São Paulo. Op. cit.*, p. 150-151; 231; 249.

43 ROD-AESP. Sorocaba: C01295, anos 1829-1833 (25/04/1829).

anteriormente pelo capitão-mor. Para o juiz de órfãos de Itapeva, isso foi uma tática para livrar a índia Antonia de sua liberdade.[44]

No Conselho Geral, por seu lado, também se encontraram movimentos mais brandos, embora eles caminhassem lado a lado com posturas hostis por parte dos paulistas contra os indígenas. Assim, apareceu ainda no ano de 1828 uma prática levada a cabo pelas autoridades de trazer índios para trabalharem no conserto e construção da Estrada de Cubatão. Para frustração das autoridades provinciais, estes indígenas fugiram de lá, voltando para as matas. Isso os fez constatar algo problemático aos seus olhos: que não bastava apenas retirar os "selvagens das matas" e os colocar a trabalhar; era preciso ensinar-lhes a fazer isso. Aqui entra o papel da catequese e da civilização dos índios, tantas vezes tentada e debatida ao longo da colonização da América. Conforme se viu, essa era uma demanda também do Estado nacional brasileiro, colocada por seus políticos e cidadãos. O Conselho, levando em conta, inclusive, que essa era uma atribuição legal sua, assumiu que deveria adotar deliberações sobre o tema. O próprio presidente do Conselho da Província no período, Rafael Tobias de Aguiar, deu o tom do discurso, exemplificando que tipo de atitude se esperava daqueles homens públicos:

> O Conselho, portanto, á quem cumpre promover a cathequese, e civilização dos Indios tomará este objecto em consideração; devendo eu que remate deste artigo informar, que mandei conduzir á esta Cidade dois Indios de 14 annos para menos, afim de serem educados, e instruidos á minha custa, para depois abraçarem o Estado Sacerdotal, querendo.[45]

Em outra dimensão, sobre os índios de Guarapuava, depois de mais de oito anos da instalação daquele aldeamento, cumpria ao Conselho adotar posturas mais enérgicas para acelerar a incorporação dos indígenas:

> [...] Que se expessão positivas ordens ao Commandante da Povoação de Guarapuava, para que cesse a impolitica, e perniciosa pratica de conservar os

---

44 ROD-AESP. Faxina: C01012, anos 1823-1838 (C-217, P-1, D-57, 07/04/1828).

45 Sessão do Conselho em 04 de outubro em 1828. *Documentos interessantes para a história e costumes de São Paulo. Op. cit.*, p. 150/1.

> Indios retirados da mesma, e prohibidos da communicação dos moradores respectivos, e outro sim, que longe de prohibir que elles saião da Povoação, e se aggreguem aos Fazendeiros e Proprietarios daquelle Destricto, e dos Campos Geraes de Coritiba, pelo contrario prommova o seu enganjamento [sic] com os mesmos, principalmente o dos Indios pequenos, afim de que vão entrando no trato civil, e pelo lucro de seu trabalho deixem de ficar á cargo do Estado, que há tantos annos os sustenta [...]⁴⁶

Outro exemplo destes dois tipos de postura adotados pelo Conselho provincial deu-se no ano de 1828 em Itapeva e Itapetininga. Assim, o juiz de órfãos de Itapetininga foi atrás de informações sobre os indígenas cativos da vila, apontando que um deles que já tinha cumprido 20 anos de cativeiro e que deveria ser libertado.⁴⁷ Já alguns meses depois, um comandante de Itapeva solicitava chumbo e pólvora das autoridades provinciais, a fim de fazer escolta para se proteger dos indígenas que há anos vinham fazendo distúrbios nos subúrbios da vila, matando e invadindo. Naquele momento, "vestígios frescos" daqueles índios motivaram a montagem de uma escolta.⁴⁸

Por fim, há que considerar também que mais do que escravização e utilização dos índios nas atividades a serviço da ocupação territorial e em atividades econômicas destas regiões, o controle sobre essas populações estava relacionado à busca da ocupação das terras por outros povos a serviço do Império, o que se encaixava também no caso dos colonos estrangeiros. Ao se especular sobre os terrenos devolutos em Itapeva em 1829, chegou-se ao seguinte parecer: desta vila até Iguape havia um sertão cercado pelas vilas de Apiaí e Xiririca e pela freguesia de Paranapanema, onde já viviam agricultores, além de ser cercado por morros e feras. Em outras partes, entre os rios Paranapanema e Itararé havia 20 léguas até o fim do distrito que tinha bons terrenos, mas também muitos "índios bárbaros", o

---

46 Sessão do Conselho Geral em 15 de outubro de 1828. *Documentos interessantes para a história e costumes de São Paulo. Op. cit.*, p. 189-190.

47 ROD-AESP. Itapetininga: C01054, anos 1822-1833 (C-259, P-1, D-90 e 90A, 12/12/1828).

48 ROD-AESP. Faxina: C01012, anos 1823-1838 (C-217, P-1, D-65, 04/03/1829).

que aparecia como uma ameaça aos estrangeiros que ali viessem se estabelecer.[49] Sobre Itapetininga ainda não havia um parecer relativo ao pedido acerca de informações sobre terrenos devolutos para instalação de colonos.[50] De qualquer forma, é importante registrar que as guerras entre paulistas e indígenas neste período eram motivadas e respaldadas por inúmeros fatores de ambos os lados. Os índios, que queriam continuar ocupando suas terras, usufruindo de matas e rios daqueles territórios, tinham então que transitar por terras ocupadas pelos invasores, o que, na maioria das vezes, gerava conflitos. Os paulistas, por sua vez, tinham o interesse de consolidar suas habitações, propriedades e criações em terrenos dos índios, mas eram diversos os meios de se efetivar isso. Podia-se tanto escravizar os indígenas, como simplesmente matá-los, ou ainda incorporá-los à sociedade nacional através da catequese (que ainda não aparecia de maneira concreta neste momento), desocupando assim seus territórios e alojando neles trabalhadores livres pobres, nacionais ou estrangeiros, ou escravos.

---

49 ROD-AESP. Faxina: C01012, anos 1823-1838 (C-217, P-1, D-82, 20/10/1829).

50 ROD-AESP. Itapetininga: C01054, Anos 1822-1833 (C-259, P-1, D-108a, 23/08/1829).

6. Guerras e alianças entre indígenas e paulistas

Quando se analisou a política indigenista do Império brasileiro nos capítulos precedentes, mostrou-se que existiram diferentes leis e discursos referentes às populações indígenas. Para a compreensão desse quadro, foram levados em conta diversos fatores que influenciavam as práticas políticas, referindo-se ao processo de formação nacional, às disputas entre os grupos no poder, às demandas econômicas, à construção de uma ideologia nacional, dentre tantos aspectos. Nesse contexto, os indígenas não foram considerados como agentes, pois a ideia foi mapear as articulações e projetos dos nacionais e, para estes homens, era absurdo considerar os índios como interlocutores.

No entanto, nos níveis provincial e local, acredita-se que o cenário mudava bastante de aspecto. Aqui diretamente se tinham os índios reais, com demandas e estratégias. Pode-se nestes níveis encontrar de maneira mais explícita o diálogo entre estes mundos conflitantes, o dos brasileiros e os dos distintos grupos indígenas. Isso não significa que no nível imperial as pautas desses povos não aparecessem. No entanto, elas vinham de uma maneira muito mais diluída, inclusive encaminhada por autoridades que visavam representar os indígenas, tais como diretores, juízes de órfãos, capitães etc. Agora, nos interiores da província de São Paulo, eram estes índios que diretamente agiam, falavam, lutavam, aliavam-se, através das diversas possibilidades de convivência com os paulistas.

Ao se analisar esse período a partir da década de 1830, que foi enunciado acima como um tempo de maneiras mais afáveis para com os indígenas, deve-se enxergar que essa não era uma atitude moldada unicamente pela ótica e pelas práticas dos brasileiros, mas tinha, em mão dupla, estratégias e atitudes também dos diversos grupos indígenas existentes nesse território. Desse modo, procurar-se-á demonstrar a seguir, que os índios aqui eram atores e interlocutores em relação a uma prática de expansão nacional, o que significa que muitas medidas que foram adotadas pelos paulistas podem ter sido motivadas pelo comportamento dos índios.

Nesse sentido, no ano de 1829, o Conselho Geral da Província de São Paulo passou a adotar uma posição mais branda com relação aos indígenas, influenciado pelos conflitos vivenciados especialmente nos confins da 4ª comarca. Assim, os membros do Conselho relataram que o coronel Luciano Carneiro Lobo havia pedido pólvora para perseguir os índios entre Itareré e Jaguaricatu, como era costume naquele "país". No entanto, pouco depois, o próprio Lobo ponderou que esta não era uma atitude correta, que melhor conviria tratar os indígenas com bons tratos e aldeá-los. A partir desse ponto, o Conselho concluiu que esta era uma atribuição do governo, que por sua vez deveria fazer uma lei geral sobre o tema.[1]

Até aqui, sem muitas novidades, pois a ideia da composição de uma legislação para os indígenas estava colocada para os dirigentes imperiais desde a época constitucional em Lisboa, conforme visto no capítulo 2. No entanto, os políticos provinciais não queriam permanecer inertes, somente esperando pelas diretrizes imperais. Para isso, propuseram algumas indicações que deveriam ser seguidas em São Paulo com relação a essa questão. Assim, os indígenas deveriam ser tratados sem ofensas, buscando fazer acordos com eles, através de um intérprete versado em seu idioma. Para os atrair, era necessário inicialmente comercializar com eles. Além disso, era de fundamental importância para a sua conversão, que eles passassem a viver em aldeamentos. Nestes locais, ao mesmo tempo em que fossem afastados da cidade, possuindo campos de cultivo próprios, os rapazes e moças indígenas seriam incentivados a ir trabalhar com os nacionais, desterrando-os de seus hábitos de origem. Para o perfeito funcionamento desse esquema, seria necessário que o responsável pelo aldeamento fosse pessoa zelosa. Por fim, não se poderia incorrer no erro de tentar catequizá-los primeiro, pois isso de nada adiantaria inicialmente. A primeira atribuição era ensinar-lhes artes e ofícios, tornando-os dependentes dos bens ocidentais.[2]

Como consequência dessa postura, o Conselho aprovou neste mesmo ano a quantia de 100 mil réis para gêneros de comércio com os índios de cada uma das vilas de Itapetininga, Faxina e Castro (especialmente na freguesia de Guarapuava),

---

[1] Sessão do Conselho da província em 21 de novembro de 1829. *Boletim.* Vol. 15 (Nova Fase). Atas do Conselho da Presidência da Província de São Paulo, anos 1829-1832. São Paulo: Departamento do Arquivo do Estado de São Paulo/Secretaria da Educação, 1961, p. 19-20.

[2] *Idem*, p. 19-20.

com vistas a fazer frente aos ataques dos indígenas na estrada real entre Faxina e Lages.³ As práticas emanadas do centro da província começavam a ecoar nos sertões. Assim, em 1830, em Itapeva, o juiz de órfãos acusava o recebimento de ofício do Conselho Geral de 27/11/1829 a respeito dos índios que foram ou estavam sendo prisioneiros de guerra. Disse este juiz que seu antecessor perdera o ofício e, portanto, pedia novamente que se lhe enviassem as instruções.⁴

Mudando rapidamente o cenário, na capital paulista, alguns indígenas de um dos aldeamentos ali localizados também apareceram entre as deliberações do Conselho da Província no ano de 1830. Isso ocorreu quando índios de Barueri ocuparam terras de uma fazenda e o juiz de paz da localidade acabou dando-lhes autorização para esta ocupação. A dona da fazenda Ignacia Manoela de Toledo e seus herdeiros não compareceram a uma das sessões conciliatórias com os indígenas. Por isso o juiz de paz permitiu a posse pelos índios. Agora, Ignácia Manoela queria anular a decisão. O Conselho julgou que esta não era uma demanda de sua alçada e aconselhou à requerente usar dos meios competentes.⁵

Apesar deste exemplo, pareceres favoráveis aos indígenas em pendências judiciais, principalmente referentes à posse de terra, não foram uma prática muito comum. Como se viu no capítulo 4, em 1835 os dirigentes provinciais, segundo informações fornecidas pelas autoridades da vila de Areias, deram autorização para se colocar em hasta pública as terras antes destinadas aos indígenas do aldeamento de Queluz, deixando-lhes apenas uma pequena parte daqueles limites que haviam sido reservados a eles em 1800.⁶ No caso de Barueri, se viu que a posição contra ou a favor dos indígenas dependia muito mais da falta de interesses estratégicos envolvidos na ocupação daquele território, do que de uma proteção aos índios.

---

3 FCGP-FA29.003, C-23. 1829. Autorização de despesa para estabelecimento de comércio com índios em diversas vilas: Itapetininga, Faxina, Castro, Guarapuava. (11/12/1829, assinado por José da Costa Carvalho, C. G. Gomide). Manuscritos, AH-ALESP.

4 ROD-AESP. Faxina: C01012, anos 1823-1838 (C-217, P-1, D-89, 15/01/1830).

5 Sessão do Conselho em 09 de agosto de 1830. *Boletim. Op. cit.*, p. 61-64.

6 IO35.010, 324. 1835 (Concessão de terreno aos índios da freguesia de Queluz, São Miguel de Areias). Manuscritos, AH-ALESP.

Por sua vez, com relação a Guarapuava, os relatos das autoridades provinciais foram, ao longo do período estudado, invariavelmente pessimistas. Não foi exceção no ano de 1830, em que se concluiu que o aldeamento estava decadente, já que a catequese dos "índios selvagens" não tinha produzido os fins que se esperava. Para piorar a situação, o padre Francisco das Chagas Lima havia ido embora daquela freguesia.[7] A partir dessa década, as principais informações sobre a povoação ficaram a cargo do comandante do destacamento, Antonio da Rocha Loures. Havia em suas falas e de outras autoridades que ali trabalhavam um discurso monocórdio, que reclamava das condições precárias, evidenciadas pela falta de soldos, víveres e demais assistência. Além disso, queixavam-se da insegurança das instalações, com poucos soldados, sujeitas aos constantes ataques dos indígenas, que não apresentavam progresso para os fins de sua civilização pretendida pelos paulistas.[8]

Conforme já explicitado acima, o caso de Guarapuava era bastante específico porque, até àquela época, referia-se à primeira instalação de paulistas no meio de territórios indígenas ainda não controlados. A conquista deste terreno era extremamente recente, contada a partir de 1810 com a fundação de Atalaia. Por isso mesmo, a pretensão da submissão dos índios que ali viviam ainda era um projeto não efetivado, embora alguns grupos deles tivessem ido viver junto aos brancos. Como se viu, em 1812 computava-se 300 índios vivendo em Atalaia.[9] Por sua vez, os subgrupos kaingangs que se aliaram aos paulistas tinham uma lógica própria, que os moviam naquele território e os faziam viver entre os conquistadores como uma forma de se fortalecer e se proteger frente aos outros subgrupos inimigos. Isso fica expresso nos massacres de dorins nas matas, ou mesmo quando foram eventualmente para o destacamento de

---

7 Sessão do Conselho em 1º de outubro de 1830. *Boletim. Op. cit.*, p. 72.

8 ROD-AESP. Guarapuava: C01025, anos 1824-1853 (C-230, P-1, D-11, 07/03/1832; P-1, D-12, 10/03/1832 P-1, D-13, 28/031832; P-1, D-16, 01/06/1832; P-1, D-17, 16/09/1823; P-1, D-18, 16/011833; P-1, D-19 17/01/1833; P-1, D-20, 14/09/1833; P-1, D-22, 07/11/1833).

9 Francisco das Chagas Lima. "Memoria sobre o descobrimento e colonia de Guarapuava". In: Ana Luisa Fayet Sallas (org.). *Documentação sobre os povos indígenas. Séculos XVIII e XIX*. Curitiba: Aos Quatro Ventos, 2000, p. 59.

Guarapuava, momentos em que foram rendidos pelos kamés e votorons ali aldeados, conforme descreveu Chagas Lima e outras autoridades.[10] Inclusive o fato dos indígenas contatados de Guarapuava serem em sua maioria da etnia kaingang marca aqui também sua especificidade. Como se mostrará mais à frente, nas vilas da 4ª comarca havia outro grupo étnico que se colocou de maneira mais afável no seu relacionamento com os paulistas. Estes, de língua guarani, apareceram aos conquistadores como menos belicosos, mais dispostos a se sujeitarem ao seu jugo. Na verdade, sem cair nas armadilhas dos preconceitos da visão ocidental, essas diferenças entre os grupos indígenas demarca exatamente as diferenças étnicas entre os mesmos grupos, em que cada um deles se portava conforme seus hábitos e interesses, fosse em relação aos novos conquistadores de suas terras, fosse em relação aos seus antigos inimigos indígenas.

Assim, como uma síntese da situação de Guarapuava, havia em 1832 uma população de 380 paulistas, com seus escravos, agregados e trabalhadores livres, frente a uma população indígena de 51 indivíduos, trabalhando na freguesia.[11] No ano seguinte, este contingente se ampliou, atingindo 445 conquistadores e 85 indígenas. Devido a uma lacuna documental, que não permitiu mapear as décadas de 1820 e 1830, tornou-se obrigatório fazer um salto à situação da década de 1840, período sobre o qual restaram alguns registros de Guarapuava.[12]

Dessa forma, 30 anos após a conquista inicial destes campos, as instalações dos paulistas iam cada vez mais se ampliando, tanto pela expansão por novas terras, como através do contato com um maior número de indígenas. Assim, em 1839, a população desta freguesia já era de 873 povoadores, além de 53 índios aldeados.[13] Segundo estes

---

10 Além de Chagas Lima, há indicações desses ataques em ROD-AESP. Guarapuava: C01025, anos 1824-1853 (C-260, P-1, D-22, 07/11/1833; P-1, D-27, 29/03/1839).

11 ROD-AESP. Guarapuava: C01025, anos 1824-1853 (C-260, P-1, D- 14, 1º/06/1832).

12 A coleção dos ROD-AESP. Guarapuava: C01025, anos 1824-1853 (Manuscritos, AESP) possui poucos documentos do período anterior ao ano de 1839. O mais provável é que os documentos eventualmente produzidos nesse período foram perdidos ao longo do tempo, ou não foram sequer produzidos. Essa hipótese é mais plausível do que supor que nada relevante tenha ocorrido entre os conquistadores e os índios nos primeiros 20 anos de Guarapuava.

13 ROD-AESP. Guarapuava: C01025, anos 1824-1853 (C-260, P-1, D-30, 01/06/1839).

números, pode-se inferir que além do afluxo de novos contingentes de povoadores, deveria haver também aqueles indígenas já vivendo entre os paulistas. Essa integração ao contingente populacional dos conquistadores fez-se tanto através do trabalho prestado a eles, como através de casamentos inter-étnicos. Dentro dessa lógica, o comandante Loures constatava em novembro de 1840 que não adiantava empregar os indígenas para proverem a si próprios. O mais eficiente, para os interesses de exploração e conquista dos paulistas, seria colocá-los a serviço de particulares, tendência que também pode ser comprovada pelos números, já que 61 índios estavam vivendo na casa de moradores da freguesia (sendo que destes, apenas dezesseis eram adultos, o restante era de jovens e crianças) e 38 estavam aldeados.[14]

Além disso, a conquista de novos territórios, com a fundação do aldeamento de Palmas, 30 léguas além de Guarapuava, demarcou uma nova fase de expansão da conquista nos campos da 5ª comarca.[15] Ali, representou importante papel um líder aliado aos brancos, que funcionou como um meio de conquista extremamente eficiente para a submissão de grande quantidade de índios, tal como tinha ocorrido nos anos iniciais da conquista de Atalaia, com o chefe Pahy. Em Palmas, a partir de 1840, a presença de Vitorino Condá, que recebeu patente e soldo de militar, chegou a trazer aproximadamente uma centena de kaingangs em colaboração com os paulistas.[16]

No entanto, para os paulistas, a conversão dos índios era algo problemático, pois estes constantemente regressavam às matas, sendo, segundo os conquistadores, de índole instável. Na verdade, esse comportamento indica os pontos de resistência dos grupos aldeados. Além disso, os interesses que os levavam a se aliar aos nacionais não eram os mesmos projetados pelos últimos, ou seja, os indígenas não passaram a viver junto aos paulistas e permitirem a presença deles em seus territórios porque queriam estar sujeitos a eles, mas porque podiam obter benefícios nas lutas contra as tribos inimigas ou outras vantagens táticas, como a aquisição de ferramentas, por exemplo. É essa conjuntura que explica por que os índios desconfiavam das artimanhas dos paulistas e muitas vezes regressavam às matas. Tal aconteceu em 1841, quando uma parte do grupo controlado pelo chefe

---

14 ROD-AESP. Guarapuava: C01025, anos 1824-1853 (C-260, P-1, D-46 e 47, 26/11/1840, s. d.).

15 ROD-AESP. Guarapuava: C01025, anos 1824-1853 (C-260, P-1, D-37, 15/03/1840).

16 ROD-AESP. Guarapuava: C01025, anos 1824-1853 (C-260, P-1, D-44, 02/11/1840; 14/02/1841).

Vitorino fugiu, na ausência dele, aliando-se a alguns mulatos e escravos africanos. A justificativa dada para essa fuga foi que os indígenas receavam que Vitorino fosse preso, os demais assassinados e os seus filhos escravizados.[17] Embora estes fatos não tenham efetivamente ocorrido, significa que esse tipo de prática não deveria ser tão incomum naquele período em Guarapuava e Palmas.

O maior exemplo da busca de alianças com os indígenas para subjugar os outros subgrupos, inimigos destes, deu-se em Palmas no mesmo ano de 1841, através da fala do capitão Hermógenes Carneiro Lobo às autoridades provinciais. Este comandante sugeria a captura dos inimigos de Vitorino como um meio de conquistar os índios. Para Hermógenes, isso poderia ser feito através da volta da Carta Régia de 05/11/1808, que permitia a escravização de prisioneiros de guerra justa. Embora depois do movimento pela derrubada desta mesma Carta dez anos antes, nunca mais se cogitou reeditá-la por parte das autoridades imperiais ou provinciais, aqui se tem um exemplo local que foi no sentido contrário. Na verdade, a importância deste caso reside na percepção de que, na relação direta dos nacionais com os indígenas, a prisão e a escravização de grupos inimigos talvez não fosse uma prática tão em descrédito conforme propuseram as autoridades centrais.

Como dito, naquela época, as instalações na 5ª comarca, em Guarapuava e Palmas, não eram modelo para ocupação para outros pontos do território paulista, especialmente na 4ª comarca. Ali, outros grupos de índios e outros tipos de estratégias de conversão e aliança iriam imperar ao longo dos anos de 1830 e 1840.

Assim, já no ano de 1830, em Itapetininga, muitas coisas começaram a mudar na relação entre esses dois mundos. Em julho daquele ano, o juiz de paz da vila informou que fazia oitos dias que um número expressivo de indígenas (84 pessoas) encontrava-se parado perto da fazenda de dois ajudantes, os irmãos Manoel Paulino e Paulino Aires, nas matas do rio Paranapanema.[18] O comandante das Ordenanças rapidamente mobilizou-se, fornecendo uma peça de tecido (baeta) e alimentos aos índios, que ali se conservavam pacificamente. No entender do comandante, seria

---

17 ROD-AESP. Guarapuava: C01025, anos 1824-1853 (C-260, P-1, D-58, 24/03/1841; P-1, D-61, 28/03/1841).

18 ROD-AESP. Itapetininga: C01054, anos 1822-1833 (C-259, P-2, D-18, 20/07/1830).

positivo que estes indígenas não retornassem às matas, pois poderiam contribuir para o aumento da povoação da vila.[19]

Ao que tudo indica, o grupo teria aparecido neste local depois que os moradores de Paranapanema, percebendo "vestígios frescos de selvagens" nas matas, foram ao seu encalço. Nessa incursão, encontraram 13 indígenas e deram-lhes presentes. Depois disso, os índios regressaram com maior quantidade dos seus, totalizando 84 pessoas, que estavam sendo assistidos, segundo informava a Câmara da vila.[20]

Por sua vez, os proprietários da fazenda, os ajudantes Paulino, iniciaram uma jornada, a partir de agosto de 1830, em busca de ressarcimento junto aos cofres provinciais pelo sustento dos indígenas que eles, de bom grado, alojaram em sua propriedade. Assim, os índios haviam surgido ali em 16 de julho e, um mês e meio depois, as despesas totalizavam 400 mil réis. Treze destes índios já haviam falecido. Os Paulino se dispunham a instalá-los gratuitamente em sua fazenda, desde que as despesas já efetuadas fossem pagas pelo poder público, bem como os futuros gastos com munição, ferramentas e alojamento, o que totalizaria 1 conto de réis.[21]

Frente a essa história, cabe a pergunta: por que os indígenas apareceram de maneira pacífica e pareciam aceitar com bons olhos a vivência entre os paulistas? Ao que tudo indica, segundo informou uma "índia mansa" que serviu de intérprete ao grupo recém-chegado, eles ali estavam por temerem o cativeiro. O juiz de paz de Itapetininga, em meio ao ocorrido, havia pedido o envio de indígenas que viviam em Itapeva, já em contato com os paulistas, para vir tratar com os "selvagens".[22]

Dois pontos dessa história merecem ser destacados. Um deles é a percepção de que as práticas mais hostis foram recorrentes no contato entre os dois mundos até aquela época. Isso fica demonstrado pela posição dos indígenas, que vinham em aliança para evitar seu cativeiro e também devido aos índios de Itapeva, que não consta terem ido viver entre os paulistas de espontânea vontade. Muito pelo

---

19 ROD-AESP. Itapetininga: C01054, anos 1822-1833 (C-259, P-2, D-19, 27/07/1830).

20 ROD-AESP Itapetininga: C01054, anos 1822-1833 (C-259, P-2, D-20, 25/07/1830).

21 ROD-AESP. Itapetininga: C01054, anos 1822-1833 C-259, P-2, D-23, 15/08/1830 e D-23A, 31/08/1830).

22 ROD-AESP. Itapetininga: C01054, anos 1822-1833 (C-259, P-2, D-23B, 24/08/1830).

contrário, ao que tudo indica, eles seriam daqueles indígenas prisioneiros de guerra, vendidos e marcados a ferro, segundo alegara o juiz de órfãos em 1828.[23] Outro aspecto a se notar é sobre os irmãos Paulino. Por que acolheram os indígenas em sua fazenda? É bastante frágil o argumento de que estavam praticando filantropia, usando dinheiro próprio para a compra de gêneros e manutenção dos índios, ainda que uma parte dos gastos seria coberta pelos cofres públicos. Havia nessa história um interesse velado na exploração da mão-de-obra destas pessoas, que ainda que não fossem escravizados, estavam nas terras dos Paulino, deveriam cultivar roças nelas e manter-se sujeitos aos proprietários. Por fim, a necessidade de contratar soldados para tomar conta dos índios reitera a noção de violência que pressupunha a submissão dos indígenas aos paulistas.

Com relação as estratégias e a projetos de controlar os índios e submetê-los aos padrões de vida, produção e consumo ocidentais, os materiais gastos pelos Paulino ilustram bem seus intentos. Assim, diziam que precisavam de machados e foices, que eram muito apreciados pelos indígenas. Já os tecidos de algodão, não havia necessidade de vir de fora, pois os panos grosseiros que serviriam para vesti-los eram produzidos ali mesmo na vila. Por outro lado, pediam para deixar com eles uma índia intérprete (denominada de "língua") vinda de Itapeva.[24] A população indígena que passou a viver entre os Paulino era de 70 indivíduos, já que ocorrera uma baixa de quatorze mortos, restando 32 crianças, oito adolescentes e 30 adultos, a maioria deles viúvos.[25] Os gastos efetuados pelos irmãos com este grupo resumiam-se em roupas, tecidos (a maior parte), facas, machados, foices, aguardente, fumo, feijão, milho, amendoim, reses, pólvora, chumbo, além do pagamento aos camaradas que ficavam vigiando os mesmos indígenas.[26]

O Conselho da Província coadunou-se com essas práticas ditas mais afáveis levadas a cabo nos sertões de São Paulo e, dois meses depois, pronunciou-se:

---

23 Documento citado acima. ROD-AESP. Faxina: C01012, anos 1823-1838 (C-217, P-1, D-57, 07/04/1828).

24 ROD-AESP. Itapetininga: C01054, anos 1822-1833 (C-259, P-2, D-23', 19/08/1830).

25 ROD-AESP. Itapetininga: C01054, anos 1822-1833 (C-259, P-2, D-23', 15/08/1830).

26 ROD-AESP. Itapetininga: C01054, anos 1822-1833 (C-259, P-2, D-23'B, 19/08/1830; D-23'C, 04/08/1830; 23'E, 16/08/1830; D-24, 12/09/1830, D-25, 16/09/1830).

"(...) que os ditos Indios fossem socorridos, e tratados com a maior affabilidade possivel, a fim de se persuadissem, que os nossos desejos são unicamente de promover a sua felicidade."[27]

Ordenou ainda que os índios fossem instalados na própria fazenda onde haviam aparecido e comunicou que avisara ao imperador, via Secretaria de Estado dos Negócios do Império, sobre o ocorrido. Por fim, como indicativo deste tipo de postura com relação à civilização dos indígenas, o Conselho reconheceu que os 100 mil réis destinados pela Junta da Fazenda da província para cada vila (Itapetininga, Faxina e Castro) não eram suficientes para o fim proposto.[28]

Já em Itapeva, inúmeras outras histórias neste mesmo período indicam que o ano de 1830 foi mesmo movimentado no que se refere aos encontros entre índios e paulistas. Assim, outro acontecimento ambientado nesta vila trouxe à tona as questões do cativeiro dos índios, sua civilização e bons tratos. Tudo começou quando Jesuíno, um morador de Itapeva, passou a requisitar uma mulher indígena que estava em poder de Antonio Joaquim de Azevedo, irmão do falecido dono, Bernardo. Jesuíno negava o direito à posse do falecido Bernardo, alegando que a índia era sua, que ele a comprara. O juiz de órfãos, Antonio Gomes Pinheiro Veloso, procedeu a uma investigação sobre o caso e chegou às seguintes informações.

> Indaguei de dous homens q'foram na escolta q.do Bernardo prezionou a India, fui ciente q' na m.ma ocasiam prizionaram mais três índios e foram apanhados junto ao B.o de Taquari, e estes com a dita india se axavam emcorporados em hua. G.e cometiva de ditos brabos, e q' a d.a índia q' apanharam não dese indicios de ter estado em povoado, indaguei dos m escoltados se a d.a India seria a q' Jesuino procurava, fui ciente q' não tinha tal certeza.[29]

De São Paulo veio um parecer sobre o caso. Uma autoridade, respondendo sobre o evento, afirmou que o citado Bernardo, depois de fazer a entrada no

---

27 Sessão do Conselho da província em 1º de outubro de 1830. *Boletim. Op. cit.*, p. 72.

28 *Idem*, p. 72.

29 ROD-AESP. Faxina: C01012, anos 1823-1838 (C-217, P-1, D-95, 08/05/1830).

sertão junto com outros homens, havia pegado quatro "bugres", dos quais uma delas ficou em seu poder. Ao que tudo indica, Bernardo cuidou dela devidamente, educando-a, sustentado-a, cristianizado-a e tratando-a como sua filha. Passado algum tempo, apareceu um homem dizendo que esta índia era sua, que ele a havia comprado e que ela fugira. No entanto, contra este indivíduo depunha sua má fama, dizendo que ele não era confiável e que seu negócio era "apanhar bugres para vender". No fim, a autoridade paulista deliberou a favor daquele que parecia ter dado o tratamento mais humano à índia, Bernardo. Essa autoridade fez ainda uma defesa retórica do direito à liberdade da indígena.

> Respondo ao 1º quezito da Proposta que a India considerada na proposta hé huâ mulher livre desde o seu nascimento, e por tal deve ser tida, e havida segundo as Leis deste Imperio, e deve deffender a sua liberdade o encarregado da sua tutella conta a mal fundada pertenção do que injusta e indevidam.te a proccura captivar sem o menor direito, pois nem a sua simples asseveração nem a Carta de que recorre, o favorecem de forma alguma. Respondo ao 2º que mesmo na negada hipothese de que o tal pertendido Senr' da India a tivesse apanhado, e ella fugisse, embrenhando-se outra vez no Matto, tinha em tal caso recobrado a sua liberdade natural, da qual de nenhum modo pode ser privada, e por conseguinte nunca se pode verificar o cazo do mencionado pertendido Snr' a levar para seo poder para então ter lugar a indennização da creação e sustento da India.[30]

Pode-se perceber que este parecer acima é cercado de incongruências, pois diz que a indígena seria livre, apesar de ter sido capturada nas matas. Ao mesmo tempo, caso tivesse sido trazida das matas e sujeita a um senhor, teria sua liberdade natural de volta se retornasse à selva. Nesse ponto, entra-se na ambiguidade na condição civil dos indígenas dentro do Estado nacional, que por serem nascidos em território brasileiro deveriam ser livres, ainda que tutelados. Ao mesmo tempo, por serem hostis à sociedade nacional, poderiam também ser

o ROD-AESP. Faxina: C01012, anos 1823-1838 (C-217, P-1, D-95A, 17/01/1830). Sessão do Conselho da província em 11 de outubro de 1830. *Boletim. Op. cit.*, p. 89-90.

escravizados, conforme discutido no capítulo 1. Portanto, a defesa da liberdade desta índia de Itapeva é relativa, já que se reconhecia o direito de tirá-la das matas e escravizá-la, sujeitando-a e educando-a segundo os padrões ocidentais.

Ainda no mesmo período em Itapeva, Antonio Gomes Pinheiro Veloso, juiz de órfãos, apresentou relatos sobre indígenas aprisionados, perguntando ao Conselho da Província se estes poderiam ser vendidos, já que naquela vila isso era prática relativamente comum. Antonio Gomes lamentava pela sorte dos indígenas, pois assumia que ele não tinha como restituir a liberdade àqueles que já haviam cumprido o cativeiro temporário. Para ele, os índios eram tais como "ovelhas dispersas, sem ter quem represent[asse] sua emancipação".[31]

Foi também neste contexto que ocorreu o episódio narrado nas primeiras páginas do capítulo 5, com a presença de um grupo de índios armados, mas buscando aliança, em encontro com o camarada Luciano da fazenda de Pirituba. Depois deste evento, ocorrido em 2 de junho de 1830, o comandante das Ordenanças, João de Almeida Leite, apresentou um quadro otimista, dizendo que os indígenas deram "provas de comunicação", adequando-se às ordens outrora expressas pelo presidente da província sobre a necessidade de mandar chamá-los à sociedade e agradá-los com coisas de pouco valor. Para Almeida Leite, o aconselhável seria comprar 25 ou 30 facas, algumas foices, machados e miçangas. Para concretizar esse projeto, o comandante afirmava a necessidade de montar escolta com "gentios já civilizados" para atrair os demais. As alegadas boas intenções, no entanto, desapareceram através de sua própria fala: Almeida Leite também pedia pólvora e chumbo para reprimir os "horrores" que sofriam os moradores.[32]

O comandante Almeida Leite passou a representar uma postura mais branda com relação aos índios, ainda que previsse a necessidade de ser mais agressivo para revidar aos "ataques" feitos por estes aos moradores de Itapeva. Essas diferentes atitudes muito provavelmente expressavam relação com diferentes grupos de índios, pois os que se mostravam mais cordatos eram bem tratados e aos que tinham uma postura guerreira, respondia-se com retaliações.

---

31 ROD-AESP. Faxina: C01012, anos 1823-1838 (C-217, P-1, D-100, 25/05/1830).

32 ROD-AESP. Faxina: C01012, anos 1823-1838 (C-217, P-1, D-98, 10/06/1830).

Em outra ocasião, este militar relatou que os indígenas que vinham presentemente nos bairros de Guareí e Lagoa Grande, ainda que viessem pegar mantimentos das roças das fazendas, não faziam maiores estragos. Esta postura mais compreensiva por parte de Almeida Leite passou a destoar de práticas anteriormente efetivadas na vila, pois ele questionou o comportamento de um particular, Antonio da Silva Ramos, que organizara uma entrada junto com outros homens, sem consentimento de nenhuma autoridade da vila.

A expedição de Silva Ramos foi execrada pelas autoridades locais pois, nessa ocasião, um dos paulistas assassinou um índio que pacificamente vinha recolher palmitos ou folhas de uma planta para cobrir seu rancho (houve duas versões sobre o intento do indígena morto). Interessante notar que o retrato dos índios aqui foi feito de uma maneira a positivá-los e, em contraste, mostrava as posturas hostis dos paulistas como erradas.

Ao que tudo indica, o grupo encontrado nas matas era dos kaingangs, visto que a indígena "língua" que Silva Ramos levou para acompanhar a expedição fugiu assim que encontrou indícios da presença dos outros índios, alegando que estes eram de Guarapuava. Como a inimizade dos kaiowás aos kaingangs era algo bastante marcante, pode-se perceber que esta mulher temia seus inimigos a ponto de não poder percorrer o território deles.[33] Mesmo com a desistência da intérprete indígena em prosseguir com a expedição, esta continuou, permanecendo bem próxima dos alojamentos dos índios. Nesse ponto, acampados os paulistas, armou-se uma tempestade, o que fez com que os indígenas se aproximassem a fim de recolher folhas de árvore para protegerem suas instalações. Um dos índios, enquanto retirava algumas folhas com seu machado, foi alvejado:

> (...) e um bugre, q' mais chegou a fala, largou do maxado, q' trazia, e ficou tremulo, falando dando signais de se querião communicar, pois que thé aquelle ponto se verificava mais a ignorancia, e pavor dos ditos Silvas e outros de sua companhia pregarão a um tempo três baladas, e com isto

---

33 Caso semelhante foi notado por Kimiye Tommasino ao analisar o relato do sertanista João Henrique Elliot em suas expedições acompanhadas pelos kaiowás no reconhecimento e exploração de novas terras entre as décadas de 1840 e 50. *Op. cit*, p. 97/104.

retirão-se todos os mais bugres acudir os ranxos para tirarem seus armamentos, e familias, porém com tudo, ainda roubarão varios trens dos Indios q' axavam dos m.mos.[34]

No final das contas, essa história acabou interligada a outro evento, que tomou ares de fantasia, segundo relataram algumas autoridades de Itapeva, mas ao mesmo tempo confirma um quadro já traçado através de outros eventos. Tudo começou quando, em meados de agosto de 1830, um homem de nome Bernardino da Silveira Vieira, passando por Itapeva, parou numa venda para comprar pólvora e desatou a contar para os presentes uma "história de índios", à semelhança daquelas "histórias de pescadores", normalmente exageradas e contadas para causar admiração entre os ouvintes.

Bernardino, segundo denunciou Antonio Joaquim Xavier ao juiz de paz, chegou dizendo que a pólvora que estava comprando era para matar indígenas. Como isso causasse interesse entre os homens presentes, ele começou a narrar um episódio, bastante rico em detalhes, envolvendo os índios. Assim, disse Bernardino que nas matas da vila estavam passando duas expedições de "índios guarapuabas", que se correspondiam através de sinais de fogo. Estes grupos não vinham pela estrada, mas pelas matas, pois temiam o encontro com os paulistas. Alguns destes índios já haviam estado nesta vila e também em Cubatão. Agora estavam indo à capital queixar-se ao governo que um dos seus havia sido morto num ataque pelos moradores, que também danificaram sua bagagem. Os indígenas pretendiam trocar seus pertences por um "surtum" e tinham medo das armas dos paulistas. Segundo o denunciante Joaquim Xavier,

> (...) pelas confrontações expedidas, fica demonstrado (a ser tudo verdade) q' não são necessarias tantas medidas conciliatorias, quanto serião precizas para com os Indios totalmente bizonhos, antes se reconhece q' elles he q' temem as tiranias do Povo dos lugares p.r onde passão sem q' lhes bastem os evidentes signaes dessa pacificação, trazendo hum grande numero de mulheres e crianças, e sofrendo com a maior paciencia os assaltos, as pilhagens, e a morte, tendo entretanto já boa confiança na força e proteção

---

[34] ROD-AESP. Faxina: Co1012, anos 1823-1838 (C-217, P-2, D-5, 06/07/1830 e P-2, D-8, 03/09/1830).

do Governo. E quem afiança q' a detenção da viagem desses desgraçados, não seja devida a toda a sorte de perseguições p.a afugentar e desviar de fazerem as suas justas queixas ao Governo.[35]

Frente a estes fatos, que depunham contra a postura dos moradores de Itapeva, ao parecerem aqui como danosos aos índios, outros personagens foram mobilizados a apresentar suas versões sobre a dita expedição dos indígenas. Assim, o próprio Bernardino forneceu diretamente o seu lado da história, tentando primeiramente se esquivar da acusação de que queria matar os índios, pois alegou que dissera isso apenas para fazer graça. No entanto, ele confirmou os outros fatos, fornecendo, inclusive maiores detalhes. Afirmou sobre estes indígenas que compunham as duas escoltas em travessia pelas matas, que haviam roubado roças de milhos e ferramentas de algumas fazendas, segundo relato que ouvira. Por conta disso, foi montada uma escolta de moradores de Guareí, que saiu no encalço dos índios e parou próximo ao abrigo deles. Vindo um deles pegar palmito, atiraram nele e os demais fugiram.

Também outro evento ocorrido com estes índios ilustrou a narrativa de Bernardino. Eles tinham ido à fazenda de Pirituba entregar cera e mantas a um camarada. O camarada não aceitou e, aproximando-se os vizinhos da fazenda, os indígenas retornaram para o mato e desta vez nenhum deles foi atacado.

Por fim, Bernardino relatou que ao contar sobre esses episódios para moradores de Apiaí (vila da 4ª comarca) ficou sabendo que estes índios vinham de Guarapuava e iam se queixar ao governo sobre o indígena que morrera. Além disso, soube que alguns deles sabiam ler e foi alertado por um ajudante de Apiaí para contar essa história a todos que encontrasse, a fim de que não fizessem mal aos índios.[36]

O comandante João de Almeida Leite deu também seu testemunho sobre essa curiosa história. Segundo ele, Bernardino ao contá-la estava apenas querendo se divertir. Disse que estes indígenas em diligência não eram dos mes-

---

35 ROD-AESP. Faxina: C01012, anos 1823-1838 (C-217, P-2, D-6, 12/08/1830).

36 ROD-AESP. Faxina: C01012, anos 1823-1838 (C-217, P-2, D-9, 06/09/1830).

mos que eram prisioneiros na vila. De qualquer forma, se aparecessem por lá, seriam bem tratados.[37]

O juiz de paz de Itapeva, cumprindo com suas funções, prestou contas ao Conselho da Província, dando seu parecer sobre a denúncia feita por Antonio Joaquim Xavier. Para iniciar sua argumentação, fundamentou-se na ideia de que havia pontos falsos e verdadeiros na história contada por Bernardino. Os aspectos improváveis referiam-se ao fato da conversa com o indígena nunca ter existido, segundo havia narrado o ajudante de Apiaí. Ao que se investigou, descobriu-se que essa história foi dita com a finalidade de divertir-se às custas de Bernardino, que acreditou no que lhe foi relatado. De toda forma, este morador de Apiaí jamais poderia ter conversado com o índio que lhe contou das diligências, pois ninguém sabia falar a língua daquele grupo, nem mesmo aqueles indígenas que viviam em Itapeva. Sobre os pontos verdadeiros, a morte do índio que pegava palmito realmente ocorreu, ao ser atingido por uma diligência. Em conclusão, o juiz de paz garantia, assim como o comandante das ordenanças fizera, que, caso aqueles indígenas aparecerem, seriam bem tratados.[38]

Analisar a verossimilhança dessa história, muitas vezes contada de forma a enganar seus ouvintes, é uma tarefa extremamente delicada. Em vez de definir seus aspectos como verdadeiros ou falsos, é interessante perceber que as autoridades locais procuraram apresentar ao Conselho da Província uma versão que não os desabonassem frente ao Conselho como aqueles que maltratavam indígenas. Ao contrário, procuraram averiguar as possíveis agressões praticadas contra eles, além de buscarem garantir bom tratamento em eventuais encontros futuros.

Ao mesmo tempo, o relato de Bernardino, independente de ser falso ou legítimo, amarrou várias histórias relatadas em outros documentos do período (a morte de um indígena que pegava palmitos ou folhas, o encontro dos índios com o camarada de Pirituba, os índios das matas que foram para Cubatão). Ou bem Bernardino apropriou-se destes eventos reais para compor uma ficção, ou sua história não era tão fantasiosa assim.

---

37 ROD-AESP. Faxina: C01012, anos 1823-1838 (C-217, P-2, D-13, 19/09/1830).

38 ROD-AESP. Faxina: C01012, anos 1823-1838 (C-217, P-2, D-14, 19/09/1830).

Um aspecto importante a se notar é a alegação do juiz de paz de Itapeva de que nenhum morador dali nem de Apiaí poderia saber o idioma daqueles indígenas, que se dizia que vinham de Guarapuava. Isso demarca que os moradores daquelas paragens, diferentemente dos paulistas da 5ª comarca, não travavam contato com os kaingangs, o que, em contraste, causaria espanto caso um morador de Itapeva conseguisse comunicar-se com os índios desta etnia.

Prosseguindo nos eventos ocorridos ainda em Itapeva no ano de 1830, o juiz de paz disse que enviara "gentios domésticos" a Itapetininga, conforme fora pedido pelo juiz de paz daquela vila, a fim de que eles servissem de intérpretes aos indígenas que ali haviam aparecido, para serem reduzidos ali.[39]

Aqui se tem a conexão com o episódio ocorrido na fazenda dos irmãos Paulino, mostrando que os índios que foram viver entre os paulistas, tanto em Itapetininga quanto em Itapeva, eram da mesma etnia, ainda que fossem de grupos diferentes. Como se viu acima, que os índios de Itapeva não entendiam, nem mantinham relações com os de Guarapuava, há aqui evidências de serem realmente ou grupos guaranis ou kaiowás que ocupavam os territórios da 4ª comarca àquela época. Segundo os relatos feitos a partir dos anos seguintes, esta identificação seria confirmada, conforme se verá mais à frente. Por enquanto, é relevante perceber que havia contato dos paulistas tanto com os guaranis ou kaiowás quanto com os kaingangs e essas relações davam-se de formas completamente diferentes.

Enfim, frente a todos estes ilustrativos episódios ocorridos nas duas vilas, como se portou o Conselho da Província de São Paulo? Reagiu prontamente aos estímulos, com um dos membros do Conselho, Amaral Gurgel, propondo a criação de uma Sociedade de Catequese e Civilização dos Índios. Essa Sociedade visava responder a algumas demandas, como o atraso da civilização em Guarapuava, os indígenas que apareceram na fazenda dos Paulino e a falta de finanças da província referentes a este tópico: "Estou convencido, que esse hé o meio mais obvio, e eficaz de conseguirmos os resultados, que tanto devemos ambicionar, e que o Ex.mo Conselho exultará de ser o Fundador d'huma Sociedade de tão grande importancia."[40]

---

39 ROD-AESP. Faxina: C01012, anos 1823-1838 (C-217, P-2, D-15, 04/10/1830).

40 Em sessão do Conselho Geral da província de 25 de outubro de 1830 propôs-se a criação da Sociedade. Na sessão do dia 29 do mesmo mês, aprovou-se essa proposta. *Boletim. Op. cit.*, p. 106.

A proposta lançada por Gurgel foi aprovada pelo Conselho alguns dias depois e possuía quatro artigos. O primeiro deles delimitava que a sede da Sociedade, com a única finalidade de promover a catequese e civilização dos indígenas, seria na capital da província. O primeiro artigo também definia que poderiam participar dela pessoas de ambos os sexos, que se prestassem à causa em questão com contribuições pecuniárias ou serviços pessoais. Os demais artigos versavam sobre as normas regimentais, como a composição inicial de uma comissão de seis membros, e a futura elaboração dos estatutos da Sociedade. Curiosamente, a despeito da importância que os membros do Conselho deram à formação dessa Sociedade e os prováveis desdobramentos que sua prática poderia suscitar, não se teve nenhuma referência relevante à entidade em nenhuma das instâncias analisadas por este trabalho.

De qualquer forma, fica registrado aqui mais um passo do Conselho Provincial na tentativa de resolver a questão indígena. Em consonância com esse movimento, outro membro do Conselho, Diogo Feijó, fez um pedido, prontamente aprovado, para que se prestassem contas sobre o estado dos indígenas de São Paulo que estivessem sob cuidado dos particulares.[41]

Em Itapeva rapidamente se respondeu a este questionamento, afirmando haver ali dezesseis índios prisioneiros de guerra, sendo cinco homens e onze mulheres, dentre adultos e crianças, que estavam prestando serviços aos moradores e eram bem tratados. Esta informação não havia sido dada antes, porque os indígenas e seus patrões estavam ausentes, segundo informou uma autoridade da vila.[42]

Foi dito também que estes índios vieram das matas sem agressões e estavam prestando serviços por particulares até quinze anos, sendo que alguns deles haviam sido vendidos. Avisava ainda que dentro deste grupo havia em sua maioria mulheres e crianças, que chegaram ainda novos na vila, pois os homens fugiam e deixavam suas mulheres e crianças para trás.[43] Esse tipo de afirmação, na verdade, mascara o caráter violento das expedições de "contato" com os indígenas, que deixavam de aprisionar também homens dos grupos indígenas, provavelmente

---

41 Sessão do Conselho em 4 de novembro de 1830. *Boletim. Op. cit.*, p. 108.

42 ROD-AESP. Faxina: C01012, anos 1823-1838 (C-217, P-2, D-19, 02/12/1830).

43 ROD-AESP. Faxina: C01012, anos 1823-1838 (C-217, P-2, D-21, 16/12/1830; P-2, D-22 e 22A, 31/12/1830).

armados para expedições de guerra. Essa dificuldade de aprisionamento podia se dar tanto porque muitos guerreiros eram mortos nos conflitos com os paulistas, como pelo fato dos paulistas surpreenderem justamente a parte "frágil" dos grupos indígenas, já que os homens armados encontravam-se em outras expedições. Além disso, evidentemente era mais fácil aprisionar os elementos não guerreiros do grupo, do que enfrentar aqueles que estavam armados, dispostos a ferir e matar.

Com relação à prestação de contas sobre os indígenas pela vila de Itapetininga, em 1831, um capitão informou que havia 65 índios em poder dos Paulino, que estavam sendo assistidos pelos moradores, mas faltava catequizá-los. Havia ainda mais quatro outros indígenas em poder de particulares, com idades entre oito a 20 anos, que foram comprados de terceiros por valores entre 44 a 76 mil réis.[44]

Embora o ano de 1830 tenha sido retratado com um marco na relação entre indígenas e paulistas, que adquiriu uma conotação de alianças efetuadas entre as duas partes (ainda que os brasileiros não apresentassem os índios como protagonistas, mas como coadjuvantes), isso não significa que as guerras tivessem findado.

Dessa forma, em 1831, as desavenças entre os dois lados continuaram em Guareí, em Itapeva, com os índios atacando os animais criados pelos paulistas, dos quais haviam matado seis e ferido sete.[45] Esse processo, de tentativa de alianças com a continuidade dos enfrentamentos, fez com que o pessimismo com relação aos indígenas tomasse conta das autoridades de Itapeva. A Câmara dessa vila, por exemplo, dizia não ser mais possível agraciar os índios com facas, foices e machados, conforme seria o recomendado, porque aqueles que lá apareciam não eram de boa índole. Os indígenas que estavam se relacionando com os moradores da vila eram de uma só "nação", a dos guaianás, a qual não adiantava domesticar, pois estes índios só faziam hostilidades.[46] Também nos campos novos de Rio Claro, outro ponto de conflito, como foi relatado acima, os indígenas continuavam vitimando os animais de criação, tendo ali matado cinco e ferido três com flechas.[47]

---

44 ROD-AESP. Itapetininga: C01054, anos 1822-1833 (C-259, P-2, D-32 e 32A, 24/01/1831).

45 ROD-AESP. Faxina: C01012, anos 1823-1838 (C-217, P-2, D-29, 31/03/1831).

46 ROD-AESP. Faxina: C01012, anos 1823-1838 (C-217, P-2, D-35, 15/10/1831).

47 ROD-AESP. Itapetininga: C01054, anos 1822-1833 (C-259, P-2, D-40, 08/05/1831).

Assim, reiterava-se a noção de que os kaingangs (como já discutido, também denominados pelos paulistas de guaianás, goianãs etc.) eram um povo intratável, cuja aliança e submissão aos brancos era de extrema dificuldade. Logicamente que, independente de uma questão de "caráter" ou "índole", o que se depreende sobre o comportamento dos kaingangs é que eles se postavam contrários à expansão por seu território, rechaçando a ocupação e as estratégias paulistas.

No entanto, as autoridades provinciais não encampavam totalmente o discurso produzido pelos dirigentes locais. Procuravam, por seu lado, não acusar somente os indígenas sobre o atraso do processo de sua "pacificação", mas também os próprios agentes desse processo.

> A Camara de Itapeva reprezenta o nenhum proveito que se pode tirar dos prezentes e caricias feitas aos Indios sobre os Indios selvagens daquelle territorio por não haverem domesticos daquella Nação, e nem terem Commercio algum com as Povoações. He o meu parecer que apesar das duvidas propostas em que mostrão nenhum desejo de os afagar talves pelo inveterado costume em que estão de os captivarem p.r força, e carnissaria o q' os tem feito cada vez mais feroses, que se remetta em pequena porção os generos apontados de q' mais gostão e se recomende apliquem todas as diligencias para a catequese.[48]

De toda forma, havia também um problema na execução destes projetos de civilização dos indígenas. O caso dos ajudantes Paulino da vila de Itapetininga, ocorrido em julho de 1830, ainda rendia desdobramentos, indicando o quanto era complicado o funcionamento da máquina administrativa, expresso através da falta de assistência do centro da província às regiões mais distantes de seu território. Assim, Paulino Aires reclamava em março de 1831 que ainda não havia sido ressarcido dos gastos diários feitos com os índios que viviam em sua fazenda e que assim não poderia continuar. Paulino apelou até para que a recém-fundada Sociedade de Catequese e Civilização dos Índios interferisse a fim de que seu trabalho não se perdesse.[49]

---

48 Sessão do Conselho Geral em 12 de dezembro de 1831. *Boletim. Op. cit.*, p. 196-197.

49 ROD-AESP. Itapetininga: C01054, anos 1822-1833 (C-259, P-2, D-37, 08/03/1831).

O Conselho Geral, quase um ano depois desse pedido, deliberou que a restituição dos gastos efetuados pelos Paulino só seriam pagos após minuciosa prestação de contas. Além disso, os ajudantes de Itapetininga deveriam fazer uma previsão dos gastos futuros.[50] De todo modo, era um tanto quanto estranho que estas contas pormenorizadas ainda não tivessem chegado às mãos das autoridades provinciais, pois já em agosto de 1830 os Paulino tinham os primeiros gastos anotados.

Assim mesmo, Paulino Aires não se fez de rogado e prontamente apresentou seus gastos atualizados, afirmando que suas despesas com os indígenas totalizavam pouco mais de um conto e 200 mil réis. Como quantia anual, o ajudante pedia 300 mil réis para "algua reforma do vestuario salario aos goardas que a contenhão, toucinho, sal, polvora e xumbo para cassar, visto que os mesmos Indios em suas enfermidades não aseitão outro sustento senão a cassa, pois que dos mais viveres para sustentação dos mesmos já delles não neçessitão por estarem providos com suas plantaçoens." Por fim, informava ainda que havia prestado ajuda ao juiz de paz de Itapeva, mandando uma porção dos índios que viviam com ele para auxiliar no trato àqueles indígenas que haviam aparecido em Guareí.[51]

É interessante ver como as posições se inverteram: agora Itapetininga fornecia índios pacificados para tratar com os que haviam chegado recentemente em Itapeva. De todo modo, este trânsito dos indígenas em contato de uma vila para outra coloca o fato de que todos eles seriam da mesma etnia que, conforme visto, não eram dos "selvagens guaianás", ou seja, kaingangs.

As descrições feitas em março de 1832 pelo sargento-mor de Itapeva, João de Almeida Leite, em cuja fazenda um grande grupo apareceu disposto a se aliar, traz mais alguns elementos para os identificar como kaiowás. Este comandante havia feito uma entrada, estabelecendo contato com 66 indígenas. Percebe-se aqui a diferença do tipo de entrada realizada por ele, de "contato" com os índios, diferentemente das entradas realizadas alguns anos antes, que resultavam em capturas de vários indivíduos e grupos, além de expulsá-los das matas, ou até mesmo matá-los.

---

50 Sessão do Conselho em 05 de fevereiro de 1832. *Boletim. Op. cit.*, p. 203-204.

51 ROD-AESP. Itapetininga: C01054, anos 1822-1833 (C-259, P-2, D-57 e 57A, 16/03/1832 e P-2, D-61, 07/05/1832).

Assim, depois da realização da entrada de Almeida Leite, juntaram-se mais 51 indígenas aos primeiros 66, totalizando 117 indivíduos, que segundo o comandante era gente moça e apta para o trabalho. Entre eles, havia uma mulher de diferente "nação", que aqueles índios não quiseram entre eles e nem lhes entendiam a fala. Esta índia ficou aos cuidados de uma moradora da vila. Os demais eram da "nação botocuda, que tem o beiço de baixo furado". Essa característica que fez com que o comandante descrevesse este grupo como botocudo remete-se muito provavelmente aos enfeites usados pelos homens kaiowás, uma resina cilíndrica usada no lábio inferior, denominada tembetá.

O comandante Almeida Leite registrou ainda que haviam chegado os "línguas" de Itapetininga, para reduzir os índios que vieram em sua fazenda e que ele já gastara 30 mil réis em fazendas e precisava de mais baeta. Todas essas ações, segundo ele, foram em prol da nação brasileira.[52]

No entanto, algumas semanas depois, 115 destes indígenas (visto que uma guaianá havia ficado em poder de particular e outro havia morrido) foram encaminhados para a vila de Itapetininga.[53] Paulino Aires, ajudante que possuía indígenas em sua fazenda, relatou que o líder dos índios de Itapeva pediu para recolher seu grupo junto àqueles que lá estavam. Ele não o dissuadiu disso, mas se queixou às autoridades provinciais que não teria como fazê-lo. Este era um fato lamentável, segundo Paulino, pois o chefe dissera que havia outro líder nas matas com igual número de indígenas, disposto a vir também. Pedia-se uma posição do Conselho Provincial sobre este problema.[54] Ao que parece, este demanda não foi de pronto respondida e faltava verba para a assistência aos indígenas que deveriam ser "civilizados".

A Câmara de Itapetininga reiterou a posição dos Paulino, lamentando o estado em que se encontravam os índios. Afirmava que a situação era calamitosa, que muitos indígenas haviam chegado e que foram abandonados, morrendo miseravelmente. Os irmãos Paulino não tinham sido ainda ressarcidos, por isso não

---

52 ROD-AESP. Faxina: C01012, anos 1823-1838 (C-217, P-2, D-55, 08/03/1832).

53 ROD-AESP. Faxina: C01012, anos 1823-1838 (C-217, P-2, D-48, 28/03/1832).

54 ROD-AESP. Itapetininga: C01054, anos 1822-1833 (C-259, P-2, 29/05/1832).

dariam mais nada em prol dessa causa. A Câmara, de toda forma, propunha-se a fazer uma subscrição com os moradores para arrecadação de dinheiro.

> A Camera Municipal d'esta Villa commovida da mizeravel consternação em que se achão os Indios selvagens q' pela Divina providencia a dous annos a esta parte tem procurado em boa Paz a nossa União, amizade denotando sua redução ao gremio da nossa Santa Fé e Religião, estes miseráveis achão-se na maior mizeria poçivel a morrerem desgraçadamente sem socorro algum tanto de remedios espirituais como corporaes p.r q' não havendo quem os trate e lhes administre aquellas necessidades de q' urgem acabão a maior parte destes infelizmente na ultima mizeria poçivel por cujo motivo o restante delles já se achão apartados com grandes desgostos e sentimentos para voltarem a seus alojamentos segundo as demonstraçoes que aprezentão.[55]

Sobre os 115 índios que vieram em março de 1832 na fazenda de Pedro de Almeida Leite e queriam ir viver junto com os de Paulino, não se soube mais. Em novembro desse mesmo ano, surgiu outro grupo na fazenda de Almeida Leite, o que demonstra que este sargento parecia aos índios como um elemento confiável para o estabelecimento de alianças. O segundo encontro se deu da seguinte maneira: na ausência de Almeida Leite, os moradores adentraram o terreno de sua fazenda, tática que se assemelha à praticada alguns anos antes em Pirituba. A mulher do comandante prontamente foi ao encontro dos índios, que solicitaram machados, roupas, facas, foices, entregando em troca uma porção de cera que haviam trazido. A esposa de Almeida Leite aceitou a cera e ofereceu ao grupo algumas roupas e machados. Pediu, ainda, que eles esperassem para ganhar mais coisas. Os indígenas, no entanto, disseram que deveriam encontrar com os outros e voltaram à mata. Conseguiu-se identificar estes como do mesmo grupo daqueles que estavam com os do Paulino.[56]

---

55 ROD-AESP. Itapetininga: C01054, anos 1822-1833 (C-259, P-2, D-66, 21/06/1832).

56 ROD-AESP. Itapetininga: C01054, anos 1822-1833 (C-259, P-2, D-77, 21/11/1832). Faxina: C01012, anos 1823-1838 (C-217, P-2, D-64, 26/11/1832).

Com relação aos gastos, a situação continuava delicada. Também o comandante Almeida Leite teve problemas para ser ressarcido. Ele informou em maio de 1832 que já havia gasto 115 mil réis com artefatos para os índios.[57] Destes gastos, somente 93 mil foram efetuados por um morador que forneceu ao comandante tecidos, facas e congêneres, pólvora e chumbo.[58] No final de 1832, Almeida Leite reiterou a necessidade da Câmara repassar a ele os 100 mil réis para catequese e civilização dos indígenas, que ele gastara em fazendas para o vestuário deles.[59] A Câmara de Itapeva, cobrada pelo Conselho para assistir a este morador conforme o devido, respondeu que depositara os 100 mil para comércio com os índios no decorrer do mesmo mês.[60]

Apesar dos indígenas que buscaram aliar-se e estabelecer relações amistosas com os paulistas, como o caso dos Paulino e de Pedro de Almeida Leite, esta não era uma situação estável. Outros grupos indígenas da mesma etnia, ou até de outra, como os kaingang, não tinham a mesma postura. Além disso, o fato das expectativas dos índios, que se reduziram junto aos paulistas, não terem sido satisfeitas, fez com que muitos deles desistissem de ali viver.

Dessa forma, novamente os paulistas frustraram suas ideias com relação às possibilidades de civilizarem os índios, ao perceberem que eles não se sujeitariam tão facilmente. Em janeiro de 1833, outro grupo apareceu em Paranapanema, causando distúrbios entre os moradores e querendo incitar os índios que viviam com os Paulino. O juiz de paz de Itapetininga, temendo consequências funestas para os fins de controle desse grupo, mandou distribuir os dos Paulino entre os habitantes da vila, devendo ficar incumbidos de os catequizarem. Por sua vez, os indígenas recém-chegados fizeram "grandes roubos em aquellas vizinhanças e tão bem me conta que a mor parte estão fugindo a se reunirem com aquelles que estão acoitados; e prometem fazer grandes desturbios de mortandades, e tendo eu procurado a ver se reduzia aquelles gentios para virem se juntar com estes, mas antes os ditos gentios tem reduzido os que estão se cathequizando a fugirem

---

57 ROD-AESP. Faxina: C01012, anos 1823-1838 (C-217, P-2, D-57, 58 e 59, 25/05/1832).

58 ROD-AESP. Faxina: C01012, anos 1823-1838 (C-217, P-2, D-50, 26/04/1832).

59 ROD-AESP. Faxina: C01012, anos 1823-1838 (C-217, P-2, D-65, 1º/12/1832).

60 ROD-AESP. Faxina: C01012, anos 1822-1838 (C-217, P-2, D-14, 04/03/1833).

como de facto já tem fugido huma porção, e os que aqui estão nas ditas mattas se achão todos armados."[61] No mesmo período, em Itapeva, a situação parecia mais controlada. Lá os moradores se ofereceram para ajudar o comandante Almeida Leite com os indígenas que apareceram na sua fazenda e que prometeram voltar. Eles ainda não haviam regressado, conforme disseram, mas tão logo o fizessem, seriam bem tratados naquela vila.[62] De fato, dois meses depois, em março de 1833, os indígenas passaram a vir periodicamente às dependências da fazenda do comandante Leite, estabelecendo comércio com os moradores, trocando a cera e o mel que traziam por ferramentas e fazendas de tecido fornecidas pelos paulistas. O juiz de paz Jerônimo Paes de Almeida informou que os moradores estavam assistindo os visitantes através de uma subscrição e que seria adequado que o presidente da província dispusesse uma verba para melhor socorrer os índios. Estes, segundo Jerônimo Paes, eram em número de quatorze e em breve voltariam com um grupo bem maior, que já se encontrava em alojamento próximo da vila.[63] Em junho de 1833, a Câmara de Itapeva corrigiu uma informação passada anteriormente ao Conselho Geral: não foram 114 indígenas que apareceram na fazenda de Almeida Leite, mas quatorze, sendo que destes, oito vieram até a vila.[64]

Apesar da aparente situação de amizade com os índios, a situação para os moradores da 4ª comarca estava longe de representar um cenário pacífico. Assim, para os intentos de realizar a colonização daquelas terras por "capitalistas", lavradores e artistas estrangeiros, não havia terrenos em volta da vila disponíveis. Os que existiam, estavam localizados quatorze a dezesseis léguas além, depois dos sertões de Paranapanema e Taquari e eram locais inabitáveis, por serem morada dos "índios bravos", segundo informou a Câmara de Itapeva em setembro de 1833.[65] Também em Itapetininga, a exis-

---

61 ROD-AESP. Itapetininga: C01054, anos 1822-1833 (C-259, P-2, D-84A, 28/01/1833).

62 ROD-AESP. Faxina: C01012, anos 1823-1838 (C-217, P-2, D-70, 26/01/1833).

63 ROD-AESP. Faxina: C01012, anos 1823-1838 (C-217, P-2, D-74, 28/03/1833).

64 ROD-AESP. Faxina: C01012, anos 1823-1838 (C-217, P-2, D-81, 15/06/1833).

65 ROD-AESP. Faxina: C01012, anos 1823-1838 (C-217, P-3, D-01, 19/09/1833).

tência de terrenos devolutos era problemática, pois os que havia, ao sul, entre os sertões do rio Tietê e a estrada das Missões, eram "infestados de índios selvagens".[66]

O desenrolar dos fatos relativos aos indígenas visitantes da fazenda de João de Almeida Leite descambou para um fato nem um pouco novo: a precariedade de recursos, conforme relatou em junho de 1834. Estes índios vinham constantemente à sua fazenda, pedindo roupas, mantimentos e ferramentas. No entanto, ele não os podia atender e isso era ruim, pois os índios iam embora descontentes. Mais do que a alegada tristeza destes povos, o que preocupava o comandante Almeida Leite é que eles deixariam de ajudar na proteção da vila contra os assaltos dos "índios bravos" do sertão.[67]

Também em Guareí os índios começaram a aparecer pacificamente, trocando bens com os paulistas, a quem solicitavam vestuário e ferramentas. A Câmara de Itapeva reclamava ao Conselho Geral para responder a respeito destes gastos, pois o que se adquirira ainda não fora pago.[68]

Alguns meses depois, em dezembro de 1834, o insistente João de Almeida Leite tornou a avisar às autoridades provinciais, desta vez através da Assembleia Legislativa Provincial, que dispusessem dinheiro para o fim da catequese dos indígenas. Para ele, os índios poderiam se tornar trabalhadores e concidadãos da nação, algo que Guarapuava ainda não havia feito. Sua fazenda, por sua vez, funcionava como uma espécie de aquartelamento, em que os aliados botocudos funcionavam como uma guarda avançada contra os inimigos guaianãs. Os índios aliados traziam cera e couro para trocarem por ferramentas. Acabavam levando também sementes, o que resultou que estivessem cultivando roças às margens do rio Taquari. Os problemas que ocorriam na relação com os índios eram gerados pela falta de recursos, pois quando acabavam as ferramentas, os índios negociavam com estranhos e acabavam enganados.[69]

De todo modo, esses eventos ocorridos nos confins do território paulista chegavam às autoridades provinciais. Assim, em 1835, a Assembleia Provincial tinha

---

66 ROD-AESP. Itapetininga: Co1055, anos 1834-1840 (C-260, P-2, D-3A, 21/02/1834).

67 ROD-AESP. Faxina: Co1012, anos 1823-1838 (C-217, P-3, D-10, 07/05/1834).

68 ROD-AESP. Faxina: Co1012, anos 1823-1838 (C-217, P-3, D-19, 24/10/1834).

69 ROD-AESP Faxina: Co1012, anos 1823-1838 (C-217, P-3, D-20, 10/12/1834).

uma ideia de que o aldeamento de Guarapuava estava estagnado e o contato com os indígenas em Faxina vinha rendendo frutos. Além disso, frisava a necessidade de se estabelecer um regulamento para os índios, ainda que não tenha tomado nenhuma medida para encaminhar sua elaboração.

> Julgo indispensavel um Regulamento peculiar para se regerem os indigenas, que entram de novo no estado de sociedade, porquanto além do que a experiencia tem mostrado e o estado de Guarapuava o attesta, as leis geraes não são bastantes para dirigirem homens com habitos tão differentes e poucas necessidades, mas somente a outros, que conhecem seus direitos, e tem pelo menos alguma noção de seus deveres.[70]

Com relação ao papel da Assembleia Legislativa Provincial, conforme se viu na primeira parte do livro, passou a haver um orçamento com receitas e despesas geradas no interior de cada província do Império para custear as suas várias demandas. Dentre essas demandas, a catequese e civilização dos indígenas passou a constar do orçamento, segundo se pode acompanhar pelo Quadro 6 abaixo.

---

70 Sessão da Assembleia Legislativa Provincial de São Paulo em 02 de fevereiro de 1835. *Annaes da Assembléa Legislativa Provincial de S. Paulo*. 1835-1836. São Paulo, Secção de Obras d' "O Estado de S. Paulo", 1926 , p. 16

Quadro 6
Orçamento provincial para catequese e civilização dos indígenas em São Paulo

Ano	valor em réis
1835	2:700$000 RS.
1836	2:700$000 RS.
1837	3:000$000 RS.
1838	3:000$000 RS.
1839	3:000$000 RS.
1840	3:000$000 RS.
1841	3:000$000 RS.
1842	4:000$000 RS.
1843	4:000$000 RS.
1844	5:000$000 RS.
1845	5:000$000 RS.

[Conforme o Quadro 2 (apresentado no capítulo 2), entre os anos de 1830 a 1833 o Império destinou para a catequese e civilização dos indígenas da província de São Paulo 3 contos e 73 mil réis, 3 contos, 4 contos e 3 contos e 400 mil réis em cada ano, sequencialmente.]

Fonte: *Annaes da Assembléa Legislativa Provincial de S. Paulo*. 1835-1845. São Paulo; Secção de Obras d' "O Estado de S. Paulo", 1923, p. 26.

Como o orçamento do Império para a catequese em São Paulo anteriormente havia variado entre 3 e 4 contos, pode-se notar que o orçamento provincial a partir de 1835 sofreu um discreto recuo, chegando à casa dos 2 contos e 700 mil réis dessa data até o ano seguinte. Ao mesmo tempo, há que se notar que nos dez anos do orçamento provincial analisados por esta pesquisa, a dotação para a catequese e civilização dos índios praticamente dobrou. Isso permite inferir, através de uma análise imediata, um maior interesse da administração pública em resolver o problema dos indígenas em território nacional, processo este que se refletiu também no centro do Império a partir de 1843 com um orçamento geral de 16 contos para ser repartido entre as províncias que teriam que lidar com a questão indígena. São Paulo era uma delas, conforme se pode continuar acompanhando, através de outros eventos ocorridos no final do período analisado, percebendo-se que dificilmente essa relação tensa e conflituosa seria resolvida de forma rápida.

Uma série de episódios bastante interessantes sobre o estreitamento das relações entre os dois mundos ocorreu na vila de Iguape, da 6ª comarca, que fazia limite ao norte com Itapetininga e ao noroeste com Itapeva. Às margens do rio Itariri, em fevereiro de 1835, três paulistas que caçavam foram atingidos por flechas dos índios.[71] A partir deste evento, as autoridades da vila já estavam providenciando a montagem de uma diligência com quinze guardas nacionais.

No entanto, dois meses depois, uma escolta bem maior foi formada, com 38 guardas nacionais. Apesar dessa grande mobilização, a expedição não obteve grandes êxitos. Os soldados encontraram nas matas três crianças indígenas e passaram a segui-las. Com isso, caíram numa emboscada dos índios, sofrendo ataque de flechas. Os paulistas revidaram com tiros, o que serviu para espantar seus inimigos, que se colocaram numa rota de fuga. Essa rota também foi trilhada pelos paulistas e quando estavam quase chegando junto aos indígenas, um temporal desabou e a tropa foi obrigada a recuar.[72]

Durante meses as expedições se seguiram, tendo sido dirigidas para as margens do Itariri, onde estes indígenas haviam sido encontrados. No entanto, como se poderia prever, faltava experiência neste tipo de evento aos moradores de Iguape. Acompanhando as descrições feitas por essa pesquisa, nota-se que até aquela data não haviam sido registrados contatos com indígenas nessa região. Esse fato permite inferir que os índios que ali surgiram eram kaiowás, migrando do território onde viviam, próximo ao sul-matogrossense, em busca por novas terras ou por sua salvação mítica na desejada "terra sem mal".[73]

De qualquer forma, os moradores de Iguape estavam alheios à lógica indígena e queriam encontrar e controlar esses povos que a eles pareceram tão ameaçadores. As autoridades da vila, como o capitão da Guarda Nacional, pediram instruções de como proceder com os índios, solicitando o envio de verba provincial e que se

---

71 ROD-AESP. Iguape, C01039, anos 1832-1838 (C-244, P-2, D-24, D-24A e D-24B, de 01/02/1835 a 11/02/1835; D-23A, 23/02/1835).

72 ROD-AESP. Iguape: C01039, anos 1832-1838 (C-244, P-2, D-24D, 13/03/1835).

73 Este fato é notado por Kimyie Tommasino, op. cit., p. 97-107.

remetessem também auxiliares para essa empreitada, como bugreiros da vila de Xiririca (6ª comarca) e um índio "língua" de Itapetininga.[74] Finalmente, em agosto de 1835, seis meses após aqueles moradores terem sido feridos pelos indígenas, os paulistas conseguiram encontrar com eles, que foram reduzidos com "felicidade", segundo as autoridades de Iguape, tendo sido auxiliados nessa tarefa pelo "índio manso" vindo de Itapetininga.[75]

O número dos índios reduzido foi de 34, que tão logo chegaram a Iguape, foram distribuídos pelo tenente da expedição entre os moradores, depois de serem separados em sete famílias.[76] No entanto, essa solução não surtiu o efeito desejado pelas autoridades, pois houve um desentendimento entre um morador e o grupo de indígenas que ficou sujeito a ele.[77] O morador em questão reclamou das condições, dizendo que os índios não eram produtivos, pois estavam sempre doentes e eram muito preguiçosos. Os indígenas, por sua vez, não satisfeitos em terem que trabalhar para um particular, abandonaram a casa deste homem e foram se alojar no quartel da vila. Já o juiz de órfãos apontava que a causa dos problemas era o "língua" de Itapetininga, que ficava mal aconselhando aqueles que inicialmente ajudara a reduzir. Urgia mandar esse intérprete de volta a Itapetininga. Além disso, dizia que não era possível sustentar mais os índios no quartel.

O total de gastos feitos pela Câmara de Iguape foi de 391 mil réis, computados até maio de 1836, quase um ano depois da chegada índios à vila.[78] Não se acharam mais relatos sobre a convivência deste grupo de indígenas com os moradores de Iguape, o que se faz supor que não chegaram novos contingentes para se juntar aos que estavam alojados na vila, pelo menos até o ano de 1843, como se verá

---

74 ROD-AESP. Iguape: C01039, anos 1832-1838 (C-244, P-2, D-23, 10/03/1835; P-2, D-26, 20/03/1835; P-2, D-30, 07/05/1835; P-2, D-32, 27/05/1835; P-2, D-42, 14/07/1835; P-2, D-42A, 15/07/1835; P-2, D-44A,10/08/1835).

75 ROD-AESP. Iguape: C01039, anos 1832-1838 (C-244, P-2, D-44, 15/08/1835).

76 ROD-AESP. Iguape: C01039, anos 1832-1838 (C-244, P-2, D-45, 17/08/1835 e P-2, D-54, 26/11/1835).

77 ROD-AESP. Iguape: C01039, anos 1832-1838 (C-244, P-2, D-54 e D-54A, 26/11/1835; D-54B, 25/11/1835; D-54C, 25/10/1835).

78 ROD-AESP. Iguape: C01039, anos 1832-1838 (C-244, P-2, D-102A, 25/05/1836).

mais à frente. Os que estavam em Iguape, por sua vez, não causaram maiores transtornos às autoridades de lá.

Nas outras vilas paulistas, alguns eventos envolvendo os índios foram registrados de maneira cada vez mais esporádica. Assim, em fevereiro de 1836 apareceu um escravo morto na serra de Itapetininga e atribui-se esta morte a algum dos "gentios".[79] Já em Itapeva, alguns meses depois, foram achadas algumas ruínas de armas antigas, que ao que parece haviam sido usadas nos "assaltos aos gentios".[80] Cinco anos depois, encontraram-se novas ruínas desse tipo de armas na mesma vila.[81] Já no ano seguinte, em junho de 1837, os moradores do distante bairro de Guareí continuavam incomodados, pois os indígenas estavam tomando conta das plantações, fazendo emboscadas e tornando suscetíveis os moradores pobres de lá, após terem matado um escravo. Os fazendeiros e os tropeiros que ali se arrancharam pediam providências à Assembleia Provincial, pois não podiam aceitar aquelas ameaças a seus bens e propriedades.[82]

Em outubro do mesmo ano de 1837, como a Assembleia pedira informações sobre a quantidade de indígenas existentes na vila de Itapeva, chegou-se ao número de 150 pessoas, após a colaboração de um chefe indígena, que forneceu este número. Além disso, sobre o melhor lugar para se fazer um aldeamento dos mesmos, recomendou-se a barra do rio Taquari com o rio Paranapanema, região que tentou ser ocupada antes e que deveria agora funcionar para a instalação dos índios, no caminho que ia para as Missões. A partir dessa instalação, começariam a vir os "povoadores", o que demonstra a desqualificação da ocupação e da povoação antes efetuada pelos povos indígenas, nas regiões denominadas como "matas" e "sertões".[83] Depois de instalado o aldeamento, poderiam vir "povoadores".

---

79 ROD-AESP. Itapetininga: C01055, anos 1834-1840 (C-260, P-1, D-63, 29/02/1836).

80 ROD-AESP. Faxina: C01012, anos 1823-1838 (C-217, P-3, D-63, 04/05/1836).

81 ROD-AESP. Faxina: C01013, anos 1839-1850 (C-218, P-2, D-6, 17/06/1841).

82 ROD-AESP. Itapetininga: C01055, anos 1834-1840 (C-260, P-2, D-7A, 12/06/1837).

83 "Predominava no sertão uma paisagem transformada pelo cotidiano indígena, com o seu ritmo e processo de alteração determinados pelas sociedades tribais. Refletia os seus diversos modos de viver, de se comunicarem e de relacionarem com a natureza. Nessas terras com limites fluidos,

> O cap.m delles que he hum dos mais civilizados, foi com quem tratei, communicando-lhe a deliberação da Assemblea, e o que V. Ex.a determinava, com efeito deu provas de m.ta satisfação, apesar de que elles já não dão m.to credito as promessas porque essas tem sido por vezes reiterada e resultado nada, e elles a m.tos annos continuando na m.ma desgracia; este foi o que me deu o numero de cento e sincoente entre grandes e pequenos, que existem neste termo, contando familia por familia, além de huá porção delles q' estão p.r lado da Ribeira.[84]

O processo de definição do local para a instalação de um aldeamento na região de Itapeva prosseguiria nos anos seguintes, não resultando numa resolução imediata. Assim, formou-se em janeiro de 1838 uma comissão com dois membros para acompanhar uma expedição que deveria encontrar com indígenas, feita pelo cônego Jerônimo Paes de Almeida. Os índios, no entanto, foram para o rio Itararé e a comissão foi para o rio Taquari, o que resultou no malogro da expedição. Jerônimo Paes vinha batizando alguns destes indígenas, o que indicava um caminho para a sua civilização, segundo a visão dos membros da Câmara de Itapeva. Além disso, a melhor tática era presentear os índios "dóceis" com os bens de que necessitavam, pois eles eram muito desconfiados e não queriam aceitar prontamente viver no aldeamento. Estes índios, representados como dóceis, eram necessários para evitar os assaltos dos goianazes a Guareí, marcando-se aqui novamente que os kaingangs eram quem "causavam estragos" nos bairros

---

> muitas vezes já temporariamente penetradas, eles tinham a liberdade de perambular e de decidir se iam de encontro com o branco para lutar, trocar, ou o evitavam como muitos grupos fizeram até quase a atualidade. Espaço reconhecido na prática do confronto de duas sociedades, era o local onde o índio não estava subjugado ao 'branco', por uma lei, pela escravidão, pela aculturação, onde o Kaingang tinha a autonomia de estabelecer-se próximo das araucárias e guerrear com seus inimigos históricos, os Guarani. Nessa paisagem, possivelmente o índio conseguisse distinguir vestígios de ações pretéritas. A necessidade que os cronistas tinham de caracterizar o sertão como uma natureza primitiva foi um meio de negar a sua historicidade." Correa, op. cit., p. 126-127.

84 ROD-AESP. Faxina: C01012, anos 1823-1838 (C-217, P-4, D-8, 20/10/1837).

distantes da 4ª comarca, ao passo que os outros, os "botocudos" aceitavam relacionar-se de maneira menos agressiva com os nacionais.[85] Em 1839, o presidente da província Venâncio José Lisboa adotou uma postura que estava ganhando cada vez mais adeptos em várias instâncias políticas e intelectuais do Império brasileiro: a via religiosa para chegar à pretendida civilização dos indígenas. Assim, o presidente exortava as ordens religiosas em São Paulo a administrarem suas propriedades, que estavam abandonadas. Além disso,

> Outra vantagem mui digna de vossa attenção se conseguiria com a referida medida; tal é a de haverem pessoas que podessem ter empregados na cathequese e civilisação dos indigenas, sendo certo que o total abandono em que se acha este tão importante ramo da publica administração, é quasi todo devido á falta de pessoas que, animadas de um espirito verdadeiramente religioso e possuindo as qualidades necessarias, possam ser incumbidas de uma tão ardua quanto santa missão, para a qual a experiencia assaz tem demonstrado ser o clero regular o mais proprio.[86]

Os episódios envolvendo os indígenas e os paulistas foram perdendo espaço neste período, talvez porque efetivamente houvesse um recuo de um ou de ambos os lados, ou porque estes eventos não foram documentados. Apenas um pequeno vestígio apareceu em 1839, referindo-se a um capitão morto pelos índios em Itapetininga, embora se frisasse que eles não vinham "assaltando" mais as fazendas localizadas no "sertão perto dos índios".[87]

Já no nível provincial, apareceu novamente a preocupação reiterada da principal autoridade paulista em 1841, Rafael Tobias de Aguiar, apontando a falta de uma pessoa habilitada para a civilização dos indígenas. Em Guarapuava, a situação era tão precária sob a ótica dos paulistas, que o comandante não tinha como

---

85 ROD-AESP. Faxina: C01012, anos 1823-1838 (C-217, P-4, D-25, 18/01/1838; P-4, D-27, 20/01/1838 e P-4, D-49, 21/04/1838).

86 Discurso do presidente da província em 07 de janeiro de 1839. *Annaes da Assembléa Legislativa Provincial de S. Paulo*. 1838-1839. São Paulo: Typographia Piratininga, 1923, p. 229.

87 ROD-AESP. Faxina: C01013, anos 1839-1850 (C-218, P-1, D-35, 28/10/1839).

mandar alguém para aqueles lugares ameaçados. Ao mesmo tempo, havia também o recorrente pedido para se fazer uma legislação geral para o trato dos índios por parte das autoridades do Império: "Também não concorre menos para o atrazo da cathequese a falta de uma legislação especial e apropriada; porquanto é indubitavel que homens semi-barbaros não podem ser regidos pelas leis dos póvos cultos."[88]

A partir desse ponto da década de 1840 iria assistir-se ao desenho de uma política imperial (tanto nacional, quanto provincial) que projetava os religiosos, especialmente os estrangeiros, como mais adequados para a efetiva civilização dos índios, fato que não vinha se realizando ainda em vários pontos do Império, como em Guarapuava, devido à ineficiência dos agentes empregados. Ao mesmo tempo, a figura do Barão de Antonina, o fazendeiro e comerciante João da Silva Machado, foi o melhor exemplo de uma prática mais afável de contato e tentativa de controle dos indígenas, mas que na verdade, não era um procedimento novo, conforme se viu anteriormente.

Os irmãos Paulino, o comandante João de Almeida Leite, dentre outros, foram agentes, desde a década de 1830, de posturas de instalação dos índios em suas terras, com vistas a buscar a sua conversão. A notoriedade do Barão de Antonina deveu-se em primeiro lugar ao espaço político e intelectual que teve dentro do Império à sua época, rompendo os limites do espaço paulista, tendo ganhado destaque político após ter ajudado a debelar a chamada Revolução Liberal de 1842 em São Paulo. Depois disso, teve diversos âmbitos de atuação, tendo sido nobilitado barão, tornando-se membro do IHGB, publicando em suas revistas relatos de expedições sobre matas e indígenas ainda não controlados pelos nacionais, a partir da década de 1840, tendo também sido senador.[89] Além disso, Antonina foi símbolo de um projeto de Estado que, em relação aos indígenas, foi sintetizado através do "Regulamento acerca das missões de catequese dos índios" de 24/06/1845, conforme visto no capítulo 3.

---

88 Fala do presidente da província em 07 de janeiro de 1841. *Annaes da Assembléa Legislativa Provincial de S. Paulo*. 1840-1841. São Paulo: Typographia Piratininga, 1923, p. 377.

89 Maria Cristina Cortez Wissenbach. "Desbravamento e catequese na constituição da nação brasileira: as expedições do Barão de Antonina no Brasil meridional". In: *Revista Brasileira de História*. São Paulo, vol. 15, n. 30, 1995, p. 140; Amoroso. *Catequese e evasão, op. cit.*, p. 56-60; Tommasino, *op. cit.*, p. 97-107.

Esse movimento pela resolução da questão indígena na década de 1840 estava na pauta política do Império, nas discussões intelectuais, nas medidas tomadas no âmbito provincial e na prática de alguns moradores das vilas aqui estudadas. Assim, em 1842, o presidente da província Miguel de Souza Mello Alvim comunicou que enviara um conto de réis para Palmas, a fim de que ali fosse instalado um aldeamento. Também indicava que uma boa solução para os problemas enfrentados com relação aos indígenas seria trazer da Europa alguns religiosos para lá e Guarapuava, já que os corpos de Permanentes não eram suficientes para proteger os moradores de Palmas, nem evitar os ataques e assassinatos praticados pelos indígenas contra os viandantes da Estrada da Mata.[90] É notório que a noção de que os índios assassinavam, recorrente ao longo deste capítulo, mostrava esse fato como uma via de mão única, ou seja, os moradores e o Estado tinham que se armar para enfrentar estes inimigos, mas se referiam à "proteção" e não a "assassinato", que era o que efetivamente também praticavam contra os índios.

No decorrer dos anos, a tentativa da conquista dos indígenas também foi expressa através do avanço sob suas terras, que foi implementado com a autorização para que se vendessem a particulares terrenos antes destinados à colonização e habitação dos índios, conforme emenda aprovada no orçamento provincial de 1843.[91] Ainda em 1843, outro ponto que merece destaque foi a volta dos índios indômitos na vila de Iguape, que começaram a transitar pelas propriedades dos moradores, levando de lá alguns objetos. Prontamente a Guarda Nacional da vila montou diligências, cujo fim justificado foi a catequese desses povos.[92]

A expansão das propriedades de João da Silva Machado merece um destaque maior, pela repercussão que teve. Segundo sintetizou Wissenbach, o futuro Barão de Antonina fez fortuna como comerciante de gados em Sorocaba, sendo originário da província de Rio Grande de São Pedro. Através de laços familiares, projetou-se como membro da elite paulista, obtendo espaço junto ao aparato político/institucional do

---

90 Fala do presidente da província em 07 de janeiro de 1842. *Annaes da Assembléa Legislativa Provincial de S. Paulo*. 1842-1843. São Paulo: Typographia Piratininga, s. d., p. 106/7.

91 Sessão da Assembleia provincial em 02 de março de1843. *Annaes da Assembléa Legislativa Provincial de S. Paulo. Op. cit.*, p. 504-505.

92 ROD-AESP. Iguape: C01040, anos 1839-1843 (C-245, P-3, D-84, 12/09/1843).

Império brasileiro.[93] Suas pretensões de conquista territorial, a fim de expandir seus negócios, atrelado ao discurso do progresso e da civilização, tiveram um encaixe perfeito nas pretensões do Império brasileiro. Finalmente, os elos do poder deste Estado foram unidos, criando correspondência entre as práticas dos moradores das distantes vilas paulistas e um projeto de Estado de intelectuais e políticos da Corte no que se referia às populações indígenas. As consequências dessa junção de interesses e práticas dos nacionais foi extremamente danosa para esses povos.

Com relação a Silva Machado, não consegui averiguar se a fazenda de Pirituba em Itapeva já era de sua propriedade na década de 1830, quando os índios da região começaram a estabelecer contato com os moradores. De qualquer forma, nenhuma referência foi feita a este personagem antes do ano de 1843. Nesse período, Silva Machado apareceu nos registros de Itapeva relatando que nove indígenas apareceram voluntariamente em sua fazenda. Estes índios, por sua vez, faziam parte de um contingente bem maior, de cerca de 200 pessoas, que viviam à margem esquerda do rio Taquari havia alguns anos. Para ele, o grupo estava num grau entre a civilização e a barbárie, realizando comércio com os vizinhos do sertão. Ressaltava ainda os indígenas como dóceis e queridos pelos moradores, dizendo, no entanto, que a intervenção no seu modo de vida deveria ser efetiva.

Fazendo um longo discurso, utilizando-se da imagem de um Estado nacional que deveria se expandir, este proprietário previu muitos desdobramentos a partir da relação com os índios. Assim, primeiramente recomendava a instalação de uma espécie de aldeamento para fixá-los próximos à vila. Essa estratégia seria fundamental, pois eles vinham funcionando como uma defesa aos "selvagens goianazes". Não se deveria temer pelo investimento feito nesta causa, pois os indígenas acabariam por "pagar com usura" o que neles se investiria. Para isso, se deveria acostumá-los aos bens ocidentais, de forma que eles tivessem que trabalhar para consegui-los. Através disso, se resolviam dois problemas, pois o Brasil precisava de mão-de-obra e os indígenas eram inúteis e perniciosos, segundo Silva Machado. A solução proposta por ele previa inclusive a forma de financiamento: devia-se usar para a fixação dos índios naquela região

---

93 Wissenbach, *op. cit.*, p. 140.

o dinheiro provincial para a catequese, já que quase nada era empregado na freguesia de Guarapuava.⁹⁴

É importante perceber que João da Silva Machado, buscando expandir suas terras e explorar novas rotas para seu gado em direção ao Mato Grosso, concebeu a ardilosa estratégia de utilizar verba pública para conseguir os seus intentos. Com uma visão de conquistador, que desqualificava os indígenas como dotados de capacidade intelectual, usava um projeto de "catequese e civilização dos índios" como o meio de obter seus intentos de expansão. Seus projetos tiveram êxito, em grande parte porque foram coadunados com os projetos do próprio Império, em sua expansão por novas terras e controle territorial.⁹⁵

Mas, sobre os gastos das rendas provinciais para a catequese, havia algumas limitações. Essa verba só poderia ser usada para compra de ferramentas e roupas para os indígenas de Itapeva, mas não para o seu sustento, pois era necessário socorrer também os de Guarapuava e Palmas, segundo informou o inspetor da província de São Paulo. Esta autoridade sugeria que se demarcasse um local para instalar os índios, pois julgava entender o motivo pelo qual eles receavam ser aldeados.

> (...) me persuado q' o principal motivo d'ella querer retirar se para mais longe, talvez seja o receio de ficar sem o terreno q' presentemente occupa, visto q' os moradores de Itapeva vão-se aproximando de sua habitação, o q' com justa razão dá motivo d'ella recear q' p.a o fucturo seja privada de occupar o ditto terreno, como segundo me informão constantem.e se tem praticado com os de mais Indios.⁹⁶

Já ao final do ano de 1843, Silva Machado tivera acolhimento por parte do Império a quase todas as suas pretensões. Fora nobilitado com o título de Barão de Antonina e havia sido incumbido pelo poder provincial de repartir objetos

---

94 ROD-AESP. Faxina: C01013, anos 1839-1850 (C-218, P-3, D-3 e 3A, 02/09/1843).

95 Em sessão de 13 de março de 1835, na qual João da Silva Machado foi citado, com referência à autorização que pedia para explorar as terras entre rios paranaenses. *Annaes da Assembléa Legislativa Provincial de S. Paulo*. 1835-1836. *Op. cit.*, p. 115-116.

96 ROD-AESP. Faxina: C01013, anos 1839-1850 (C-218, P-3, D-3B, 19/09/1843 e P-3, D-3C, 12/09/1843).

enviados para os indígenas. Disse ele que os índios ficaram satisfeitos com os presentes e a promessa do governo lhes dar terras e assistência. Inclusive ele próprio sugerira como melhor lugar para instalá-los o sertão à direita da estrada, ao passo que os indígenas sugeriram a margem direita do rio Verde, por ser fértil, ter caça e pesca.[97] Isso indica que os índios tinham seus próprios interesses e tentavam obtê-los quando realizavam alianças com os brasileiros. Nesse caso, poderiam ocupar um determinado território que consideravam mais apropriado a eles, onde seriam protegidos pelos paulistas, provavelmente contra outros grupos em disputa pelo mesmo espaço. Por fim, Antonina, após algumas semanas, tornou a cobrar da Assembleia definição sobre a sua sugestão de separar terrenos devolutos para os indígenas, pois se não os aldeassem, não seria possível catequizá-los.[98]

No ano seguinte, o presidente da província, Manoel Felizardo de Souza e Mello, proferiu o mais longo discurso a respeito da questão indígena em São Paulo realizado por uma autoridade dessa instância. Apontou diversas situações em locais específicos da província: em Guarapuava, houvera matança de índios, além de inúmeras revoltas; na freguesia de Juquiá, na vila de Iguape, novo contingente de indígenas aparecera; por fim, em Itapeva, os índios eram dóceis e estavam se fixando na fazenda do Barão de Antonina. Sobre este aspecto, o presidente prontamente deliberou que a Tesouraria liberasse para compra de objetos para serem distribuídos por Antonina aos índios daquela vila.[99]

Em janeiro de 1845, Antonina terminou de entregar os objetos aos índios e afirmou que havia gasto 200 mil réis em panos. Contou mais: que os indígenas adentraram 10 léguas no sertão, à margem esquerda do rio Verde. Dois sertanistas verificaram as instalações e concluíram que era ótimo lugar para se instalar, o que demonstra que a conquista pelos paulistas de novas terras foi respaldada pela aliança com os índios.[100]

---

97 ROD-AESP. Faxina: C01013, anos 1839-1850 (C-218, P-3, D-3E, 02/12/1843).

98 ROD-AESP. Faxina: C01013, anos 1839-1850 (C-218, P-3, D-3D, 30/12/1843).

99 Fala do presidente da província em 07 de janeiro de 1841. *Annaes da Assembléa Legislativa Provincial de S. Paulo*. 1844-1845. São Paulo: Secção de Obras d' "O Estado de S. Paulo", 1924, p. 81.

100 ROD-AESP. Faxina: C01013, anos 1839-1850 (C-218, P-3, D-54, 18/01/1845).

Além das práticas de Antonina, outro fato completaria o cenário do sertão paulista a partir da década de 1840: a chegada dos missionários italianos capuchinhos. A primeira informação sobre sua vinda deu-se em novembro de 1844, após reiterados pedidos dos presidentes da província desde 1842. Seguindo, portanto, deliberações do centro do Império, através de ordens do próprio imperador, eram esperados capuchinhos para Itapeva, Palmas e Guarapuava.[101] Em Itapeva, em fevereiro de 1845, a Câmara já felicitava a chegadas dos clérigos.[102]

Novamente através da fala do presidente da província pode-se perceber a sintonia entre discursos e práticas levadas a cabo naquele momento em São Paulo. Assim, em 1845 o presidente Joaquim José de Moraes e Abreu disse aos deputados provinciais:

> tomastes em devida consideração a sorte dos Indios, votando sommas sufficientes para conseguir sua cathequese, e civilisação, mandando construir desde já uma Capella no alojamento dos que se achão agglomerados nas approximações da Villa de Itapeva da Faxina, e marcando rasoavel gratifficação ao Capellão da Povoação de Palma.[103]

Para Itapeva, onde foi enviado um missionário e se pretendia fazer um aldeamento, foram mandados 2 contos e 200 mil réis pela Tesouraria da província em outubro de 1845. Esse dinheiro deveria ser aplicado na construção de uma capela para os indígenas, assistindo também com compra de vestuário e ferramentas. O frei capuchinho Pacífico de Montefalco seria o responsável pela aplicação da verba e realização destes intentos.[104]

Quase um ano depois, em junho de 1846, frei Montefalco relatou os seus avanços e seus receios. Assim, os indígenas sob seus cuidados, que totalizavam cerca de 400 pessoas, estavam fazendo roças e instalando o aldeamento. No entanto, se mostrou bastante apreensivo ante a possibilidade de abandonar este trabalho para ir se em-

---

101 ROD-AESP. Faxina: C01013, anos 1839-1850 (C-218, P-3, D-48, 20/11/1844).

102 ROD-AESP. Faxina: C01013, anos 1839-1850 (C-218, P-3, D-62, 10/02/1845).

103 Discurso do presidente da província em 07 de março de 1845. *Annaes da Assembléa Legislativa Provincial de S. Paulo. 1844-1845. Op. cit.*, p. 498.

104 ROD-AESP. Faxina: C01013, anos 1839-1850 (C-218, P-4, D-7, 31/10/1845).

pregar em Guarapuava, conforme lhe tinha sido ordenado. Se insistissem em o tirar de Itapeva, ele obedeceria, ainda que não pudesse concordar com isso: "mande-me tirar daqui por conducção necessaria, que me leve onde quizer, com os braços entrecruzados seguirei qual hum carneiro".[105]

Nesse ponto pode-se perceber os conflitos passíveis de serem gerados pelo fato dos missionários do Império serem administrados pelo Estado e não pela ordem a qual pertenciam. A recusa de Montefalco em ir para Guarapuava podia se dar tanto porque ele realmente acreditava que seu trabalho seria perdido se saísse de Itapeva, como porque não tinha intenção de ir para uma região que era sabidamente muito mais conflituosa e perigosa para os conquistadores. De toda forma, também a Câmara de Itapeva reiterou o pedido para que os capuchinhos permanecessem na vila,[106] o que foi efetivamente atendido, visto que o frei permaneceu em Itapeva até a sua morte, em 1866.[107]

Sobre o quadro dos indígenas em São Paulo ao final do período estudado, ainda em 1845 as autoridades de Itapeva receberam ordens imperiais para verificar se os índios que ali viviam não eram escravizados nem maltratados.[108] Em Itapetininga, por sua vez, o juiz de paz afirmou que em 1845 não havia nenhum indígena no distrito daquela vila.[109]

Por fim, a partir de 1845, com a entrada em vigor do Regulamento das Missões, agora era o Diretor Geral dos Índios da Província quem deveria responder e zelar pelos fins da conquista e civilização dos índios. Assim, José Joaquim Machado de Oliveira, o primeiro Diretor Geral de São Paulo, apresentou em seu relatório em 1846 um pedido para que a verba para a catequese fosse aumentada. Mostrou um quadro dos aldeamentos da província, o que permite confirmar que em Itapetininga os índios haviam desaparecido (via assimilação, morte ou migração), que Guarapuava estava progredindo segundo os intentos dos paulistas, pois de 60 indígenas, que havia lá anteriormente, naquela época já se computava 125, a

---

105 ROD-AESP. Faxina: C01013, anos 1839-1850 (C-218, P-4, D-32, 02/07/1846).

106 ROD-AESP. Faxina: C01013, anos 1839-1850 (C-218, P-4, D-34, 13/07/1846).

107 Amoroso. *Catequese e evasão, op. cit.*, p. 80-88.

108 ROD-AESP. Faxina: C01013, anos 1839-1850 (C-218, P-3, D-97, 22/09/1845 e P-4, D-13, 10/11/1845).

109 ROD-AESP. Itapetininga: C01056, anos 1841-1848 (C-261, P-2, D-60, 23/11/1845).

maioria mulheres entre 20 e 40 anos. Havia também idosas e crianças de ambos os sexos, mas quase nenhum homem adulto. Em Palmas, por sua vez, habitavam mais de 100 indígenas, excetuando-se aqueles que vinham esporadicamente ao aldeamento. Em Faxina, de 200 indígenas passaram a 400. Machado de Oliveira propunha deslocar o destacamento de Guarapuava para Palmas, a fim de atrair mais índios. Com relação a Iguape, os indígenas do rio Itariri haviam chegado ali em 1837, segundo informou o juiz de órfãos ao Diretor Geral dos Índios e, àquele época, totalizavam 27 pessoas.[110]

Com esses dados, encerra-se um período da história da São Paulo especialmente referente à relação entre os povos indígenas e os paulistas na primeira metade do século XIX. Mais do que fechar um marco cronológico, 1845, encerra-se um processo de ocupação de terras de índios, em que as guerras, a escravização e a matança fizeram parte das estratégias, concomitante às alianças e aos acordos. A partir do momento que o Império ditou uma política nacional para a questão indígena e a província passou a ter uma autoridade para tratar do tema, novos desdobramentos e novos fatos resultariam na relação entre os distintos mundos, dos indígenas e dos nacionais.

---

110 EE46.019, 398. 1846. Reorganização do aldeamento de índios, São Paulo. Manuscritos, AH-ALESP.

Conclusão

Como fechamento deste trabalho, faz-se necessário voltar ao seu ponto de partida, retomando os objetivos iniciais propostos, procurando dar um sentido aos elementos encontrados ao longo dos seis capítulos contidos nas páginas anteriores. Assim, se pretendeu verificar a forma de convivência dos grupos étnicos dentro da sociedade nacional em formação no Brasil na primeira metade do século XIX. Nesse sentido, era necessário perceber como os dirigentes do Estado e da nação em construção elaboraram políticas e pensamentos referentes às comunidades indígenas.

Ao eleger esse problema como foco da análise, constatou-se que durante as duas primeiras décadas do Império brasileiro não houve um projeto explícito de Estado para essas populações. Apesar disso, esse trabalho entendeu que a ausência de um projeto definido não indicava necessariamente a inexistência de uma política indigenista. Se o Império somente em 1845 conseguiu definir as balizas de uma proposta de tratamento desses povos, prevendo sua incorporação através da catequese realizada por missionários capuchinhos em aldeamentos (conforme o decreto n.º 426 de 24/07/1845, o *Regulamento acerca das missões de catequese e civilização dos índios*), isso não significa que só a partir de então os nacionais começaram a se relacionar com os indígenas. Ao contrário, a indefinição de uma política de Estado colocou como objeto de investigação as atitudes tomadas pelo Império e seus habitantes com relação aos índios enquanto não era implementado, por falta de interesse ou acordo, um programa único a ser seguido por todos os membros da sociedade nacional. Desse modo, se percebeu que o recorte temporal circunscrito a 1822 (início do processo de emancipação do Brasil) a 1845 (definição do primeiro projeto de Estado para os indígenas) trazia um período de idas e vindas na política indigenista que merecia um estudo específico.

Por outro lado, somente a análise do centro do Império não se adequava aos propósitos de entender como os índios se organizavam e até que ponto os conflitos reais haviam sido levados em consideração no tratamento desses povos pelos políticos. Como não seria possível nos limites desta pesquisa abordar todas as partes do território que se tornaria nacional, optou-se por estudar somente uma das províncias do Império do Brasil. Assim, o caso da província de São Paulo apareceu aqui de forma a aprofundar um tema pouco abordado na historiografia sobre essa região, pois não se disse muito sobre a presença indígena na primeira metade do século XIX em São Paulo. Analisou-se, portanto, dentro da história paulista, o espaço que coube às populações indígenas que viveram naquele território no processo de consolidação e expansão do Estado nacional.

Em síntese, foram vistas várias dimensões da convivência entre indígenas e nacionais ao longo do período de 1822 a 1845. Cabe agora fazer a correlação entre os aspectos levantados, percebendo as possíveis determinações que desempenharam entre si. Assim, até que ponto um projeto de trato mais brando dos luso-brasileiros para com os índios, tal como a proposta de Bonifácio de 1823, repercutiu na relação direta entre estes dois grupos? Ou, no sentido contrário, algum evento ocorrido no sertão do território do Império, como na província de São Paulo, teve poder de influenciar decisões dos senadores e deputados gerais?

Numa outra dimensão da análise, indagou-se como se inseriam as populações indígenas na província estudada. Haveria grupos com contato mais efetivo com os brasileiros, ou existiriam grupos refratários à relação com os paulistas? Para entender esses aspectos, tornou-se necessário situar a economia e a sociedade paulistas no período, percebendo como os povos indígenas se inseriam. Se esses grupos eram utilizados como mão-de-obra; se utilizados, seu trabalho era livre ou compulsório; se havia guerras e matanças entre os dois mundos.

Essas foram algumas das principais questões levantadas por este livro. Dentre elas, numa primeira dimensão da análise, chegou-se ao ponto que, durante a formação do Estado e da nação brasileiros, a atuação dos indígenas foi desconsiderada, tratada como à parte da sociedade política e até mesmo da sociedade civil. Assim, os indígenas não eram reconhecidos como cidadãos e tampouco como brasileiros. Isso porque, para aqueles que construíam a nação, o modelo de organização dos índios era conflitante com o que denominavam de mundo civilizado. No entanto, essa omissão dos indígenas no corpo da nação não era um elemento fácil de se resolver, pois eles formavam grupos efetivos e muitas vezes incômodos aos objetivos dos cidadãos e do próprio Império. Ainda que de maneira retórica os indígenas fossem objeto de idealização, como símbolo de uma nacionalidade brasileira a ser construída, esse mecanismo não possuía nenhuma legitimidade. Pois o que poderia unir em termos reais o grupo dos Andrada ao povo tamoio, ou

D. Pedro I a um imperador asteca da época da conquista? Desse modo, percebe-se o recurso à representação de um passado idealizado, que nada tinha a ver com os indígenas do presente. Estes, aliás, conforme dito, foram deixados à parte do processo político em vigor, sendo desconsiderados como agentes políticos ou sociais.

No entanto, isso não significa que faltassem projetos que propusessem alternativas sobre a convivência desses povos dentro da sociedade nacional. Mas a existência de projetos, obviamente, não implicava em sua aprovação. Duas explicações foram encontradas ao longo desse trabalho para a não implementação de propostas mais elaboradas, além das medidas desarticuladas, meramente administrativas, que foram adotadas para os índios durante as duas primeiras décadas do Império. A primeira delas deve-se à falta de prioridade da questão indígena na pauta política das décadas de 20 e 30, este um período particularmente atribulado para os intentos da construção do Estado nacional, pois foi o momento da obtenção de sua independência, das tentativas de articulação entre as várias partes do extinto Império colonial português na América, envolvendo ainda as disputas sobre a forma de governar e partilhar o poder. Além disso, a falta de prioridade estava mesmo na ausência de consenso se os indígenas deveriam ser pensados como trabalhadores que poderiam vir a formar o contingente da mão-de-obra nacional, em detrimento dos escravos africanos. Assim, a questão do trabalho inseria-se no complexo problema da escravidão, que contava com a ingerência da Inglaterra na questão do tráfico e do enorme poder político dos senhores de escravos no Império brasileiro. O que se verificou, portanto, foi que a ideia dos indígenas como trabalhadores nacionais era ainda um projeto isolado e tímido na definição de um projeto de Estado.

Um segundo aspecto que impediu que se implementassem propostas para os indígenas foi a falta de consenso sobre o conteúdo desses projetos. Havia posturas atrozes, prevendo eliminação e escravização dos índios, considerados bárbaros que não mereciam piedade, conforme se pôde perceber através de inúmeros debates parlamentares, e até mesmo pela continuidade das guerras justas de D. João VI até o ano de 1831. No espectro oposto, havia aqueles que idealizavam os indígenas como ingênuos, que deveriam ser acolhidos com bons modos, pois sua ignorância não os permitia aceitar *a priori* a "civilização". Como exemplos dessa mentalidade, as falas de parlamentares que acreditavam que os índios, se tratados com bons modos, seriam futuramente cidadãos do Império, podendo ser até mesmo senadores, um dos mais altos cargos de poder. O famoso projeto de José Bonifácio, *Apontamentos sobre a civilização dos índios bravos do Império do Brasil*, analisado mais a fundo, ficaria no meio termo entre essas duas posições, pois ainda que falasse sobre a transformação dos índios em trabalhadores nacionais, concordava com a realização de "bandeiras" para captura daqueles arredios à civilização.

Na verdade, a diversidade de posições com relação ao trato dos indígenas não era algo novo, uma vez que durante todo o período colonial houve posições antagônicas referentes aos ameríndios. A novidade da questão indígena no Estado nacional brasileiro foi que a situação de colonização e conquista que caracterizara a relação entre os dois universos ao longo do período colonial não cabia mais no modelo de um Estado moderno. Isso foi colocado desde a época de crise do Antigo Sistema Colonial, através das políticas pombalinas para os indígenas na segunda metade do século XVIII. Ainda que as práticas hostis continuassem em vigor no território nacional pelo século XIX afora, a dinâmica política dos novos modelos de Estado e sociedade colocava como um impasse a convivência com as populações indígenas. No âmbito da Corte carioca, esse movimento pôde ser percebido através de discussões políticas e intelectuais que mostravam a necessidade de implementar um projeto para os índios, que não poderiam continuar como estavam dentro do Império, arredios à cultura e ao controle dos nacionais. Isso implicava em prejuízos ao Estado na medida em que não eram explorados economicamente e suas terras não eram aproveitadas. Além disso, o discurso da filantropia, da "moral universal", como definiu o deputado Francisco Montezuma em 1823, apontava para uma dimensão ideológica, que definia a conversão dos povos como uma das funções da "civilização".

No âmbito concreto, analisando a província de São Paulo, perceberam-se diversas fases no tratamento dos indígenas. Primeiramente, a reprodução das práticas coloniais, com bandeiras de apresamento e guerra contra os índios, o que refletia os impasses da consolidação territorial pelos paulistas. A partir da década de 1830 começou-se a vislumbrar uma mudança dessas práticas. Isso pode ter se dado pela forma como os grupos indígenas começaram a se relacionar com os nacionais, no caso dos kaiowás que procuravam alianças, recolhendo-se junto aos paulistas para evitarem sua escravização e talvez se fortalecerem contra grupos inimigos. A partir de então, os próprios brasileiros passaram a usar esses exemplos de acordos como uma estratégia mais eficiente. É interessantíssimo perceber esse trajeto: em julho de 1830, um grupo de 84 índios apareceu voluntariamente na fazenda de dois ajudantes na vila paulista de Itapetininga e foram prontamente acolhidos pelos moradores. O Conselho Geral da Província de São Paulo saudou essa atitude e, averiguando como os ajudantes os estavam tratando, recomendou o prosseguimento dos bons modos para com os indígenas. Em consequência, em outubro de 1830 foi fundada a Sociedade de Catequese e Civilização dos Índios em São Paulo, cujos desdobramentos não foram encontrados por esta pesquisa, mas é de supor que o pedido feito ao parlamento imperial em novembro do mesmo ano pela revogação da Carta Régia de 08/11/1808, que mandava fazer guerras aos indígenas daquela província, fosse fruto da atuação dessa Sociedade.

Em 1831, após a abdicação de D. Pedro I e em meio aos debates sobre a proibição do tráfico dos escravos africanos (que se deu efetivamente através de lei em 07/11/1831) as guerras justas contra os indígenas foram debatidas longamente em algumas sessões do Senado e finalmente resolveu-se pelo seu fim, em junho de 1831. Sobre a relação direta entre os fatos ocorridos nos sertões paulistas e a política indigenista imperial parece que o evento mais marcante foi mesmo a revogação das guerras justas, que foi um marco da política no período estudado e certamente não se referiu somente a São Paulo, mas ao menos também a Minas Gerais, se se ignorar que essa era uma prática estendida a outras regiões.

Sobre a participação de São Paulo nas políticas imperiais para os indígenas basta lembrar que, desde o início da formação do Império, essa província teve um dos mais altos orçamentos para a catequese. Isso se deveu ao fato de seu território contar com expressiva população indígena não afeita à sociedade nacional, que se colocava como um desafio para o Império na consolidação de suas fronteiras. Acresce-se à relevância de São Paulo o fato de que a partir de 1844 foi uma das primeiras províncias a contar com o envio de missionários capuchinhos para a implementação de missões para conversão dos índios. Também o Barão de Antonina, João da Silva Machado, influente comerciante de animais e fazendeiro, notabilizou-se no centro do Império como importante agente de "pacificação" dos indígenas.

Assim, seja porque São Paulo esteve bastante articulada com a definição dos rumos do Estado imperial, tornando-se, ao longo do século XIX, uma das mais influentes regiões do Império, seja porque as dimensões das relações dos indígenas com os nacionais estabelecidas em seu território foram realmente muito relevantes, o fato é que parte dos eventos ocorridos nos recônditos do território paulista tornaram-se importantes e paradigmáticos para a política indigenista imperial.

Sobre o processo que levou à elaboração do Regulamento das Missões em 1845, acredita-se que se deve retomar à fundação do Instituto Histórico e Geográfico Brasileiro (IHGB) em 1838, como um laboratório da elaboração do pensamento imperial, que ditou grande parte dos discursos dos intelectuais do Brasil à época, e teve influência nas políticas de seu Estado. Analisando-se as atas das sessões, os objetivos da entidade e o conteúdo dos textos publicados em suas revistas, percebe-se que a questão indígena, fosse para fins historiográficos, fosse para projetos no presente, teve uma dimensão bastante grande, ao menos nas primeiras décadas após sua criação.

Desde o início da publicação da *Revista do IHGB* em 1839 até 1845, assistiu-se a uma sequência de textos que propunham a utilização dos indígenas na sociedade nacional, que deveriam ser convertidos, civilizados e incorporados, compondo a mão-de-obra nacional. Basta lembrar que a própria origem do IHGB remontava a propósitos estratégicos e econômicos, pois essa entidade foi oriunda da Sociedade Auxiliadora da Indústria Nacional (SAIN), o que permite entender que o discurso e o conhecimento produzidos no interior do IHGB não tinham somente uma pretensão historiográfica, mas, aliando-se aos conhecimentos territoriais, tinham um nítido sentido tático para a consolidação do Estado e da nação brasileiros.

Como proposta mais divulgada pelas páginas da *Revista do IHGB* chegou-se ao modelo de que a catequese e civilização dos indígenas, transformando-os gradualmente em trabalhadores nacionais, seria um benéfico serviço para o Império do Brasil, utilizando-se para isso do papel dos missionários. Ao que parece, pelas teses defendidas no interior da entidade, pelo conteúdo das falas do secretário Januário da Cunha Barbosa e pelas propostas dos políticos no parlamento nos primeiros anos da década de 1840, havia um claro movimento evidenciando que a questão indígena entrava na pauta do dia.

A solução dos missionários como agentes da conversão dos índios materializou-se em 1843 através do início da importação dos frades capuchinhos, trazidos da Itália para o Brasil às custas dos cofres imperiais. Nesse mesmo ano, começou-se a discutir um projeto efetivo sobre a questão da apropriação de terras no Império, no que seria o embrião da futura Lei de Terras de 1850. Desse modo, retoma-se a ideia, presente em todo o momento em que se discutiu a questão indígena no parlamento, da inter-relação entre trabalho (escravos, imigrantes, índios) e terra. Em

1843, quando se autorizou a vinda de capuchinhos e passou-se a dispor de 16 contos de réis anuais do orçamento imperial para a catequese e civilização, definiu-se nessa mesma lei orçamental que cabia ao governo criar os regulamentos segundo os quais deveriam funcionar as missões dos indígenas. Dois anos depois, o Império cumpriu com essa incumbência designada no parlamento, aprovando o "Regulamento acerca das missões de catequese e civilização dos Índios" em julho de 1845. Esse foi o mais amplo e definido projeto de Estado para os indígenas ao longo do Império. A solução apontada foi a de buscar trazer os índios para compor a nação via catequese religiosa. Inicialmente teriam terras a eles destinadas, as missões ou aldeamentos, que, conforme o grau de conversão e civilização dos grupos, seriam gradualmente desfeitas. Assim, os indígenas hostis, depois de conviverem em aldeamentos, adquirindo os hábitos ocidentais, poderiam obter concessão de lotes de terras por famílias, o que evidencia o projeto de aniquilar as sociedades indígenas não pela matança, mas pela assimilação, procurando desqualificar e acabar com o modo de organização desses povos. Por isso a Lei de Terras, aprovada cinco anos depois do Regulamento, é vista como uma continuidade desse projeto no que tange à ocupação territorial, já que previa a retirada dos indígenas dos territórios em que vinham ocupando, a fim de facilitar a plena ocupação dessas terras pelo Império e por particulares. Nesse sentido, a análise do Regulamento das Missões dentro do contexto no qual passou a vigorar aponta também que seu objetivo mais importante foi resolver a questão de terras e não necessariamente o problema da mão-de-obra ao lidar com a questão indígena. Isso se deveu à solução imigrantista e ao tráfico interno de escravos africanos que foi se desenvolvendo a partir de 1850 nas áreas centrais da economia do Império do Brasil. Sobre outras regiões, que ainda dependiam largamente da mão-de-obra indígena, estando à margem de modelos mais lucrativos de exploração do trabalho, a exemplo do norte do Império, cabem outros estudos que venham lançar luz aos desdobramentos pós Regulamento das Missões.

O que se sabe sobre São Paulo é que, a partir do momento em que as regiões noroeste e sudoeste do seu território, e também na parte que se transformou na província do Paraná a partir de 1853 (toda a 5ª comarca paulista), começaram a ser devastadas por novas atividades econômicas e de infraestrutura, como as lavouras de café e as ferrovias, as populações indígenas tiveram um fim trágico, com um dos maiores massacres que se realizou contra essas populações. Inicialmente, ao longo da década de 1820, havia se visto um processo de guerra entre os grupos indígenas e os representantes da sociedade nacional na província de São Paulo. Esse movimento foi apaziguado com o fim das guerras justas em 1831 e as relações de alianças com os grupos kaiowás e guaranis ao longo da década de 1840, ainda que essas alianças, menos agressivas para com os indígenas, não foram necessariamente benéficas a eles. Já na segunda metade do século XIX, a volta das entradas contra os indígenas, fossem guaranis, kaiowás, kaingangs e outras etnias que foram extintas, iria imperar de maneira avassaladora, num projeto de expansão territorial e econômica que transcendia a quaisquer princípios de "humanidade" que haviam sido alegados anteriormente, e que serviram para refrear as intenções mais atrozes dos brasileiros contra os índios. A partir de 1850, a despeito das lutas e alianças tentadas pelos indígenas, o aparato do Estado e do capital, colocados a serviço da retirada desses povos das terras que ocupavam, culminou com o seu massacre, ainda que não com a sua completa extinção.

Fontes e bibliografia

1. Fontes

1.1. Manuscritas

Arquivo do Estado de São Paulo (AESP)
Registros de Ofícios Diversos (ROD-AESP):
Localidades:

1ª Comarca. Queluz: lata C01186, anos 1842-1856.
4ª Comarca. Itu: latas C01067, C01068, C01069, C01070; anos: 1823-1828, 1829-1834, 1835-1839, 1840-1844.
Sorocaba: latas C01294, C01295, C01296, C01297; anos: 1822-1828, 1829-1833, 1834-1837, 1838-1841.
Porto Feliz: latas C01176, C01177; anos: 1823-1831, 1832-1836.
Itapetininga: latas C01054, C01055, C01056, anos: 1823-1833, 1834-1840, 1841-1848.
Faxina: latas C01012, C01013; anos: 1823-1838, 1839-1850.
5ª Comarca. Guarapuava: lata C01025, anos: 1824-1853.
6ª Comarca. Iguape: latas C01039, C1040; anos 1832-1838, 1839-1843.

Instituto Histórico e Geográfico Brasileiro (IHGB)
Fichário: Documentos

Lata 18. Doc. 13. Índios. Memoria sobre a catequese dos Indios composta, e dirigida ao Ilmo. Revmo. Sr. Conego Januario da Cunha Barbosa, 1º Secretário do

IHGB, pelo socio honorario Pe. Manoel Rodrigues da Costa. Rio de Janeiro, agosto de 1840, 7 fls.

Lata 45. Doc. 4. São Paulo. Descrição corographica e estatistica de 1855, da Província de [...] 1855.

Lata 45. Doc. 16. Indios. Programa: Qual sejam as causas da espantosa extinção das famílias indígenas etc., desenvolvendo o programa por José Sylvestre Rebello. RJ, 31-5-1839.

Lata 45. Doc. 31. Índios. Programa: Qual a forma porque os jesuitas administravam as povoações de indios que estavam a seu cargo? Por José Sylvestre Rebello. Rio de Janeiro, 27-2-1841.

Lata 140. Doc. 12. São Paulo (cidade de). Diário da marcha feita pelo Ten. Cel. Antonio Joaquim da Costa Gavião, da [...] até os terrenos que ficam entre os rios Paranapenema e Tietê. São Paulo, 14-9-1821. Col. José Bonifácio.

Lata 177. Doc. 45. Índios. Carta de Antonio Vaz da Silva ao Cônego Januário da Cunha Barbosa, comunicado a remessa de armas e instrumentos domésticos dos extintos [...], especialmente um arco de madeira muito antigo. Sabará, 20-4-1845.

DA 6.1.41. São Paulo. Mapa das distâncias das cidades e vilas à capitania de São Paulo e delas entre si. São Paulo, 30-09-1854.

DA 6.1.42. São Paulo. Mapa da divisão civil e judiciária da província de São Paulo. São Paulo, 31-12-1855. Estatística.

Fichário: Catálogo Dicionário Autor, Título, Assunto

45,1,23. São Paulo. Vide: Memoria sobre a Catechese e Civilisação dos Indigenas da Provincia de S. Paulo pelo Dr. Joaquim Antonio Pinto Júnior... Santos, 1862.

126,5,11. Glossaria Linguarum Brasiliensium. Glossarios de diversas lingoas e dialectos, que fallão os Indios. Por Carl Friedr. Phil, von Martius. Erlangan, 1863.

146,2,11 n. 14. Índios. Programa de José Bonifácio (O), pela redenção da raça indígena. Por Manuel Miranda. Rio de Janeiro, 1911.

Acervo Histórico / Assembleia Legislativa do Estado de São Paulo (AH-ALESP)

IO36.003, 324. Solicitação de providências para proteção dos habitantes da vila dos constantes ataques de índios. Guarapuava. Parecer, Projeto (1836, 1836).

IO35.010, 324. Concessão de terreno aos índios da freguesia de Queluz, São Miguel de Areias. Parecer, Ofício, Requerimento (1835, 1835, 1835).

FCGP-FA29.003, C-23. Autorização de despesa para estabelecimento de comércio com índios em diversas vilas. Itapetininga, Faxina, Castro, Guarapuava. Proposta (1829).

FCGP-ES31.006, C-22. Extinção de paróquias coladas em aldeias de índios e criação de outras. São Miguel, Itapecerica, Jacareí, Mogi das Cruzes, São Paulo. Parecer, Proposta, Relação de Capelas, Requerimento, Emenda (1831, 1831, 1831, 1830, 1830).

FCGP-CP31.103, C-14. Apresentação de testemunhas na Devassa de ferimentos causados em índios da aldeia de Barueri. São Paulo (Barueri). Ofício, Certidão de testemunhas (1831, 1831).

EE46.019, 398. Reorganização do aldeamento de índios. São Paulo. Ofício (1846).

EE41.011, 395. Apresentação da conduta de tribo de índios e tratamento utilizado pela Companhia de Permanentes. Campo das Palmas. Requerimento, Ofício (1841, 1841).

EE37.036, 392. Informações sobre aldeamento de índios. Itapeva da Faxina. Requerimento, Ofício (1837, 1837).

EE37.029, 392. Catequese e Civilização de índios. São Paulo. Parecer (1837).

CF56.029, 095. Solicitação de pagamento por despesas efetuadas com os índios. Itapetininga. Ofício, Comunicado, Requerimento, Ordem de Pagamento, Recibo (1856, 1856, 1856, 1835, 1835).

Centro de Documentação e Informação / Seção de Documentos Históricos / Câmara dos Deputados, Brasília (CEDI)

1831/lata 56/maço 3/pasta 1. 2 projetos sobre Índios. 1º. Projeto extinguindo a servidão indígena nas Províncias de São Paulo e Minas Gerais. Autor: Senado Federal. 2º. Fim dos aldeamentos dos Índios e sua dispersão para procurar moradia. Autor: Pereira de Brito (5 fls. 3 pág. 3 peças)

1.2. Impressas

ALMEIDA, Cândido Mendes. *Atlas do Imperio do Brazil*. Rio de Janeiro: Arte & História, 2000.

ANNAES DA ASSEMBLÉA LEGISLATIVA PROVINCIAL DE S. PAULO. 1835-1845. São Paulo: Typographia Piratininga/Secção de Obras d' "O Estado de São Paulo", 1923/26.

ANNAES DO PARLAMENTO BRAZILEIRO. Assembléa Constituinte, 1823. Rio de Janeiro: Typographia de Hyppolito José Pinto, 1876/1880.

ANNAES DO PARLAMENTO BRAZILEIRO. Camara dos Srs. Deputados, 1826-1845. Rio de Janeiro: Typografia do Imperial Instituto Artistico/Hypolito Pinto, 1874/87.

ANNAES DO SENADO DO IMPERIO DO BRAZIL. 1826-1845. Rio de Janeiro/ Brasília: Typographia Nacional/Senado Federal, 1877/1977

BARBOSA, Januário da Cunha. "Qual seria hoje o melhor systema de colonizar os Indios entranhados em nossos sertões; se conviria seguir o systema dos Jesuitas, fundado principalmente na propagação do Christianismo, ou se outro do qual se esperem melhores resultados do que os actuaes". In: *Revista do Instituto Historico e Geografico do Brazil*, T. 2, 1840. 2ª ed. Rio de Janeiro: Typographia Imparcial, 1858 [1840], p. 3-18.

_____. "Se a introducção dos escravos africanos no Brazil embaraça a civilização dos nossos indigenas, dispensando-lhes o trabalho, que todo foi confiado a escravos negros. Neste caso qual é o prejuizo que soffre a lavoura

Brazileira?". In: *Revista do Instituto Historico e Geografico do Brazil*, T. 1, 1839. 2ª ed. Rio de Janeiro: Laemmert, 1856 [1839], p. 159-166

BOLETIM. Vol. 15 (Nova Fase). Atas do Conselho da Presidência da Província de São Paulo, anos 1829/1832 (continuação do vol. 86 de *Documentos interessantes)*. São Paulo: Departamento do Arquivo do Estado de São Paulo/ Secretaria da Educação, 1961.

BLUTEAU, Raphael. *Vocabulario portuguez & latino*. (Q-SYS). Coimbra: Officina de Pascoal da Sylva, 1720.

BUENO, José Antonio Pimenta. "Extracto. Do discurso do Presidente da Provincia do Mato-Grosso, o doutor [...] , na abertura da Assembléa Legislativa Provincial, em o dia 1 de Março de 1837". In: *Revista Trimensal de Historia e Geographia*. T. 2, 1840. 2ª ed. Rio de Janeiro: Typographia Imparcial, 1858 [1840], p. 170-173.

"Carta régia de 12 de Maio de 1798 sobre a civilisação dos indios". In: *Revista do Instituto Histórico e Geográfico Brasileiro*. T. 19. Rio de Janeiro: Laemmert, 1856, p. 313-325

COLLECÇÃO DAS LEIS DO IMPÉRIO DO BRAZIL. 1822/1825. Rio de Janeiro: Typographia Nacional/Imprensa Nacional, 1845-1887

COSTA, João Severiano Maciel da (Marquês de Queluz). "Memória sobre a necessidade de abolir a introdução dos escravos africanos no Brasil, sobre o modo e condições com que esta abolição se deve fazer e sobre os meios de remediar a falta de braços que ela pode ocasionar". In: _____ et al. *Memórias sobre a escravidão*. Rio de Janeiro/Brasília: Arquivo Nacional/Fundação Petrônio Portella, Ministério da Justiça, 1988 [1821], p. 13-59.

"CONSTITUIÇÃO Política do Império do Brasil (25 de Março de 1824)". In: BONAVIDES, Paulo Amaral Roberto (orgs.). *Textos políticos da história do Brasil*. 3ª ed. Brasília: Senado Federal, 2002. vol. 8, p. 199-222.

"CONSTITUCIÓN federal, para los Estados de Venezuela, 1811. Hecha por los Representantes de Margarita, de Mérida, de Cumaná, de Barínas, de Barcelona, de Truxillo, y de Carácas, reunidos em Congresso General. En el nombre de Dios todo poderoso." In: *Textos constitucionales*. 1811-1999. Caracas: Servicio Autónomo de Información Legislativa (SAIL), 2003.

CUNHA, Manuela Carneiro da (org.). *Legislação indigenista no século XIX*. Uma compilação (1808-1889). São Paulo: Edusp/Comissão Pró-Índio, 1992.

"DIREÇÃO com que interinamente se devem regular os indios das novas villas e lugares". In: *Revista do Instituto Histórico e Geográfico Brasileiro*. T. 46. Rio de Janeiro: 1884, p. 121-171

"DIRECTORIO que se deve observar nas Povoaçoens de Índios do Pará e Maranhão, enquanto Sua Magestade não mandar o contrário". In: MOREIRA NETO, Carlos de Araújo. *Índios da Amazônia*: de maioria à minoria (1750-1850). Petrópolis: Vozes, 1988, p. 166-205.

DOCUMENTOS Interessantes para a história e os costumes de São Paulo. Vol. 86. Atas do Conselho da Presidência da Província de São Paulo (1824-1829). São Paulo: Secretaria da Educação/Arquivo do Estado, 1961.

EGAS, Eugenio. *Galeria dos presidentes de São Paulo*. Periodo Monarquico, 1822-1889. 1º vol. São Paulo: Secção de obras d' "O Estado de São Paulo", 1926.

IHERING, Hermann von. "A Anthropologia do Estado de São Paulo". In: *Revista do Museu Paulista*, n. 7. São Paulo: Typographia Cardozo, Filho & Cia, 1907, p. 202-248.

_____. "Os Guayanãs e Caingangs de São Paulo". In: *Revista do Museu Paulista*. Vol. 6. São Paulo: Typographia do "Diario Official", 1904, p. 23-62

JAVARI, Barão de (Jorge João Dodsworth). *Organizações e programas ministeriais, regime parlamentar no Império*. 2ª ed. Rio de Janeiro: 1962.

"LEY porque V. Magestade ha por bem restituir aos Indios do Graõ Pará, e Maranhaõ a liberdade das suas pessoas, bens e commercio na fórma que nella se declara. 06/06/1755." In: MOREIRA NETO, Carlos de Araújo. *Índios da Amazônia*: de maioria à minoria (1750-1850). Petrópolis: Vozes, 1988, p. 152-162.

LIMA, Francisco das Chagas. "Memoria sobre o descobrimento e colonia de Guarapuava". In: SALLAS, Ana Luisa Fayet (org.). *Documentação sobre os povos indígenas*. Séculos XVIII e XIX. Curitiba: Aos Quatro Ventos, 2000.

MAGALHÃES, Gonçalves de. "Os indígenas do Brasil perante a História". In: _____. *Opusculos historicos e litterarios*. 2ª ed. Rio de Janeiro: Livraria de B. L. Garnier, 1865, p.157-237.

MARTIUS, Karl Friedrich von "Como se deve escrever a Historia do Brazil". In: *Revista Trimensal de Historia e Geographia*, T. 6, 1844. Rio de Janeiro: Imprensa Americana de I. P. da Costa, 1844, p. 381-403.

MIRANDA, Manoel. *O programma de José Bonifacio* (pela redenção da raça indigena). Carta aberta a Ernesto Senna. Rio de Janeiro: 1911.

MÜLLER, Daniel Pedro. *Ensaio d'um quadro estatistico da Provincia de S. Paulo*. São Paulo: Reedição literal Secção de Obras d' "O Estado de S. Paulo", 1923 [1838].

OLIVEIRA, José Joaquim Machado de. "A emigração dos Cayuaz. Narração coordenada sob apontamentos dados pelo Sr. João Henrique Elliot pelo socio effetivo o Sr. Brigadeiro [...]". In: *Revista do Instituto Historico e Geographico do Brazil*. T. 19, 1856. Rio de Janeiro: Typographia Universal Laemmert, 1856, p. 434-447.

_____. "Notícia raciocinada sobre as aldeias de índios da província de São Paulo até o ano de 1822". In: *Revista do Instituto Historico e Geografico do Brazil*. Tomo 8, 1846. Rio de Janeiro: 1846, p. 204-254.

PRADO, Francisco Rodrigues do. "História dos indios cavalleiros ou da nação dos Guaycurú". In: *Revista do Instituto Historico e Geografico do Brazil*, T. 1, 1839. 2ª ed. Rio de Janeiro: Laemmert, 1856 [1839], p. 25-57.

"PROJETO de Constituição para o Império do Brasil (Projeto Antônio Carlos), elaborado pela Comissão da Assembleia Geral e Constituinte e Legislativa (30 de Setembro de 1823)". In: BONAVIDES, Paulo e Roberto Amaral (orgs.). *Textos políticos da história do Brasil*. 3ª ed. Brasília: Senado Federal, 2002, vol. 8, p. 140-165.

REBELLO, José Silvestre. "Novo trabalho do socio o sr. [...]". In: *Revista do Instituto Historico e Geografico do Brazil*, T. 1, 1839. 2ª ed. Rio de Janeiro: Laemmert, 1856 [1839], p. 167-172

RELATÓRIOS e DISCURSOS dos Presidentes da Província de São Paulo (1836 a 1846). Digitalizados pela Universidade de Chicago. www.crl.uchicago.edu, ou em microfilme no Arquivo do Estado de São Paulo (AESP).

RENDON, José Arouche de Toledo. "Memória sobre as aldeias de índios da província de São Paulo, segundo as observações feitas no ano de 1798". In: *Revista do Instituto Historico e Geografico do Brazil*, T. 4, 1842. 2ª ed. Rio de Janeiro: Typographia João Ignacio da Silva, 1863 [1842], p. 295-317.

REVISTAS do Instituto Historico e Geographico do Brazil. T. 1 a 7. 2ª ed. Rio de Janeiro: Laemmert/Typographia Ignacio Lisboa, 1856/1866 [1839/1845].

SAINT-HILAIRE, Auguste de. *Viagem à província de São Paulo*. Belo Horizonte/ São Paulo: Itatiaia/Ed. da USP, 1976.

SILVA, Joaquim Norberto de Souza e. *Investigações sobre os recenseamentos da população geral do Império e de cada provincia de per si tentados desde os tempos coloniais até hoje*. São Paulo: Institutos de Pesquisas Econômicas, 1986 [1870].

SILVA, José Bonifácio de Andrade e. "Apontamentos para a civilisação dos indios bravos do Império do Brazil". In: CUNHA, Manuela Carneiro da (org.). *Legislação indigenista no século XIX. Uma compilação (1808-1889)*. São Paulo: Edusp/Comissão Pró-Índio, 1992, p. 347-360.

_____. *Projetos para o Brasil* (org. Miriam Dolhnikoff). São Paulo: Companhia das Letras, 1998

SILVA, Thomaz da Costa Corrêa Rabello e. "Memoria sobre a Provincia de Missoes – Offerecida ao Ilm. e Exm. Sr. Conde de Linhares, Ministro e Secretario d'Estado dos Negocios Estrangeiros e da Guerra". In: *Revista Trimensal de Historia e Geographia*, T. 2, 1840. 2ª ed. Rio de Janeiro: Typographia Imparcial, 1858 [1840], p. 155-168.

SPIX, Johann B. e Karl Friedrich von MARTIUS. *Viagem pelo Brasil: 1817-1820*. Vol. I. 4ª ed. Belo Horizonte/São Paulo: Itatiaia/Ed. da USP, 1981.

VARNHAGEN, Francisco Adolpho de. "Os índios perante a nacionalidade brasileira". In: _____. *História geral do Brasil* (memória introduzida no prefácio da primeira edição). Vol. 2. Rio de Janeiro: 1857, p. XV-XXVIII

_____. "Memoria sobre a necessidade do estudo e ensino das linguas indigenas do Brazil". In: *Revista do Instituto Historico e Geographico do Brazil*, T. 3, 1841. Rio de Janeiro: Typographia D. L. dos Santos, Reimpressa em 1860 [1841], p. 53-63.

_____. *Memorial orgânico em que insiste sobre a adoção de medidas de maior transcendência para o Brasil*. Madri: Imprensa da Viúva de D. R. J. Domínguez, 1850.

2. Bibliografia

ALENCASTRO, Luiz Felipe. "Vida privada e ordem privada no Império". In: _____ (org.). *História da vida privada no Brasil*. São Paulo: Companhia das Letras, 1997, vol. 2, p. 11-93

_____. *O trato dos viventes*. Formação do Brasil no Atlântico Sul. Sécs. XVI e XVII. São Paulo: Companhia das Letras, 2000.

ALMEIDA, Luiz Sávio de et al. (org.). *Índios do Nordeste*. Temas e problemas. Maceió: EDUFAL, 1999/2000. 2 vols.

ALMEIDA, Maria Regina Celestino de. *Metamorfoses indígenas*. Identidade e cultura nas aldeias coloniais do Rio de Janeiro. Rio de Janeiro: Arquivo Nacional, 2003.

ALMEIDA, Rita Heloísa de. *O Diretório dos Índios*. Um projeto de "civilização" no Brasil do século XVIII. Brasília: Ed. UnB, 1997.

AMOROSO, Marta. *Catequese e evasão*. Etnografia do aldeamento indígena de São Pedro de Alcântara, Paraná (1855-1895). Tese de Doutorado em Antropologia Social. São Paulo: FFLCH/Universidade de São Paulo, 1998.

_____. "Crânio e cachaça: coleções ameríndias e exposições no século XIX". In: *Revista de História*, n.º 154. São Paulo: Departamento de História/FFLCH/USP, 1º 2006, p. 119-150.

ANDERSON, Benedict. *Nação e consciência nacional*. Trad. port. São Paulo: Ática, 1989.

BALAKRISHNAN, Gopal (org.). *Um mapa da questão nacional*. Trad. port. Rio de Janeiro: Contraponto, 2000.

BARTH, Fredrik. "Grupos étnicos e suas fronteiras". In: POUTIGNAT, Phillipe (org.). *Teorias da etnicidade*. Trad. port. São Paulo: Edunesp, 1997.

BECKER, Ítala Irene Basile. *O índio Kaingáng do Paraná*. Subsídios para uma Etno-História. São Leopoldo: Ed. Unisinos, 1999.

BEIGUELMAN, Paula. *Formação política do Brasil*. 2ª ed. São Paulo: Pioneira, 1976.

BELLOTO, Heloisa Liberalli. *Autoridade e conflito no Brasil colonial*: o governo do Morgado de Mateus em São Paulo, 1765-1775. 2ª ed. São Paulo: Alameda, 2007.

_____. "Política indigenista no Brasil colonial (1570-1757)". In: *Revista IEB*. São Paulo: n. 29, 1988, p. 29-49.

BEOZZO, José Oscar. *Leis e regimentos das missões*. Política indigenista no Brasil. São Paulo: Edições Loyola, 1983.

BERBEL, Márcia Regina. *A nação como artefato*. Deputados do Brasil nas Cortes portuguesas (1821-1822). São Paulo: Hucitec/Fapesp, 1999.

BLAJ, Ilana. *A trama das tensões*. O processo de mercantilização de São Paulo colonial (1661-1721). São Paulo: Humanitas/Fapesp, 2002.

BOEHRER, George. "Some brazilian proposals to the Cortes Gerais 1821-1823, on the indian problem". In: *Actas do 3º Colóquio Internacional de Estudos Luso-Brasileiros*. Lisboa: 1960, vol. 2, p. 201-209.

BORELLI, Silvia Helena Simões. "Os Kaingang no Estado de São Paulo: constantes históricas e violência deliberada". In: MONTEIRO, John Manuel et al. *Índios em São Paulo*: Resistência e transfiguração. São Paulo: Yankatu/Comissão Pró-Índio de São Paulo, 1984, p. 45-82.

CARVALHO, José Murilo de. *A construção da ordem*. Teatro das sombras. Rio de Janeiro: Civilização Brasileira, 2003.

CASTELNAU-L'ESTOILLE, Charlotte de. *Operários de uma vinha estéril*. Os jesuítas e a conversão dos índios no Brasil. 1500-1620. Bauru: Edusc, 2006.

CASTRO, Eduardo Viveiros de. "O mármore e a murta: sobre a inconstância da alma selvagem". In: _____. *A inconstância da alma selvagem e outros ensaios de antropologia*. São Paulo: Cosacnaify, 2002.

CASTRO, Paulo Pereira de. "A 'Experiência Republicana', 1831-1840". In: HOLANDA, Sérgio Buarque de (dir.). *História geral da civilização brasileira*. Tomo 2, vol. 2. Rio de Janeiro: Bertrand Brasil, 1997, p. 9-67.

_____. "Política e administração de 1840 a 1848". In: HOLANDA, Sérgio Buarque de (dir.). *História geral da civilização brasileira*. T. 2, vol. 2. Rio de Janeiro: Bertrand Brasil, 1997, p. 509-540.

CHECCHIA, Cristiane. *Terra e capitalismo*: questão agrária na Colômbia. 1848-1853. São Paulo: Alameda, 2007.

CHIARAMONTE, José Carlos. "El mito de los origenes en la historiografia latinoamericana". In: *Cuadernos de Instituto Ravignani*. Buenos Aires: Universidad de Buenos Aires, s. d.

_____. "Formas de identidad en el Rio de la Plata luego de 1810". In: *Boletim del Instituto de Historia Argentina y Americana "Dr. E. Ravignani"*. Tercera Serie, n. 1, 1° sem. 1989, p. 71-92

_____. "Metamorfoses do conceito de nação durante os séculos XVII e XVIII". In: JANCSÓ, István (org.). *Brasil*: formação do Estado e da nação. São Paulo: Hucitec/Unijuí/Fapesp, 2003, p. 61-91

COELHO, Mauro Cezar. *Do sertão para o mar*. Um estudo sobre a experiência portuguesa na América, a partir da colônia. O caso do Diretório dos Índios (1751-1798). Tese de Doutorado em História Social. São Paulo: FFLCH-USP, 2005.

CORREA, Dora Shellard. *Paisagens sobrepostas*. Índios, posseiros e fazendeiros nas matas de Itapeva (1723-1930). Tese de Doutorado em História Econômica. São Paulo: FFLCH/Universidade de São Paulo, 1997.

COSTA, Wilma Peres. "Do domínio à nação: os impasses da fiscalidade no processo de Independência". In: JANCSÓ, István. (org.). *Brasil*: formação do Estado e da Nação. São Paulo: Hucitec/Ed. Unijuí/Fapesp, 2003, p. 143-193.

CREDDO, Maria do Carmo Sampaio di. *A propriedade da terra no Vale do Paranapanema*. A Fazenda Taquaral (1850/1910). Tese de Doutorado em História. São Paulo: FFLCH/Universidade de São Paulo, 1987. 2 vols.

CUNHA, Manuela Carneiro da (org.). *História dos índios no Brasil*. São Paulo: Companhia das Letras/Secretaria Municipal de Cultura de São Paulo, 1992

_____. "Introdução". In: _____. (org.). *Legislação indigenista no século XIX*. Uma compilação (1808-1889). São Paulo: Edusp/Comissão Pró-Índio, 1992.

DEBES, Célio. "Relações de trabalho no Brasil: aspectos de sua evolução histórica (1822-1917)". In: *Anais do Museu Paulista*. São Paulo: n.º 31, 1982, p. 183-203.

DIAS, Maria Odila da Silva. "Aspectos da ilustração no Brasil". In: *Separata Revista do Instituto Histórico e Geográfico Brasileiro*. T. 278, 1969. Rio de Janeiro: Departamento da Imprensa Nacional, 1969, p. 105-170.

_____. "Ideologia liberal e a construção do Estado no Brasil". In: *Anais do Museu Paulista*. São Paulo, T. 30, 1980/81, p. 211-225.

_____. "A interiorização da Metrópole (1808-1853)". In: MOTA, Carlos Guilherme (org.). *1822: Dimensões*. São Paulo: Perspectiva, 1972, p. 160-184.

DOLHNIKOFF, Miriam. *Caminhos da conciliação. O poder provincial em São Paulo (1835-1850)*. Dissertação de Mestrado em História Econômica. São Paulo: FFLCH/Universidade de São Paulo, 1993.

_____. *O pacto imperial*. Origens do federalismo no Brasil. São Paulo: Globo, 2005.

_____. "Elites regionais e a construção do Estado nacional". In: JANCSÓ, István (org.). *Brasil: Formação do Estado e da Nação*. São Paulo: Hucitec/Unijuí/Fapesp, 2003, p. 431-468.

DOMINGUES, Ângela. *Quando os índios eram vassalos*. Colonização e relações de poder no Norte do Brasil na segunda metade do século XVIII. Lisboa: Comissão Nacional para as Comemorações dos Descobrimentos portugueses, 2000.

ELIAS, Norbert. *A sociedade dos indivíduos*. Trad. port. Rio de Janeiro: Jorge Zahar, 1994.

FARAGE, Nádia. *As muralhas do sertão*. Os povos indígenas no Rio Branco e a colonização. Rio de Janeiro: Paz e Terra/Anpocs, 1991.

FERLINI, Vera Lúcia do Amaral. *Açúcar e colonização*. Da América portuguesa ao Brasil. Ensaios de interpretação. Tese de Livre Docência. São Paulo: FFLCH/Universidade de São Paulo, 2000.

FERNANDES, Florestan. *Circuito fechado*. Quatro ensaios sobre o "poder institucional". 2ª ed. São Paulo: Hucitec, 1977.

_____. *Organização social dos Tupinambá*. 2ª ed. São Paulo: Difel, 1963.

FERREIRA, Maria Thereza Correa da Rocha. *Os aldeamentos indígenas paulistas no fim do período colonial*. Dissertação de Mestrado em História. São Paulo: FFLCH/Universidade de São Paulo, 1990.

FERRETTI, Danilo Zioni. *A construção da paulistanidade*. Identidade, historiografia e política em São Paulo (1856-1930). Tese de Doutorado em História Social. São Paulo, FFLCH/Universidade de São Paulo, 2004.

FRANCO, Maria Sylvia de Carvalho. "As ideias estão no lugar". In: *Caderno Debates*. São Paulo: n.º 1, 1976.

FURTADO, Celso. *Formação Econômica do Brasil*. 10ª ed. São Paulo: Editora Nacional, 1970.

GAGLIARDI, José Mauro. *O indígena e a República*. São Paulo: Hucitec/Ed. da USP/Secretaria de Estado da Cultura, 1989.

GELLNER, Ernest. "O advento do nacionalismo e sua interpretação: os mitos da nação e da classe". In: BALAKRISHNAN, Gopal (org.). *Um mapa da questão nacional*. Trad. port. Rio de Janeiro: Contraponto, 2000, p. 107-153.

GRAÇA, Antônio Paulo. *Uma poética do genocídio*. Rio de Janeiro: Topbooks, 1998.

GUERRA, François-Xavier. "A nação moderna: nova legitimidade e velhas identidades". In: JANCSÓ, István (org.). *Brasil: formação do Estado e da Nação*. São Paulo: Hucitec/Unijuí/Fapesp, 2003, p. 33-59.

GUIMARÃES, Manoel Luís Salgado. "Nação e civilização nos trópicos: o Instituto Histórico e Geográfico Brasileiro e o projeto de uma história nacional". In: *Estudos Históricos*. Rio de Janeiro, n.1 , 1988, p. 5-27.

HASTINGS, Adrian. *The construction of nationhood, ethnicity, religion and nationalism*. Cambridge: Cambridge University Press, 1997.

HERZOG, Tamar. "Identidades modernas: Estado, comunidade e nação no Império Hispânico". In: JANCSÓ, István (org.). *Brasil: formação do Estado e da nação*. São Paulo: Hucitec/Unijuí/Fapesp, 2003, p. 109-122.

HESPANHA, António Manuel. "Pequenas Repúblicas, grandes Estados. Problemas de organização política entre Antigo Regime e liberalismo". In: JANCSÓ, István (org.). *Brasil:* formação do Estado e da nação. São Paulo: Hucitec/ Unijuí/Fapesp, 2003, p. 93-108.

HOBSBAWM, Eric. "Etnia e nacionalismo na Europa de hoje". In: BALAKRISHNAN, Gopal (org.). *Um mapa da questão nacional.* Trad. port. Rio de Janeiro: Contraponto, 2000, p. 271-282.

_____. *Nações e nacionalismos desde 1870.* Trad. port. Rio de Janeiro: Paz e Terra, 1990.

HOLANDA, Sérgio Buarque de. "Índios e mamelucos na expansão paulista". In: *Anais do Museu Paulista.* São Paulo: n.º 13, 1949, p. 177-290.

_____. "A herança colonial, sua desagregação". In: _____. (org.). *História geral da civilização brasileira.* T. 2, vol. 1. Rio de Janeiro: Bertrand Brasil, 1997, p. 10-39.

_____. *Monções.* 3ª ed. São Paulo: Brasiliense, 2000.

_____. *Raízes do Brasil.* 26ª ed. São Paulo: Companhia das Letras, 1997.

_____. "São Paulo". In: _____. (org.). *História geral da civilização brasileira.* T. 2, vol. 2. Rio de Janeiro: Bertrand Brasil, 1997, p. 415-472.

HROCH, Miroslav. "Do movimento nacional à nação plenamente formada: o processo de construção nacional na Europa". In: BALAKRISHNAN, Gopal (org.). *Um mapa da questão nacional.* Trad. port. Rio de Janeiro: Contraponto, 2000, p. 85-103.

JANCSÓ, István (org.). *Brasil:* Formação do Estado e da Nação. São Paulo: Hucitec/ Unijuí/Fapesp, 2003.

_____. (org.) *Cronologia de história do Brasil monárquico.* (1808-1889). São Paulo: Humanitas/FFLCH/Universidade de São Paulo, 2000.

_____. "Esse livro". In: _____. (org.). *Brasil:* formação do Estado e da nação. São Paulo: Hucitec/Unijuí/Fapesp, 2003, p. 9-28.

_____. (org.). *Independência:* História e historiografia. São Paulo: Fapesp/ Hucitec, 2005.

_____. *Na Bahia contra o Império*. História do ensaio de sedições de 1798. São Paulo/Salvador: Hucitec/Edufba, 1996.

JANCSÓ, István; MACHADO, André Roberto de Arruda. "Tempos de reforma, tempos de revolução". In: LEOPOLDINA, D. *Cartas de uma imperatriz*. São Paulo: Estação Liberdade, 2006, p. 17/49

JANCSÓ, István; PIMENTA, João Paulo Garrido. "Peças de um mosaico ou apontamentos para o estudo da emergência da identidade nacional brasileira". In: MOTA, Carlos Guilherme (org.). *Viagem incompleta: A experiência brasileira* (1500-2000). Formação: Histórias. 2ª ed. São Paulo: SENAC, 2000, p. 129-175.

KANTOR, Iris. "Legislação indigenista, reordenamento territorial e auto-representação das elites (1759-1822)". In: KOERNER, Andrei (org.). *História da justiça penal no Brasil*: pesquisas e análises. São Paulo: IBCCRIM, 2006, p. 29-38.

_____. *Esquecidos e Renascidos*. Historiografia Acadêmica Luso-Americana (1724-1759). São Paulo/Salvador: Hucitec/Centro de Estudos Baianos/UFBA, 2004.

LEITE, Rosângela Ferreira. *Nos limites da colonização*: Ocupação territorial, organização econômica e populações livres pobres (Guarapuava, 1808-1878). Tese de Doutorado em História Econômica. São Paulo: FFLCH/Universidade de São Paulo, 2006.

LEITE, Serafim. *História da Companhia de Jesus no Brasil*. T. 1. Rio de Janeiro: Civilização Brasileira, 1938.

LEMOS, Marcelo Sant'Ana. *O índio virou pó de café?* A resistência dos índios Coroados de Valença frente à expansão cafeeira no Vale do Paraíba (1788-1836). Dissertação de Mestrado de História. Rio de Janeiro: Universidade do Estado do Rio de Janeiro, 2004.

LENHARO, Alcir. "Rota menor. O movimento mercantil da economia de subsistência no Centro-sul do Brasil (1808-1831). In: *Anais do Museu Paulista*. São Paulo: n. 23, 1977/78, p. 25-49.

LIMA, Antônio Carlos de Souza. *Um grande cerco de paz*. Poder tutelar, indianidade e formação do Estado no Brasil. Petrópolis: Vozes, 1995.

LIMA, João Francisco Tidei. *A ocupação da terra e a destruição dos índios na região de Bauru*. Dissertação de Mestrado em História. São Paulo: FFLCH/ Universidade de São Paulo, 1978.

MACHADO, André Roberto de Arruda. *A quebra da mola real das sociedades*. A crise política do Antigo Regime português na província do Grão-Pará (1821-1825). São Paulo: Hucitec, 2010.

MARCÍLIO, Maria Luíza. *Crescimento demográfico e evolução agrária paulista*. (1700-1836). São Paulo: Hucitec/Edusp, 2000.

MARQUES, Manoel Eufrásio de Azevedo. *Apontamentos históricos, geográficos, biográficos, estatísticos e noticiosos da Província de São Paulo*. Belo Horizonte/São Paulo: Itatiaia/Edusp, 1980. 2 vols.

MARQUESE, Rafael de Bivar. *Feitores do corpo, missionários da mente*. História das ideias da administração de escravos nas Américas, sécs. XVII-XIX. São Paulo: Companhia das Letras, 2005.

_____. "Governo dos escravos e ordem nacional: Brasil e Estados Unidos, 1820-1860". In: JANCSÓ, István (org.). *Brasil*: formação do Estado e da nação. São Paulo: Hucitec/Unijuí/Fapesp, 2003, p. 251-265.

MARSON, Izabel Andrade. *O império do progresso*. A Revolução Praieira em Pernambuco (1842-1855). São Paulo: Brasiliense, 1987.

MATTOS, Ilmar Rohloff de. "Construtores e herdeiros. A trama dos interesses na construção da unidade política". In: *Almanack braziliense*. São Paulo: IEB-USP, n.º 1, 1º semestre 2005 (http://www.almanack.usp.br/PDFS/1/01_forum_1.pdf)

_____. *O tempo Saquarema*. São Paulo: Hucitec/Minc, 1987.

MEDICCI, Ana Paula. *Entre a "decadência" e o "florescimento"*: a Capitania de São Paulo na interpretação de memorialistas e autoridades públicas (1782-1822). Dissertação de Mestrado em História Social. São Paulo: FFLCH/ Universidade de São Paulo, 2005.

MONTEIRO, John Manuel. "Entre o gabinete e o sertão. Projetos civilizatórios, inclusão e exclusão dos índios no Brasil Imperial". In: _____. *Tupis, Tapuias e historiadores*: Estudos de história Indígena e indigenismo. Tese de Livre Docência. Campinas: IFCH/Unicamp, 2001, p. 129-169.

_____. "A memória das aldeias de São Paulo. Índios, paulistas e portugueses em Arouche e Machado de Oliveira". In: *Dimensões*. Revista de História da UFES. n.º 14, 2002, p. 17-35.

_____. *Negros da terra*. Índios e bandeirantes nas origens de São Paulo. São Paulo: Companhia das Letras, 2000.

_____. "Tupis, tapuias e a história de São Paulo. Revisitando a velha questão guaianá". In: *Novos Estudos CEBRAP*. São Paulo, n. 34, novembro 1992, p. 125-135.

_____. *Tupis, Tapuias e Historiadores*. Estudos de História Indígena e Indigenismo. Tese de Livre Docência. Campinas: IFCH/Unicamp, 2001.

_____. "Vida e morte do índio: São Paulo colonial". In: _____ et al. *Índios no Estado de São Paulo*: Resistência e transfiguração. São Paulo: Yankatu/Comissão Pró-Índio de São Paulo, 1984, p. 21-44.

MORALES, Walter Fagundes. *A escravidão esquecida*. A administração indígena em Jundiaí durante o século XVIII. Dissertação de Mestrado em Arqueologia. São Paulo, FFLCH/Universidade de São Paulo, 2000.

MOREIRA NETO, Carlos de Araújo. *Índios da Amazônia*: de maioria à minoria. (1750-1850). Petrópolis: Vozes, 1988.

_____. *A política indigenista brasileira durante o século XIX*. Tese de Doutorado em Antropologia. Rio Claro: Universidade Federal de Rio Claro, 1967.

MOREL, Marco. "Apontamento sobre a questão indígena e o mosaico da população brasileira em 1808." In: *Revista do Instituto Histórico e Geográfico Brasileiro*. vol. 169. Rio de Janeiro: 2008, p. 381-402

_____. "Cinco imagens e multíplos olhares: as descobertas entre os índios e a fotografia no Brasil do século XIX". In: *História, Ciência, Saúde-Manguinhos*. V. VIII, Suplemento. Rio de Janeiro: 2001, p. 1039-1057.

_____. "O mau selvagem: índios invisíveis no Romantismo brasileiro". In: LESSA, Mônica Leite; FONSECA, Silvia Carla Pereira de Brito. (orgs.). *Entre a monarquia e a república*. Imprensa, pensamento político e historiografia (1822-1889). Rio de Janeiro: Eduerj, 2008, p. 123-150.

MOTA, Carlos Guilherme (org.). *1822: Dimensões*. São Paulo: Perspectiva, 1972.

MOTA, Lúcio Tadeu. *As colônias indígenas do Paraná provincial*. Curitiba: Aos Quatro Ventos, 2000.

_____. *As guerras dos índios Kaingang. A história épica dos índios Kaingang no Paraná (1769-1924)*. Maringá: Eduem, 1994.

_____. "Relações interculturais na bacia dos rios Paranapanema/Tibagi no século XIX". In: XXIII Simpósio Nacional de História. Londrina: ANPUH, 2005 (www.ifch.unicamp.br/ihb).

NOVAIS, Fernando Antônio. "As dimensões da independência". In: MOTA, Carlos Guilherme (org.). *1822: Dimensões*. São Paulo: Perspectiva, 1972, p. 15/26

_____. *Portugal e Brasil na crise do Antigo Sistema Colonial (1777-1808)*. 7ª ed. São Paulo: Hucitec, 2002.

NIMUENDAJÚ, Curt. *Etnografia e indigenismo*. Sobre os Kaingang, os Ofaié-Xavante e os Índios do Pará. Campinas: Edunicamp, 1993.

OLIVEIRA, Cecília Helena de Salles. *A astúcia liberal*. Relações de mercado e projetos políticos no Rio de Janeiro, 1820-1824. São Paulo/Bragança Paulista: Ícone/USF, 1999.

_____. *A independência e a construção do Império*. 1750-1824. São Paulo: Atual, 1995.

_____. "Tramas políticas, redes de negócios". In: JANCSÓ, István (org.). *Brasil: formação do Estado e da nação*. São Paulo: Hucitec/Unijuí/Fapesp, 2003, p. 389-406

PARAISO, Maria Hilda Baqueiro. *Tempo da dor e do trabalho*. A conquista dos territórios indígenas nos sertões do leste. Tese de Doutorado em História Social. São Paulo: FFLCH/Universidade de São Paulo, 1998. 5 vols.

PERRONE-MOISÉS, Beatriz. "Índios livres e índios escravos. Os princípios da legislação indigenista do período colonial (séculos XVI e XVIII)". In: CUNHA, Manuela Carneiro da (org.). *História dos índios no Brasil*. 2ª ed. São Paulo: Companhia das Letras/Secretaria Municipal de Cultura/Fapesp, 1998, p. 115-132.

_____. "Verdadeiros contrários: guerras contra o gentio no Brasil colonial". In: *Sexta-Feira*. São Paulo, vol. 7, p. A24-A34, 2003.

PETRONE, Maria Thereza Schorer. *A lavoura canavieira em São Paulo*. Expansão e declínio (1765-1851). São Paulo: Difel, 1968.

PETRONE, Pasquale. *Os aldeamentos paulistas*. São Paulo: Edusp, 1995.

PIMENTA, João Paulo Garrido. *Estado e nação no fim dos Impérios ibéricos no Prata*. (1808-1828). São Paulo: Hucitec/Fapesp, 2002.

_____. "A política hispano-americana e o Império português (1810-1817): vocabulário político e conjuntura". In: JANCSÓ, István (org.) *Brasil*: formação do Estado e da nação. São Paulo: Hucitec/Unijuí/Fapesp, 2003, p. 123-139.

PRADO JR., Caio. *Formação do Brasil contemporâneo*. 8ª edição, São Paulo: Brasiliense, 1965.

PUNTONI, Pedro. "A Confederação dos Tamoyos de Gonçalves de Magalhães: a poética da história e a historiografia do império". In: *Novos Estudos CEBRAP*. São Paulo: n. 45, julho de 1996, p. 119-130.

_____. *A guerra dos bárbaros*. Povos indígenas e a colonização do sertão nordeste do Brasil (1650-1720). São Paulo: Hucitec/Edusp, 2002.

_____. "O Sr. Varnhagen e o patriotismo caboclo: o indígena e o indianismo perante a historiografia brasileira". In: JANCSÓ, István (org.). *Brasil*: formação do Estado e nação. São Paulo: Hucitec/Unijuí/Fapesp, 2003, p. 633-676.

QUEIROZ, Maria Isaura de Pereira. "Identidade cultural, identidade nacional no Brasil". In: *Tempo Social* (Revista de Sociologia USP). São Paulo: Humanitas, 1 (1), 1989, p. 29-46.

RAMOS, Alcida Rita. "O índio hiper-real". In: *Revista Brasileira de Ciências Sociais*. São Paulo: 28 (10), p. 5-14.

REIS, Paulo Pereira dos. *O indígena do Vale do Paraíba*. São Paulo: Governo do Estado, 1979.

REVISTA BABEL. *Índios Paulistas*. São Paulo: ECA/Universidade de São Paulo, n. 6, Dezembro de 2000.

RIBEIRO, Gladys Sabina. *A liberdade em construção*. Identidade nacional e conflitos antilusitanos no Primeiro Reinado. Rio de Janeiro: Faperj/Relume Dumará, 2002.

RODRIGUES, José Honório. *A Assembleia Constituinte de 1823*. Petrópolis: Vozes, 1974.

ROWLAND, Rowland. "Patriotismo, povo e ódio aos portugueses". Notas sobre a construção da identidade nacional no Brasil independente". In: JANCSÓ, István (org.). *Brasil:* formação do Estado e da nação. São Paulo: Hucitec/ Unijuí/Fapesp, 2003, p. 365-388.

SAMPAIO, Patrícia Maria Melo. "Administração colonial e legislação indigenista na Amazônia portuguesa". In: PRIORE, Mary del; GOMES, Flávio (orgs.) *Os senhores dos rios*: Amazônia, história e margens. Rio de Janeiro: Campus, 2003, p. 123-139.

_____. *Espelhos partidos:* etnia, legislação e desigualdade na colônia. Sertões do Grão-Pará, c. 1755 – c. 1823. Tese de Doutorado em História. Niterói: Universidade Federal Fluminense, 2001.

_____. "Política Indigenista no Brasil imperial". In: GRINBERG, Keila; SALLES, Ricardo (Orgs.). *O Brasil Imperial (1808-1889)*. Rio de Janeiro: Editora Civilização Brasileira, 2010.

SCHADEN, Egon. "Os primitivos habitantes do território paulista". In: *Revista de História.* São Paulo: 8, n. 18, 1954, p. 385-406.

SCHWARCZ, Lilia Moritz. *O espetáculo das raças*. Cientistas, instituições e questão racial no Brasil. São Paulo: Companhia das Letras, 1993.

SCHWARZ, Roberto. "As ideias fora do lugar". In: _____. *Ao vencedor as batatas.* São Paulo: Duas Cidades/Ed. 34, 2000, p. 11-31.

SILVA, Ana Rosa Cloclet da. *Inventando a nação.* Intelectuais ilustrados e estadistas luso-brasileiros na crise do Antigo Regime Português. São Paulo: Hucitec/Fapesp, 2006.

SILVA, André Forastieri da. *Colônia e nativismo.* A história como "biografia da nação". São Paulo: Hucitec, 1997.

SILVA, Lígia Osório. *Terras devolutas e latifúndios.* Efeitos da Lei de 1850. Campinas: Editora da Unicamp, 1996.

SLEMIAN, Andréa. " 'Seriam todos cidadãos?' Os impasses na construção da cidadania nos primórdios do constitucionalismo no Brasil (1823-1824)". In: JANCSÓ, István (org.). *Independência*: História e historiografia. São Paulo: Fapesp/Hucitec, 2005, p. 829-847.

_____. *Vida política em tempo de crise*: Rio de Janeiro (1808-1824). São Paulo: Aderaldo & Rothschild, 2006.

SLEMIAN, Andréa e João Paulo G. Pimenta. *A corte e o mundo*. Uma história do ano em que a família real portuguesa chegou ao Brasil. São Paulo: Alameda, 2008.

SMITH, Anthony. *La identidad nacional*. Trad. espanhola. Madrid: Trama Editorial, 1997.

SPOSITO, Fernanda. "Conflitos entre indígenas e paulistas na ocupação dos extremos da província de São Paulo". In: *Anais do XXIII Simpósio Nacional de História*. História: Guerra e Paz. Londrina: ANPUH, 2005.

_____. "As guerras justas na crise do Antigo Regime Português. Análise da política indigenista de D. João VI." In: *Revista de História*. São Paulo: Departamento de História/FFLCH/Universidade de São Paulo, v. 161, p. 85/112, 2010.

_____. "Indicações sobre a questão indígena na província de São Paulo na formação do Estado nacional brasileiro". In: *Anais do XVII Encontro Regional de História*. O lugar da História. Campinas: ANPUH-SP, 2004.

_____. "A liberdade dos indígenas no Império do Brasil. Motivações e impasses presentes no Parlamento brasileiro para a revogação das guerras justas contra os índios". In: *Anais do XIX Encontro Regional de História da ANPUH*. Seção São Paulo. Poder, violência e exclusão. São Paulo: ANPUH-SP, 2008.

_____. *Nem cidadãos, nem brasileiros*. Indígenas na formação do Estado nacional brasileiro e conflitos na província de São Paulo (1822-1845). Dissertação de Mestrado em História Social. São Paulo: FFLCH/Universidade de São Paulo, 2006.

_____. "Resenha do livro de David Treece. Exilados, aliados, rebeldes. O movimento indianista, a política indigenista e o Estado-nação imperial. São Paulo: Nankin/Edusp, 2008". In: *Almanack Braziliense*. n. 9, São Paulo: IEB/USP, 2009, p. 162-166 (http://www.almanack.usp.br/PDFS/9/AB-9_resenha-03.pdf).

TAUNAY, Affonso d'Escragnolle. *Collectanea de Mappas da Cartographia Paulista Antiga*. São Paulo/Rio de Janeiro: Cayeiras/Melhoramentos, 1922.

TOMICH, Dale. "'Second slavery': bonded labor and the transformation of the nineteenth-century world economy". In: _____. *Through the prism of* slavery. Labor, capital and world economy. Lanham: Rowman & Littlefield Publishers, 2004, p. 56-71.

_____. "A riqueza do Império: Francisco Arango y Parreño, economia política e segunda escravidão em Cuba. In: *Revista de História*. São Paulo: Universidade de São Paulo, FFLCH/Humanitas. n. 149 (janeiro 2004), p. 11-43.

TOMMASINO, Kimiye. *A história dos Kaingáng da Bacia do Tibagi*: uma sociedade Jê meridional em movimento. Tese de Doutorado em Antropologia. São Paulo: FFLCH/Universidade de São Paulo, 1995.

THOMAS, Georg. *Política indigenista dos portugueses no Brasil*. 1500-1640. São Paulo: Loyola, 1981.

TREECE, David. *Exilados, aliados, rebeldes*. O movimento indianista, a política indigenista e o Estado-nação imperial. São Paulo: Nankin/Edusp, 2008.

VERDERY, Katherine. "Para onde vão a 'nação' e o 'nacionalismo'?". In: BALAKRISHNAN, Gopal (org.). *Um mapa da questão nacional*. Trad. port. Rio de Janeiro: Contraponto, 2000, p. 239/46

WISSENBACH, Maria Cristina Cortez. "Desbravamento e catequese na constituição da nacionalidade brasileira: as expedições do Barão de Antonina no Brasil Meridional". In: *Revista Brasileira de História*. São Paulo, n. 30, p. 137-155.

Agradecimentos

Inúmeros aspectos são determinantes para a realização de um trabalho. No caso de uma pesquisa acadêmica, o suporte intelectual, as condições materiais e o incentivo pessoal são os elementos fundamentais que a tornam possível. Perdão para as omissões, por conta do espaço e da memória. Infindáveis agradecimentos para:

Pedro Puntoni, meu orientador, um guia firme e generoso nesta trajetória intelectual, sempre disposto a iluminar meus caminhos.

István Jancsó (em memória), que me franqueou as portas desde o tempo da iniciação científica, mostrando que rigor acadêmico combina muito bem com o sentido inclusivo da universidade.

John Manuel Monteiro, interlocutor ao longo desta pesquisa, sempre disposto a ouvir e compartilhar conhecimento.

Colegas do Projeto Temático "Brasil: formação do Estado e da nação (1780-1850)", financiado pela Fapesp entre 2004-2008, que ajudaram com leituras, indicações, críticas e incentivo, especialmente: Andréa Slemian, Cecilia Helena Salles Oliveira, Iris Kantor, João Paulo Garrido Pimenta, Monica Dantas, Miriam Dolhnikoff, Rafael Marquese.

Marta Amoroso, uma interlocução crítica no campo da antropologia, com muita simpatia.

Instituições onde pesquisei, felizmente dotadas de eficientes políticas de acesso, com funcionários qualificados e prestativos: Acervo Histórico da Assembleia Legislativa do Estado de São Paulo (diretor Dainis Karepovs); Arquivo do Estado de São Paulo (Anderson e Aparecido); Cátedra Jaime Cortesão, USP (presidente Vera Amaral Ferlini, Léa Marks e Sonia Barbosa); Centro de Documentação e Informação da Câmara dos Deputados, Brasília (Lígia); Instituto Histórico e Geográfico, RJ (Pedro Tórtima e José Luiz de Souza).

FAPESP e CAPES que deram crédito a esta pesquisa através de bolsas e reserva técnica recebidas durante dois anos.

Programa de Pós-Graduação em História Social da FFLCH-USP, especialmente os coordenadores Sara Albieri e Marcelo Cândido da Silva, possibilitaram a seleção e a publicação do meu trabalho dentro da "Série Teses".

Meus alunos em instituições públicas de ensino médio, técnico e superior onde trabalhei ao longo destes anos, ao mostrarem que um outro mundo é possível.

Danilo Zionni Ferretti, Rosângela Leite, Ana Paula Medicci, Tâmis Parron, Leandro Mahalem Lima, colegas de pesquisa, que me ajudaram a crescer.

Amigos desde os tempos de faculdade fizeram meu caminho mais feliz: Alexandre Nicolae Muscalu, Ania Cavalcante, Claudinei Vieira, Cristina Barbanti Hilsdorf, Diana Mendes Machado da Silva, Fransueldes de Abreu, Gabriela Aparecida dos Santos, Ivana Pansera Muscalu, Larissa Raeli Cestari, Maria Ângela Raus, Luiz Oswaldo de Paula, Regiane Augusto de Mattos, Renata Isabel Consegliere, Tatiana Carlotti.

Maria Lucia Hisldorf, com seu carinho e apoio, permitiu que eu fizesse minha graduação com dignidade.

Diva Müller Madureira, querida vó Diva, me acolheu e sustentou, com extrema paciência ao longo de uma década.

Meus pais Eduardo Aparecido Sposito e Neusa Elisa Carignato Sposito, raízes e pilares, dão-me força e amor para prosseguir.

Meus tantos irmãos, Cesar Eduardo Sposito, Marina Rosa Sposito, Rafael Sposito, e Sandra Elena Sposito, referências em minha vida, que se torna mais completa com a existência de cada um deles.

Uma família especial, que me acolheu com respeito: Sérgio de Arruda Machado, Maria Adelaide Rodrigues Machado, Júlio César de Arruda Machado, Sidney de Arruda Machado (em memória) e Cristina Ferreira Lopes Machado.

Meus familiares (Espósitos e Carignatos) pelas diversas formas de apoio e reconhecimento. Rita de Cássia Espósito e Salete Regina Espósito, quando crescer, quero ser igual a elas. Para Júlio Espósito (em memória), o patriarca, a admiração de uma neta.

André, se as menções ainda não foram suficientes, obrigada; sem você, mais do que os índios, este trabalho não existiria. Se com livros, árvores e filhos se constrói um mundo, então agora não falta mais nada: aí vem a nossa Iara.

Quadros, figuras e mapas

Figura 1: Itapeva da Faxina Serra. Jean Baptiste Debret. Aquarela sobre papel, 1827.

Mapa 1: Mapa corográfico da Província de São Paulo. Daniel Pedro Müller, 1837.

Fonte: Taunay, Affonso de Escragnolle. Collectanea de Mappas da Cartographia Paulista Antiga. São Paulo: Museu Paulista/Melhoramentos, 1922

Mapa 2: Província de São Paulo. Cândido Mendes Almeida, 1868.

ESTE LIVRO FOI IMPRESSO EM SÃO PAULO NA PROL GRÁFICA
NO VERÃO DE 2012. NO TEXTO FOI UTILIZADA A FONTE
MINION PRO, EM CORPO 10 E ENTRELINHA DE 15 PONTOS.